I0156063

BIELORRUSSO

VOCABULÁRIO

PORTUGUÊS BRASILEIRO

PORTUGUÊS BIELORRUSSO

Para alargar o seu léxico e apurar
as suas competências linguísticas

9000 palavras

Vocabulário Português Brasileiro-Bielorrusso - 9000 palavras

Por Andrey Taranov

Os vocabulários da T&P Books destinam-se a ajudar a aprender, a memorizar, e a rever palavras estrangeiras. O dicionário é dividido em temas, cobrindo todas as principais esferas de atividades quotidianas, negócios, ciência, cultura, etc.

O processo de aprendizagem, utilizando os dicionários baseados em temáticas da T&P Books dá-lhe as seguintes vantagens:

- Informação de origem corretamente agrupada predetermina o sucesso em fases subsequentes da memorização de palavras
- Disponibilização de palavras derivadas da mesma raiz, o que permite a memorização de unidades de texto (em vez de palavras separadas)
- Pequenas unidades de palavras facilitam o processo de estabelecimento de vínculos associativos necessários para a consolidação do vocabulário
- O nível de conhecimento da língua pode ser estimado pelo número de palavras aprendidas

T&P Books Publishing
www.tpbooks.com

ISBN: 978-1-78767-272-7

Este livro também está disponível em formato E-book.
Por favor visite www.tpbooks.com ou as principais livrarias on-line.

VOCABULÁRIO BIELORRUSSO
palavras mais úteis

Os vocabulários da T&P Books destinam-se a ajudar a aprender, a memorizar, e a rever palavras estrangeiras. O vocabulário contém mais de 9000 palavras de uso comum organizadas tematicamente.

O vocabulário contém as palavras mais comummente usadas
Recomendado como adicional para qualquer curso de línguas
Satisfaz as necessidades dos iniciados e dos alunos avançados de línguas estrangeiras
Conveniente para o uso diário, sessões de revisão e atividades de auto-teste
Permite avaliar o seu vocabulário

Características especias do vocabulário

- As palavras estão organizadas de acordo com o seu significado, e não por ordem alfabética
- As palavras são apresentadas em três colunas para facilitar os processos de revisão e auto-teste
- As palavras compostas são divididas em pequenos blocos para facilitar o processo de aprendizagem
- O vocabulário oferece uma transcrição simples e adequada de cada palavra estrangeira

O vocabulário contém 256 tópicos incluindo:

Conceitos básicos, Números, Cores, Meses, Estações do ano, Unidades de medida, Roupas & Acessórios, Alimentos & Nutrição, Restaurante, Membros da Família, Parentes, Caráter, Sentimentos, Emoções, Doenças, Cidade, Passeios, Compras, Dinheiro, Casa, Lar, Escritório, Trabalho no Escritório, Importação & Exportação, Marketing, Pesquisa de Emprego, Esportes, Educação, Computador, Internet, Ferramentas, Natureza, Países, Nacionalidades e muito mais ...

TABELA DE CONTEÚDOS

GUIA DE PRONUNCIAÇÃO

Letra	Exemplo Bielorrusso	Alfabeto fonético T&P	Exemplo Português
A a	Англія	[a]	chamar
Б б	бульба	[b]	barril
В в	вечар	[v]	fava
Г г	галава	[ɦ]	agora
Д д	дзіця	[d]	dentista
Дж дж	джаз	[ʤ]	adjetivo
Е е	метр	[ɛ]	mesquita
Ё ё	вясёлы	[jɔ]	ioga
Ж ж	жыццё	[ʒ]	talvez
З з	заўтра	[z]	sésamo
I i	нізкі	[i]	sinônimo
Й й	англійскі	[j]	Vietnã
К к	красавік	[k]	aquilo
Л л	лінія	[l]	libra
М м	камень	[m]	magnólia
Н н	Новы год	[n]	natureza
О о	опера	[ɔ]	emboço
П п	піва	[p]	presente
Р р	морква	[r]	riscar
С с	соль	[s]	sanita
Т т	трус	[t]	tulipa
У у	ізумруд	[u]	bonita
Ў ў	каўбаса	[w]	página web
Ф ф	футра	[f]	safári
Х х	захад	[h]	[h] aspirada
Ц ц	цэнтр	[ʦ]	tsé-tsé
Ч ч	пачатак	[ʧ], [ɕ]	Tchau!
Ш ш	штодня	[ʃ]	mês
Ь ь	попельніца	[ʲ]	sinal suave
Ы ы	рыжы	[ɨ]	sinônimo
'	сузор'е	[ʼ]	sinal forte
Э э	Грэцыя	[ɛ]	mesquita
Ю ю	плюс	[ʉ]	nacional
Я я	трусяня	[ja], [ˈa]	Himalaias

Combinações de letras

дз	дзень	[ʣ]	pizza
дзь	лебедзь	[ʥ]	tajique
дж	джаз	[ʤ]	adjetivo

ABREVIATURAS
usadas no vocabulário

Abreviaturas do Português

adj	-	adjetivo
adv	-	advérbio
anim.	-	animado
conj.	-	conjunção
desp.	-	esporte
etc.	-	Etcetera
ex.	-	por exemplo
f	-	nome feminino
f pl	-	feminino plural
fem.	-	feminino
inanim.	-	inanimado
m	-	nome masculino
m pl	-	masculino plural
m, f	-	masculino, feminino
masc.	-	masculino
mat.	-	matemática
mil.	-	militar
pl	-	plural
prep.	-	preposição
pron.	-	pronome
sb.	-	sobre
sing.	-	singular
v aux	-	verbo auxiliar
vi	-	verbo intransitivo
vi, vt	-	verbo intransitivo, transitivo
vr	-	verbo reflexivo
vt	-	verbo transitivo

Abreviaturas do Bielorrusso

ж	-	nome feminino
ж мн	-	feminino plural
м	-	nome masculino
м мн	-	masculino plural
м, ж	-	masculino, feminino
мн	-	plural
н	-	neutro
н мн	-	neutro plural

CONCEITOS BÁSICOS

Conceitos básicos. Parte 1

1. Pronomes

eu	я	[ˈa]
você	ты	[ti]
ele	ён	[ˈon]
ela	яна	[ˈaˈna]
ele, ela (neutro)	яно	[ˈaˈnɔ]
nós	мы	[ˈmi]
vocês	вы	[ˈvi]
eles, elas	яны	[ˈaˈni]

2. Cumprimentos. Saudações. Despedidas

Oi!	Вітаю!	[viˈtaʉ]
Olá!	Вітаю вас!	[viˈtaʉ vas]
Bom dia!	Добрай раніцы!	[dobraj ˈranitsi]
Boa tarde!	Добры дзень!	[dɔbri ˈdzenʲ]
Boa noite!	Добры вечар!	[dɔbri ˈvetʃar]
cumprimentar (vt)	вітацца	[viˈtatsa]
Oi!	Прывітанне!	[priviˈtanne]
saudação (f)	прывітанне (н)	[priviˈtanne]
saudar (vt)	вітаць	[viˈtatsʲ]
Tudo bem?	Як маецеся?	[ˈak ˈmaetsesʲa]
E aí, novidades?	Што новага?	[ʃtɔ ˈnɔvaɦa]
Tchau! Até logo!	Да пабачэння!	[da pabaˈtʃɛnnʲa]
Tchau!	Да пабачэння!	[da pabaˈtʃɛnnʲa]
Até logo!	Бывай!	[biˈvaj]
Até breve!	Да хуткай сустрэчы!	[da ˈhutkaj susˈtrɛtʃi]
Adeus! (sing.)	Бывай!	[biˈvaj]
Adeus! (pl)	Бывайце!	[biˈvajtse]
despedir-se (dizer adeus)	развітвацца	[razˈvitvatsa]
Até mais!	Пакуль!	[paˈkulʲ]
Obrigado! -a!	Дзякуй!	[ˈdzʲakuj]
Muito obrigado! -a!	Вялікі дзякуй!	[vʲaˈliki ˈdzʲakuj]
De nada	Калі ласка.	[kaˈli ˈlaska]
Não tem de quê	Не варта падзякі	[nʲa ˈvarta paˈdzʲaki]
Não foi nada!	Няма за што.	[nʲaˈma za ˈʃtɔ]
Desculpa!	Прабач!	[praˈbatʃ]

| Desculpe! | Прабачце! | [pra'batʃtse] |
| desculpar (vt) | прабачаць | [praba'tʃatsʲ] |

desculpar-se (vr)	прасіць прабачэння	[pra'sitsʲ praba'tʃɛnnʲa]
Me desculpe	Прашу прабачэння	[pra'ʃu praba'tʃɛnnʲa]
Desculpe!	Выбачайце!	[viba'tʃajtse]
perdoar (vt)	выбачаць	[viba'tʃatsʲ]
Não faz mal	Нічога страшнага.	[ni'tʃoɣa 'straʃnaɣa]
por favor	калі ласка	[ka'li 'laska]

Não se esqueça!	Не забудзьце!	[ne za'butsʲe]
Com certeza!	Вядома!	[vʲa'doma]
Claro que não!	Вядома, не!	[vʲa'doma, 'ne]
Está bem! De acordo!	Згодзен!	['zɦodzen]
Chega!	Хопіць!	['hopitsʲ]

3. Como se dirigir a alguém

Desculpe ...	Прабачце, ...	[pra'batʃtse, ...]
senhor	Спадар	[spa'dar]
senhora	Спадарыня	[spa'darinʲa]
senhorita	Спадарыня	[spa'darinʲa]
jovem	Малады чалавек	[mala'di tʃala'vek]
menino	Хлопчык	['hloptʃik]
menina	Дзяўчынка	[dzʲaw'tʃinka]

4. Números cardinais. Parte 1

zero	нуль (м)	['nulʲ]
um	адзін	[a'dzin]
dois	два	['dva]
três	тры	['tri]
quatro	чатыры	[tʃa'tiri]

cinco	пяць	['pʲatsʲ]
seis	шэсць	['ʃɛstsʲ]
sete	сем	['sem]
oito	восем	['vosem]
nove	дзевяць	['dzevʲatsʲ]

dez	дзесяць	['dzesʲatsʲ]
onze	адзінаццаць	[adzi'natsatsʲ]
doze	дванаццаць	[dva'natsatsʲ]
treze	трынаццаць	[tri'natsatsʲ]
catorze	чатырнаццаць	[tʃatir'natsatsʲ]

quinze	пятнаццаць	[pʲat'natsatsʲ]
dezesseis	шаснаццаць	[ʃas'natsatsʲ]
dezessete	семнаццаць	[sʲam'natsatsʲ]
dezoito	васемнаццаць	[vasʲam'natsatsʲ]
dezenove	дзевятнаццаць	[dzevʲat'natsatsʲ]
vinte	дваццаць	['dvatsatsʲ]

vinte e um	дваццаць адзін	[dvatsatsʲ a'dzin]
vinte e dois	дваццаць два	[dvatsatsʲ 'dva]
vinte e três	дваццаць тры	[dvatsatsʲ 'tri]
trinta	трыццаць	['tritsatsʲ]
trinta e um	трыццаць адзін	[tritsatsʲ a'dzin]
trinta e dois	трыццаць два	[tritsatsʲ 'dva]
trinta e três	трыццаць тры	[tritsatsʲ 'tri]
quarenta	сорак	['sɔrak]
quarenta e um	сорак адзін	[sɔrak a'dzin]
quarenta e dois	сорак два	[sɔrak 'dva]
quarenta e três	сорак тры	[sɔrak 'tri]
cinquenta	пяцьдзесят	[pʲadzʲa'sʲat]
cinquenta e um	пяцьдзесят адзін	[pʲadzʲa'sʲat a'dzin]
cinquenta e dois	пяцьдзесят два	[pʲadzʲa'sʲat 'dva]
cinquenta e três	пяцьдзесят тры	[pʲadzʲa'sʲat 'tri]
sessenta	шэсцьдзесят	['ʃɛzʲdzesʲat]
sessenta e um	шэсцьдзесят адзін	[ʃɛzʲdzesʲat a'dzin]
sessenta e dois	шэсцьдзесят два	[ʃɛzʲdzesʲat 'dva]
sessenta e três	шэсцьдзесят тры	[ʃɛzʲdzesʲat 'tri]
setenta	семдзесят	['semdzesʲat]
setenta e um	семдзесят адзін	[semdzesʲat a'dzin]
setenta e dois	семдзесят два	[semdzesʲat 'dva]
setenta e três	семдзесят тры	[semdzesʲat 'tri]
oitenta	восемдзесят	['vɔsemdzesʲat]
oitenta e um	восемдзесят адзін	[vɔsemdzesʲat a'dzin]
oitenta e dois	восемдзесят два	[vɔsemdzesʲat 'dva]
oitenta e três	восемдзесят тры	[vɔsemdzesʲat 'tri]
noventa	дзевяноста	[dzevʲa'nɔsta]
noventa e um	дзевяноста адзін	[dzevʲa'nɔsta a'dzin]
noventa e dois	дзевяноста два	[dzevʲa'nɔsta 'dva]
noventa e três	дзевяноста тры	[dzevʲa'nɔsta 'tri]

5. Números cardinais. Parte 2

cem	сто	['stɔ]
duzentos	дзвесце	[dzj'vesʲtse]
trezentos	трыста	['trista]
quatrocentos	чатырыста	[tʃa'tirista]
quinhentos	пяцьсот	[pʲats'sɔt]
seiscentos	шэсцьсот	[ʃɛsʲsʲ'sɔt]
setecentos	семсот	[sem'sɔt]
oitocentos	восемсот	[vɔsem'sɔt]
novecentos	дзевяцьсот	[dzevʲatsʲ'sɔt]
mil	тысяча	['tisʲatʃa]
dois mil	дзве тысячы	['dzʲve 'tisʲatʃi]

três mil	тры тысячы	['tri 'tisʲatʃi]
dez mil	дзесяць тысяч	['dzesʲatsʲ 'tisʲatʃ]
cem mil	сто тысяч	['stɔ 'tisʲatʃ]
um milhão	мільён (м)	[mi'ljɔn]
um bilhão	мільярд (м)	[mi'lʲart]

6. Números ordinais

primeiro (adj)	першы	['perʃi]
segundo (adj)	другі	[dru'hi]
terceiro (adj)	трэці	['trɛtsi]
quarto (adj)	чацвёрты	[tʃats'vʲorti]
quinto (adj)	пяты	['pʲati]

sexto (adj)	шосты	['ʃɔsti]
sétimo (adj)	сёмы	['sʲomi]
oitavo (adj)	восьмы	['vɔsʲmi]
nono (adj)	дзевяты	[dzʲa'vʲati]
décimo (adj)	дзесяты	[dzʲa'sʲati]

7. Números. Frações

fração (f)	дроб (м)	['drɔp]
um meio	адна другая	[ad'na dru'ɦaʲa]
um terço	адна трэцяя	[ad'na 'trɛtsæʲa]
um quarto	адна чацвёртая	[ad'na tʃats'vʲortaʲa]

um oitavo	адна восьмая	[ad'na 'vɔsʲmaʲa]
um décimo	адна дзесятая	[ad'na dzʲa'sʲataʲa]
dois terços	дзве трэція	['dzʲve 'trɛtsiʲa]
três quartos	тры чацвёртыя	['tri tʃats'vʲortiʲa]

8. Números. Operações básicas

subtração (f)	адніманне (н)	[adni'manne]
subtrair (vi, vt)	аднімаць	[adni'matsʲ]
divisão (f)	дзяленне (н)	[dzʲa'lenne]
dividir (vt)	дзяліць	[dzʲa'litsʲ]
adição (f)	складанне (н)	[skla'danne]
somar (vt)	скласці	['sklasʲtsi]
adicionar (vt)	прыбаўляць	[pribaw'lʲatsʲ]
multiplicação (f)	множанне (н)	['mnɔʒanne]
multiplicar (vt)	памнажаць	[pamna'ʒatsʲ]

9. Números. Diversos

| algarismo, dígito (m) | лічба (ж) | ['lidʒba] |
| número (m) | лік (м) | ['lik] |

numeral (m)	лічэбнік (м)	[li'tʃɛbnik]
menos (m)	мінус (м)	['minus]
mais (m)	плюс (м)	['plus]
fórmula (f)	формула (ж)	['formula]

cálculo (m)	вылічэнне (н)	[vili'tʃɛnne]
contar (vt)	лічыць	[li'tʃitsʲ]
calcular (vt)	падлічваць	[pad'litʃvatsʲ]
comparar (vt)	параўноўваць	[paraw'nɔwvatsʲ]

Quanto, -os, -as?	Колькі?	['kɔlʲki]
soma (f)	сума (ж)	['suma]
resultado (m)	вынік (м)	['vinik]
resto (m)	астача (ж)	[as'tatʃa]

alguns, algumas ...	некалькі	['nekalʲki]
pouco (~ tempo)	нямнога	[nʲam'noɦa]
resto (m)	астатняе (н)	[as'tatnʲae]
um e meio	паўтара	[pawta'ra]
dúzia (f)	тузін (м)	['tuzin]

ao meio	напалову	[napa'lɔvu]
em partes iguais	пароўну	[pa'rɔwnu]
metade (f)	палова (ж)	[pa'lɔva]
vez (f)	раз (м)	['ras]

10. Os verbos mais importantes. Parte 1

abrir (vt)	адчыняць	[atʃiˈnʲatsʲ]
acabar, terminar (vt)	заканчваць	[za'kantʃvatsʲ]
aconselhar (vt)	раіць	['raitsʲ]
adivinhar (vt)	адгадаць	[adɦa'datsʲ]
advertir (vt)	папярэджваць	[papʲa'rɛdʒvatsʲ]

ajudar (vt)	дапамагаць	[dapama'ɦatsʲ]
almoçar (vi)	абедаць	[a'bedatsʲ]
alugar (~ um apartamento)	наймаць	[naj'matsʲ]
amar (pessoa)	кахаць	[ka'hatsʲ]
ameaçar (vt)	пагражаць	[paɦra'ʒatsʲ]

anotar (escrever)	запісваць	[za'pisvatsʲ]
apressar-se (vr)	спяшацца	[spʲa'ʃatsa]
arrepender-se (vr)	шкадаваць	[ʃkada'vatsʲ]
assinar (vt)	падпісваць	[pat'pisvatsʲ]
brincar (vi)	жартаваць	[ʒarta'vatsʲ]

brincar, jogar (vi, vt)	гуляць	[ɦu'lʲatsʲ]
buscar (vt)	шукаць ...	[ʃu'katsʲ ...]
caçar (vi)	паляваць	[palʲa'vatsʲ]
cair (vi)	падаць	['padatsʲ]
cavar (vt)	капаць	[ka'patsʲ]
chamar (~ por socorro)	клікаць	['klikatsʲ]
chegar (vi)	прыяздджаць	[prʲiaʒ'dʒatsʲ]
chorar (vi)	плакаць	['plakatsʲ]

17

começar (vt)	пачынаць	[patʃɨ'natsʲ]
comparar (vt)	параўноўваць	[paraw'nɔwvatsʲ]
concordar (dizer "sim")	згаджацца	[zɦa'dʒatsa]

confiar (vt)	давяраць	[davʲa'ratsʲ]
confundir (equivocar-se)	блытаць	['blɨtatsʲ]
conhecer (vt)	ведаць	['vedatsʲ]
contar (fazer contas)	лічыць	[li'tʃɨtsʲ]
contar com ...	разлічваць на ...	[raz'litʃvatsʲ na ...]
continuar (vt)	працягваць	[pra'tsʲaɦvatsʲ]

controlar (vt)	кантраляваць	[kantralʲa'vatsʲ]
convidar (vt)	запрашаць	[zapra'ʃatsʲ]
correr (vi)	бегчы	['beɦtʃɨ]
criar (vt)	стварыць	[stva'rɨtsʲ]
custar (vt)	каштаваць	[kaʃta'vatsʲ]

11. Os verbos mais importantes. Parte 2

dar (vt)	даваць	[da'vatsʲ]
dar uma dica	падказаць	[patka'zatsʲ]
decorar (enfeitar)	упрыгожваць	[upri'ɦɔʒvatsʲ]
defender (vt)	абараняць	[abara'nʲatsʲ]
deixar cair (vt)	упускаць	[upus'katsʲ]

descer (para baixo)	спускацца	[spu'skatsa]
desculpar (vt)	прабачаць	[praba'tʃatsʲ]
desculpar-se (vr)	прасіць прабачэння	[pra'sitsʲ praba'tʃɛnnʲa]
dirigir (~ uma empresa)	кіраваць	[kira'vatsʲ]
discutir (notícias, etc.)	абмяркоўваць	[abmʲar'kɔwvatsʲ]

disparar, atirar (vi)	страляць	[stra'lʲatsʲ]
dizer (vt)	сказаць	[ska'zatsʲ]
duvidar (vt)	сумнявацца	[sumnʲa'vatsa]
encontrar (achar)	знаходзіць	[zna'hɔdzitsʲ]
enganar (vt)	падманваць	[pad'manvatsʲ]

entender (vt)	разумець	[razu'metsʲ]
entrar (na sala, etc.)	уваходзіць	[uva'hɔdzitsʲ]
enviar (uma carta)	адпраўляць	[atpraw'lʲatsʲ]
errar (enganar-se)	памыляцца	[pamɨ'lʲatsa]
escolher (vt)	выбіраць	[vɨbi'ratsʲ]

esconder (vt)	хаваць	[ha'vatsʲ]
escrever (vt)	пісаць	[pi'satsʲ]
esperar (aguardar)	чакаць	[tʃa'katsʲ]
esperar (ter esperança)	спадзявацца	[spadzʲa'vatsa]
esquecer (vt)	забываць	[zabɨ'vatsʲ]

estudar (vt)	вывучаць	[vɨvu'tʃatsʲ]
exigir (vt)	патрабаваць	[patraba'vatsʲ]
existir (vi)	існаваць	[isna'vatsʲ]
explicar (vt)	тлумачыць	[tlu'matʃɨtsʲ]
falar (vi)	гаварыць	[ɦava'rɨtsʲ]

Portuguese	Belarusian	Transcription
faltar (a la escuela, etc.)	прапускаць	[prapus'kats']
fazer (vt)	рабіць	[ra'bits']
ficar em silêncio	маўчаць	[mawˈʧats']
gabar-se (vr)	выхваляцца	[vihva'l'atsa]
gostar (apreciar)	падабацца	[pada'batsa]
gritar (vi)	крычаць	[kri'ʧats']
guardar (fotos, etc.)	захоўваць	[za'howvats']
informar (vt)	інфармаваць	[infarma'vats']
insistir (vi)	настойваць	[na'stojvats']
insultar (vt)	абражаць	[abra'ʒats']
interessar-se (vr)	цікавіцца …	[tsi'kavitsa …]
ir (a pé)	ісці	[is'tsi]
ir nadar	купацца	[ku'patsa]
jantar (vi)	вячэраць	[va'ʧɛrats']

12. Os verbos mais importantes. Parte 3

Portuguese	Belarusian	Transcription
ler (vt)	чытаць	[ʧi'tats']
libertar, liberar (vt)	вызваляць	[vizva'l'ats']
matar (vt)	забіваць	[zabi'vats']
mencionar (vt)	згадваць	[z'hadvats']
mostrar (vt)	паказваць	[pa'kazvats']
mudar (modificar)	змяніць	[zm'a'nits']
nadar (vi)	плаваць	[plavats']
negar-se a … (vr)	адмаўляцца	[admaw'l'atsa]
objetar (vt)	пярэчыць	[p'a'rɛʧits']
observar (vt)	назіраць	[nazi'rats']
ordenar (mil.)	загадваць	[za'hadvats']
ouvir (vt)	чуць	[ʧuts']
pagar (vt)	плаціць	[pla'tsits']
parar (vi)	спыняцца	[spi'n'atsa]
parar, cessar (vt)	спыняць	[spi'n'ats']
participar (vi)	удзельнічаць	[u'dzelʲniʧats']
pedir (comida, etc.)	заказваць	[za'kazvats']
pedir (um favor, etc.)	прасіць	[pra'sits']
pegar (tomar)	браць	[brats']
pegar (uma bola)	лавіць	[la'vits']
pensar (vi, vt)	думаць	[dumats']
perceber (ver)	заўважаць	[zawva'ʒats']
perdoar (vt)	выбачаць	[viba'ʧats']
perguntar (vt)	пытаць	[pi'tats']
permitir (vt)	дазваляць	[dazva'l'ats']
pertencer a … (vi)	належаць	[na'leʒats']
planejar (vt)	планаваць	[plana'vats']
poder (~ fazer algo)	магчы	[maħ'ʧi]
possuir (uma casa, etc.)	валодаць	[va'lodats']
preferir (vt)	аддаваць перавагу	[adda'vats' pera'vahu]

preparar (vt)	гатаваць	[hata'vatsʲ]
prever (vt)	прадбачыць	[prad'batʃitsʲ]
prometer (vt)	абяцаць	[abʲa'tsatsʲ]
pronunciar (vt)	вымаўляць	[vimaw'lʲatsʲ]
propor (vt)	прапаноўваць	[prapa'nɔwvatsʲ]
punir (castigar)	караць	[ka'ratsʲ]
quebrar (vt)	ламаць	[la'matsʲ]
queixar-se de …	скардзіцца	['skardzitsa]
querer (desejar)	хацець	[ha'tsetsʲ]

13. Os verbos mais importantes. Parte 4

ralhar, repreender (vt)	лаяць	['laʲatsʲ]
recomendar (vt)	рэкамендаваць	[rɛkamenda'vatsʲ]
repetir (dizer outra vez)	паўтараць	[pawta'ratsʲ]
reservar (~ um quarto)	рэзерваваць	[rɛzerva'vatsʲ]
responder (vt)	адказваць	[at'kazvatsʲ]
rezar, orar (vi)	маліцца	[ma'litsa]
rir (vi)	смяяцца	[smæ'ʲatsa]
roubar (vt)	красці	['krasʲtsi]
saber (vt)	ведаць	['vedatsʲ]
sair (~ de casa)	выходзіць	[vi'hɔdzitsʲ]
salvar (resgatar)	ратаваць	[rata'vatsʲ]
seguir (~ alguém)	накіроўвацца …	[naki'rɔwvatsa …]
sentar-se (vr)	садзіцца	[sa'dzitsa]
ser necessário	патрабавацца	[patraba'vatsa]
ser, estar	быць	['bitsʲ]
significar (vt)	азначаць	[azna'tʃatsʲ]
sorrir (vi)	усміхацца	[usmi'hatsa]
subestimar (vt)	недаацэньваць	[nedaa'tsɛnʲvatsʲ]
surpreender-se (vr)	здзіўляцца	[zʲdziw'lʲatsa]
tentar (~ fazer)	спрабаваць	[spraba'vatsʲ]
ter (vt)	мець	['metsʲ]
ter fome	хацець есці	[ha'tsetsʲ 'esʲtsi]
ter medo	баяцца	[ba'ʲatsa]
ter sede	хацець піць	[ha'tsetsʲ 'pitsʲ]
tocar (com as mãos)	кранаць	[kra'natsʲ]
tomar café da manhã	снедаць	['snedatsʲ]
trabalhar (vi)	працаваць	[pratsa'vatsʲ]
traduzir (vt)	перакладаць	[perakla'datsʲ]
unir (vt)	аб'ядноўваць	[abʲʲad'nɔwvatsʲ]
vender (vt)	прадаваць	[prada'vatsʲ]
ver (vt)	бачыць	['batʃitsʲ]
virar (~ para a direita)	паварочваць	[pava'rɔtʃvatsʲ]
voar (vi)	ляцець	[lʲa'tsetsʲ]

14. Cores

cor (f)	колер (м)	['kɔler]
tom (m)	адценне (н)	[a'tsenne]
tonalidade (m)	тон (м)	['tɔn]
arco-íris (m)	вясёлка (ж)	[vʲa'sʲolka]
branco (adj)	белы	['belʲi]
preto (adj)	чорны	['ʧɔrnʲi]
cinza (adj)	шэры	['ʃɛri]
verde (adj)	зялёны	[zʲa'lʲonʲi]
amarelo (adj)	жоўты	['ʒɔwti]
vermelho (adj)	чырвоны	[ʧir'vɔnʲi]
azul (adj)	сіні	['sinʲi]
azul claro (adj)	блакітны	[bla'kitnʲi]
rosa (adj)	ружовы	[ru'ʒɔvʲi]
laranja (adj)	аранжавы	[a'ranʒavʲi]
violeta (adj)	фіялетавы	[fiʲa'letavʲi]
marrom (adj)	карычневы	[ka'riʧnevʲi]
dourado (adj)	залаты	[zala'ti]
prateado (adj)	серабрысты	[sera'bristʲi]
bege (adj)	бэжавы	['bɛʒavʲi]
creme (adj)	крэмавы	['krɛmavʲi]
turquesa (adj)	бірузовы	[biru'zɔvʲi]
vermelho cereja (adj)	вішнёвы	[viʃ'nʲovʲi]
lilás (adj)	ліловы	[li'lɔvʲi]
carmim (adj)	малінавы	[ma'linavʲi]
claro (adj)	светлы	['svetlʲi]
escuro (adj)	цёмны	['tsʲomnʲi]
vivo (adj)	яркі	['ʲarkʲi]
de cor	каляровы	[kalʲa'rɔvʲi]
a cores	каляровы	[kalʲa'rɔvʲi]
preto e branco (adj)	чорна-белы	[ʧɔrna 'belʲi]
unicolor (de uma só cor)	аднакаляровы	[adnakalʲa'rɔvʲi]
multicolor (adj)	рознакаляровы	[roznakalʲa'rɔvʲi]

15. Questões

Quem?	Хто?	['htɔ]
O que?	Што?	['ʃtɔ]
Onde?	Дзе?	['dze]
Para onde?	Куды?	[ku'di]
De onde?	Адкуль?	[at'kulʲ]
Quando?	Калі?	[ka'li]
Para quê?	Навошта?	[na'vɔʃta]
Por quê?	Чаму?	[ʧa'mu]
Para quê?	Для чаго?	[dlʲa ʧa'hɔ]

21

Como?	Як?	['ᶦak]
Qual (~ é o problema?)	Які?	[ᶦa'ki]
Qual (~ deles?)	Каторы?	[ka'tɔri]

A quem?	Каму?	[ka'mu]
De quem?	Пра каго?	[pra ka'ɦɔ]
Do quê?	Пра што?	[pra 'ʃtɔ]
Com quem?	З кім?	[s kim]

Quanto, -os, -as?	Колькі?	['kɔlᶦki]
De quem? (masc.)	Чый?	['tʃij]
De quem são ...?	Чые?	[tʃie?]

16. Preposições

com (prep.)	з	[z]
sem (prep.)	без	['bes]
a, para (exprime lugar)	у	[u]
sobre (ex. falar ~)	аб	[ap]
antes de ...	перад	['perat]
em frente de ...	перад ...	['perat ...]

debaixo de ...	пад	['pat]
sobre (em cima de)	над	['nat]
em ..., sobre ...	на	[na]
de, do (sou ~ Rio de Janeiro)	з	[z]
de (feito ~ pedra)	з	[z]

| em (~ 3 dias) | праз | ['pras] |
| por cima de ... | праз | ['pras] |

17. Palavras funcionais. Advérbios. Parte 1

Onde?	Дзе?	['dze]
aqui	тут	['tut]
lá, ali	там	['tam]

| em algum lugar | дзесьці | ['dzesᶦtsi] |
| em lugar nenhum | нідзе | [ni'dze] |

| perto de ... | ля ... | [lᶦa ...] |
| perto da janela | ля акна | [lᶦa ak'na] |

Para onde?	Куды?	[ku'di]
aqui	сюды	[su'di]
para lá	туды	[tu'di]
daqui	адсюль	[a'tsulᶦ]
de lá, dali	адтуль	[at'tulᶦ]

perto	блізка	['bliska]
longe	далёка	[da'lᶦoka]
perto de ...	каля	[ka'lᶦa]

à mão, perto	побач	['pɔbatʃ]
não fica longe	недалёка	[neda'lʲoka]
esquerdo (adj)	левы	['levi]
à esquerda	злева	['zleva]
para a esquerda	налева	[na'leva]
direito (adj)	правы	['pravi]
à direita	справа	['sprava]
para a direita	направа	[na'prava]
em frente	спераду	['speradu]
da frente	пярэдні	[pʲa'rɛdni]
adiante (para a frente)	наперад	[na'perat]
atrás de …	ззаду	['zzadu]
de trás	ззаду	['zzadu]
para trás	назад	[na'zat]
meio (m), metade (f)	сярэдзіна (ж)	[sʲa'rɛdzina]
no meio	пасярэдзіне	[pasʲa'rɛdzine]
do lado	збоку	['zbɔku]
em todo lugar	усюды	[u'sʉdi]
por todos os lados	навакол	[nava'kɔl]
de dentro	знутры	[znu'tri]
para algum lugar	кудысьці	[ku'disʲtsi]
diretamente	наўпрост	[naw'prɔst]
de volta	назад	[na'zat]
de algum lugar	адкуль-небудзь	[at'kulʲ 'nebutsʲ]
de algum lugar	аднекуль	[ad'nekulʲ]
em primeiro lugar	па-першае	[pa 'perʃae]
em segundo lugar	па-другое	[pa dru'ɦɔe]
em terceiro lugar	па-трэцяе	[pa 'trɛtsʲae]
de repente	раптам	['raptam]
no início	напачатку	[napa'tʃatku]
pela primeira vez	упершыню	[uperʃi'nʉ]
muito antes de …	задоўга да …	[za'dɔwɦa da …]
de novo	нанава	['nanava]
para sempre	назусім	[nazu'sim]
nunca	ніколі	[ni'kɔli]
de novo	зноўку	['znɔwku]
agora	цяпер	[tsʲa'per]
frequentemente	часта	['tʃasta]
então	тады	[ta'di]
urgentemente	тэрмінова	[tɛrmi'nɔva]
normalmente	звычайна	[zvi'tʃajna]
a propósito, …	дарэчы, …	[da'rɛtʃi, …]
é possível	магчыма	[maɦ'tʃima]
provavelmente	напэўна	[na'pɛwna]

talvez	мабыць	['mabitsʲ]
além disso, ...	акрамя таго, ...	[akra'mʲa ta'hɔ, ...]
por isso ...	таму ...	[ta'mu ...]
apesar de ...	нягледзячы на ...	[nʲah'ledzʲatʃi na ...]
graças a ...	дзякуючы ...	['dzʲakuutʃi ...]

que (pron.)	што	['ʃtɔ]
que (conj.)	што	['ʃtɔ]
algo	нешта	['neʃta]
alguma coisa	што-небудзь	[ʃtɔ'nebutsʲ]
nada	нічога	[ni'tʃɔha]

quem	хто	['htɔ]
alguém (~ que ...)	хтосьці	['htɔsʲtsi]
alguém (com ~)	хто-небудзь	[htɔ'nebutsʲ]

ninguém	ніхто	[nih'tɔ]
para lugar nenhum	нікуды	[ni'kudi]
de ninguém	нічый	[ni'tʃij]
de alguém	чый-небудзь	[tʃij'nebutsʲ]

tão	так	['tak]
também (gostaria ~ de ...)	таксама	[tak'sama]
também (~ eu)	таксама	[tak'sama]

18. Palavras funcionais. Advérbios. Parte 2

Por quê?	Чаму?	[tʃa'mu]
por alguma razão	чамусьці	[tʃa'musʲtsi]
porque ...	бо ...	[bɔ ...]
por qualquer razão	наштосьці	[naʃ'tɔsʲtsi]

e (tu ~ eu)	і	[i]
ou (ser ~ não ser)	або	[a'bɔ]
mas (porém)	але	[a'le]
para (~ a minha mãe)	для	['dlʲa]

muito, demais	занадта	[za'natta]
só, somente	толькі	['tɔlʲki]
exatamente	дакладна	[da'kladna]
cerca de (~ 10 kg)	каля	[ka'lʲa]

aproximadamente	прыблізна	[prib'lizna]
aproximado (adj)	прыблізны	[prib'lizni]
quase	амаль	[a'malʲ]
resto (m)	астатняе (н)	[as'tatnʲae]

o outro (segundo)	другі	[dru'hi]
outro (adj)	другі, іншы	[dru'hi, in'ʃi]
cada (adj)	кожны	['kɔʒni]
qualquer (adj)	любы	[lʉ'bi]
muito, muitos, muitas	шмат	['ʃmat]
muitas pessoas	многія	['mnɔhiʲa]
todos	усе	[u'se]

em troca de ...	у абмен на ...	[u ab'men na ...]
em troca	наўзамен	[nawza'men]
à mão	уручную	[uruʧ'nuʉ]
pouco provável	наўрад ці	[naw'ratsi]

provavelmente	пэўна	['pɛwna]
de propósito	знарок	[zna'rɔk]
por acidente	выпадкова	[vipat'kɔva]

muito	вельмі	['velʲmi]
por exemplo	напрыклад	[na'priklat]
entre	між	['miʃ]
entre (no meio de)	сярод	[sʲa'rɔt]
tanto	столькі	['stɔlʲki]
especialmente	асабліва	[asa'bliva]

Conceitos básicos. Parte 2

19. Opostos

rico (adj)	багаты	[ba'ɦati]
pobre (adj)	бедны	['bednɨ]
doente (adj)	хворы	['hvɔrɨ]
bem (adj)	здаровы	[zda'rɔvɨ]
grande (adj)	вялікі	[vʲa'liki]
pequeno (adj)	маленькі	[ma'lenʲki]
rapidamente	хутка	['hutka]
lentamente	павольна	[pa'vɔlʲna]
rápido (adj)	хуткі	['hutki]
lento (adj)	павольны	[pa'vɔlʲnɨ]
alegre (adj)	вясёлы	[vʲa'sʲoli]
triste (adj)	сумны	['sumnɨ]
juntos (ir ~)	разам	['razam]
separadamente	асобна	[a'sɔbna]
em voz alta (ler ~)	уголас	[u'ɦɔlas]
para si (em silêncio)	сам сабе	[sam sa'be]
alto (adj)	высокі	[vɨ'sɔki]
baixo (adj)	нізкі	['niski]
profundo (adj)	глыбокі	[ɦlɨ'bɔki]
raso (adj)	мелкі	['melki]
sim	так	['tak]
não	не	[ne]
distante (adj)	далёкі	[da'lʲoki]
próximo (adj)	блізкі	['bliski]
longe	далёка	[da'lʲoka]
à mão, perto	побач	['pɔbatʃ]
longo (adj)	доўгі	['dɔwɦi]
curto (adj)	кароткі	[ka'rɔtki]
bom (bondoso)	добры	['dɔbri]
mal (adj)	злы	['zlɨ]
casado (adj)	жанаты	[ʒa'natɨ]

solteiro (adj)	халасты	[halas'ti]
proibir (vt)	забараніць	[zabara'nitsʲ]
permitir (vt)	дазволіць	[daz'volitsʲ]
fim (m)	канец (м)	[ka'nets]
início (m)	пачатак (м)	[pa'tʃatak]
esquerdo (adj)	левы	['levi]
direito (adj)	правы	['pravi]
primeiro (adj)	першы	['perʃi]
último (adj)	апошні	[a'pɔʃni]
crime (m)	злачынства (н)	[zla'tʃinstva]
castigo (m)	пакаранне (н)	[paka'ranne]
ordenar (vt)	загадаць	[zaɦa'datsʲ]
obedecer (vt)	падпарадкавацца	[patparatka'vatsa]
reto (adj)	прамы	[pra'mi]
curvo (adj)	крывы	[kri'vi]
paraíso (m)	рай (м)	['raj]
inferno (m)	пекла (н)	['pekla]
nascer (vi)	нарадзіцца	[nara'dzitsa]
morrer (vi)	памерці	[pa'mertsi]
forte (adj)	моцны	['mɔtsni]
fraco, débil (adj)	слабы	['slabi]
velho, idoso (adj)	стары	[sta'ri]
jovem (adj)	малады	[mala'di]
velho (adj)	стары	[sta'ri]
novo (adj)	новы	['nɔvi]
duro (adj)	цвёрды	['tsvʲordi]
macio (adj)	мяккі	['mʲakki]
quente (adj)	цёплы	['tsʲopli]
frio (adj)	халодны	[ha'lɔdni]
gordo (adj)	тоўсты	['tɔwsti]
magro (adj)	худы	[hu'di]
estreito (adj)	вузкі	['vuski]
largo (adj)	шырокі	[ʃi'rɔki]
bom (adj)	добры	['dɔbri]
mau (adj)	дрэнны	['drɛnni]
valente, corajoso (adj)	адважны	[ad'vaʒni]
covarde (adj)	баязлівы	[baʲaz'livi]

20. Dias da semana

segunda-feira (f)	панядзелак (м)	[panʲaˈdzelak]
terça-feira (f)	аўторак (м)	[awˈtɔrak]
quarta-feira (f)	серада (ж)	[seraˈda]
quinta-feira (f)	чацвер (м)	[ʧatsˈver]
sexta-feira (f)	пятніца (ж)	[ˈpʲatnitsa]
sábado (m)	субота (ж)	[suˈbɔta]
domingo (m)	нядзеля (ж)	[nʲaˈdzelʲa]
hoje	сёння	[ˈsʲɔnnʲa]
amanhã	заўтра	[ˈzawtra]
depois de amanhã	паслязаўтра	[paslʲaˈzawtra]
ontem	учора	[uˈʧɔra]
anteontem	заўчора	[zawˈʧɔra]
dia (m)	дзень (м)	[ˈdzenʲ]
dia (m) de trabalho	працоўны дзень (м)	[praˈtsɔwnɨ ˈdzenʲ]
feriado (m)	святочны дзень (м)	[svʲaˈtɔʧnɨ ˈdzenʲ]
dia (m) de folga	выхадны дзень (м)	[vɨhadˈnɨ ˈdzenʲ]
fim (m) de semana	выхадныя (м мн)	[vɨhadˈnʲiʲa]
o dia todo	увесь дзень	[uˈvezʲ ˈdzenʲ]
no dia seguinte	на наступны дзень	[na naˈstupnɨ ˈdzenʲ]
há dois dias	два дні таму	[dva ˈdni taˈmu]
na véspera	напярэдадні	[napʲaˈrɛdadni]
diário (adj)	штодзённы	[ʃtɔˈdzʲɔnnɨ]
todos os dias	штодня	[ʃtɔˈdnʲa]
semana (f)	тыдзень (м)	[ˈtidzenʲ]
na semana passada	на мінулым тыдні	[na miˈnulɨm ˈtidni]
semana que vem	на наступным тыдні	[na naˈstupnim ˈtidni]
semanal (adj)	штотыднёвы	[ʃtɔtidˈnʲɔvɨ]
toda semana	штотыдзень	[ʃtɔˈtidzenʲ]
duas vezes por semana	два разы на тыдзень	[dva raˈzɨ na ˈtidzenʲ]
toda terça-feira	штоаўторак	[ʃtɔaˈwtɔrak]

21. Horas. Dia e noite

manhã (f)	ранак (м)	[ˈranak]
de manhã	ранкам	[ˈrankam]
meio-dia (m)	поўдзень (м)	[ˈpɔwdzenʲ]
à tarde	пасля абеду	[paˈslʲa aˈbedu]
tardinha (f)	вечар (м)	[ˈveʧar]
à tardinha	увечар	[uˈveʧar]
noite (f)	ноч (ж)	[ˈnɔʧ]
à noite	уначы	[unaˈʧɨ]
meia-noite (f)	поўнач (ж)	[ˈpɔwnaʧ]
segundo (m)	секунда (ж)	[seˈkunda]
minuto (m)	хвіліна (ж)	[hviˈlina]
hora (f)	гадзіна (ж)	[ɦaˈdzina]

meia hora (f)	паўгадзіны	[pawɦa'dzini]
quarto (m) de hora	чвэрць (ж) гадзіны	[tʃvɛrtsʲ ɦa'dzinʲ]
quinze minutos	пятнаццаць хвілін	[pʲat'natsatsʲ hvi'lin]
vinte e quatro horas	суткі (мн)	['sutki]

nascer (m) do sol	узыход (м) сонца	[uzi'hot 'sɔntsa]
amanhecer (m)	світанак (м)	[svi'tanak]
madrugada (f)	ранічка (ж)	['ranitʃka]
pôr-do-sol (m)	захад (м)	['zahat]

de madrugada	ранічкаю	['ranitʃkaʉ]
esta manhã	сёння ранкам	[sʲonnʲa 'rankam]
amanhã de manhã	заўтра ранкам	['zawtra 'rankam]

esta tarde	сёння ўдзень	[sʲonnʲa u'dzenʲ]
à tarde	пасля абеду	[pa'slʲa a'bedu]
amanhã à tarde	заўтра пасля абеду	['zawtra pa'slʲa a'bedu]

| esta noite, hoje à noite | сёння ўвечары | [sʲonnʲa u'wetʃari] |
| amanhã à noite | заўтра ўвечары | [zawtra u'wetʃari] |

às três horas em ponto	роўна а трэцяй гадзіне	[rɔwna a 'trɛtsʲaj ɦa'dzine]
por volta das quatro	каля чацвёртай гадзіны	[ka'lʲa tʃatsʲ'vʲortaj ɦa'dzinʲ]
às doze	пад дванаццатую гадзіну	[pad dva'natsatuʉ ɦa'dzinu]

em vinte minutos	праз дваццаць хвілін	[praz 'dvatsatsʲ hvi'lin]
em uma hora	праз гадзіну	[praz ɦa'dzinu]
a tempo	своечасова	[svɔetʃa'sɔva]

… um quarto para	без чвэрці …	['bʲaʃ 'tʃvɛrtsi …]
dentro de uma hora	на працягу гадзіны	[na pra'tsʲaɦu ɦa'dzinʲ]
a cada quinze minutos	кожныя пятнаццаць хвілін	['kɔznʲʲa pʲat'natsatsʲ hvi'lin]

| as vinte e quatro horas | круглыя суткі (мн) | ['kruɦlʲʲa 'sutki] |

22. Meses. Estações

janeiro (m)	студзень (м)	['studzenʲ]
fevereiro (m)	люты (м)	['lʉti]
março (m)	сакавік (м)	[saka'vik]
abril (m)	красавік (м)	[krasa'vik]
maio (m)	май (м)	['maj]
junho (m)	чэрвень (м)	['tʃɛrvenʲ]

julho (m)	ліпень (м)	['lipenʲ]
agosto (m)	жнівень (м)	['ʒnivenʲ]
setembro (m)	верасень (м)	['verasenʲ]
outubro (m)	кастрычнік (м)	[kas'tritʃnik]
novembro (m)	лістапад (м)	[lista'pat]
dezembro (m)	снежань (м)	['sneʒanʲ]

primavera (f)	вясна (ж)	[vʲas'na]
na primavera	увесну	[u'vesnu]
primaveril (adj)	вясновы	[vʲas'nɔvʲ]

verão (m)	лета (н)	['leta]
no verão	улетку	[u'letku]
de verão	летні	['letni]

outono (m)	восень (ж)	['vɔsenʲ]
no outono	увосень	[u'vɔsenʲ]
outonal (adj)	восеньскі	['vɔsenʲski]

inverno (m)	зіма (ж)	[zi'ma]
no inverno	узімку	[u'zimku]
de inverno	зімовы	[zi'mɔvi]

mês (m)	месяц (м)	['mesʲats]
este mês	у гэтым месяцы	[u 'ɦɛtim 'mesʲatsi]
mês que vem	у наступным месяцы	[u nas'tupnim 'mesʲatsi]
no mês passado	у мінулым месяцы	[u mi'nulim 'mesʲatsi]

um mês atrás	месяц таму	[mesʲats ta'mu]
em um mês	праз месяц	[praz 'mesʲats]
em dois meses	праз два месяцы	[praz 'dva 'mesʲatsi]
todo o mês	увесь месяц	[u'vesʲ 'mesʲats]
um mês inteiro	цэлы месяц	[tsɛli 'mesʲats]

| mensal (adj) | штомесячны | [ʃtɔ'mesʲatʃni] |
| mensalmente | штомесяц | [ʃtɔ'mesʲats] |

| todo mês | штомесяц | [ʃtɔ'mesʲats] |
| duas vezes por mês | два разы на месяц | [dva ra'zi na 'mesʲats] |

| ano (m) | год (м) | ['ɦɔt] |
| este ano | сёлета | ['sʲoleta] |

| ano que vem | налета | [na'leta] |
| no ano passado | летась | ['letasʲ] |

há um ano	год таму	[ɦɔt ta'mu]
em um ano	праз год	[praz 'ɦɔt]
dentro de dois anos	праз два гады	[praz 'dva ɦa'di]

| todo o ano | увесь год | [u'vezʲ 'ɦɔt] |
| um ano inteiro | цэлы год | [tsɛli 'ɦɔt] |

| cada ano | штогод | [ʃtɔ'ɦɔt] |
| anual (adj) | штогадовы | [ʃtɔɦa'dɔvi] |

| anualmente | штогод | [ʃtɔ'ɦɔt] |
| quatro vezes por ano | чатыры разы на год | [tʃa'tiri ra'zi na 'ɦɔt] |

data (~ de hoje)	дзень (м)	['dzenʲ]
data (ex. ~ de nascimento)	дата (ж)	['data]
calendário (m)	каляндар (м)	[kalʲan'dar]

meio ano	паўгода	[paw'ɦoda]
seis meses	паўгоддзе (н)	[paw'ɦodze]
estação (f)	сезон (м)	[se'zɔn]
século (m)	стагоддзе (н)	[sta'ɦodze]

23. Tempo. Diversos

tempo (m)	час (м)	['tʃas]
momento (m)	міг (м)	['miɦ]
instante (m)	імгненне (н)	[im'ɦnenne]
instantâneo (adj)	імгненны	[im'ɦnennɨ]
lapso (m) de tempo	адрэзак (м)	[at'rɛzak]
vida (f)	жыццё (н)	[ʒɨˈtsʲo]
eternidade (f)	вечнасць (ж)	['vetʃnastsʲ]
época (f)	эпоха (ж)	[ɛ'pɔha]
era (f)	эра (ж)	['ɛra]
ciclo (m)	цыкл (м)	['tsɨkl]
período (m)	перыяд (м)	[pe'rʲʲat]
prazo (m)	тэрмін (м)	['tɛrmin]
futuro (m)	будучыня (ж)	['budutʃinʲa]
futuro (adj)	будучы	['budutʃi]
da próxima vez	наступным разам	[na'stupnim 'razam]
passado (m)	мінуўшчына (ж)	[mi'nuwʃçina]
passado (adj)	мінулы	[mi'nuli]
na última vez	мінулым разам	[mi'nulim 'razam]
mais tarde	пазней	[paz'nej]
depois de ...	пасля	[pa'slʲa]
atualmente	цяпер	[tsʲa'per]
agora	цяпер	[tsʲa'per]
imediatamente	неадкладна	[neat'kladna]
em breve	неўзабаве	[newza'bawe]
de antemão	загадзя	['zaɦadzʲa]
há muito tempo	даўно	[daw'nɔ]
recentemente	нядаўна	[nʲa'dawna]
destino (m)	лёс (м)	['lʲos]
recordações (f pl)	памяць (ж)	['pamʲatsʲ]
arquivo (m)	архіў (м)	[ar'hiw]
durante ...	падчас ...	[pa'tʃas ...]
durante muito tempo	доўга	['dɔwɦa]
pouco tempo	нядоўга	[nʲa'dɔwɦa]
cedo (levantar-se ~)	рана	['rana]
tarde (deitar-se ~)	позна	['pɔzna]
para sempre	назаўжды	[nazawʒ'dɨ]
começar (vt)	пачынаць	[patʃi'natsʲ]
adiar (vt)	перанесці	[pera'nesʲtsi]
ao mesmo tempo	адначасова	[adnatʃa'sɔva]
permanentemente	заўсёды	[zaw'sʲodi]
constante (~ ruído, etc.)	заўсёдны	[zaw'sʲodni]
temporário (adj)	часовы	[tʃa'sɔvi]
às vezes	часам	['tʃasam]
raras vezes, raramente	рэдка	['rɛtka]
frequentemente	часта	['tʃasta]

31

24. Linhas e formas

quadrado (m)	квадрат (м)	[kvad'rat]
quadrado (adj)	квадратны	[kvad'ratni]
círculo (m)	круг (м)	['kruɦ]
redondo (adj)	круглы	['kruɦlʲi]
triângulo (m)	трохвугольнік (м)	[trɔhvu'ɦɔlʲnik]
triangular (adj)	трохвугольны	[trɔhvu'ɦɔlʲni]
oval (f)	авал (м)	[a'val]
oval (adj)	авальны	[a'valʲni]
retângulo (m)	прамавугольнік (м)	[pramavu'ɦɔlʲnik]
retangular (adj)	прамавугольны	[pramavu'ɦɔlʲni]
pirâmide (f)	піраміда (ж)	[pira'mida]
losango (m)	ромб (м)	['rɔmp]
trapézio (m)	трапецыя (ж)	[tra'petsʲia]
cubo (m)	куб (м)	['kup]
prisma (m)	прызма (ж)	['prizma]
circunferência (f)	акружнасць (ж)	[ak'ruʒnastsʲ]
esfera (f)	сфера (ж)	['sfera]
globo (m)	шар (м)	['ʃar]
diâmetro (m)	дыяметр (м)	[diʲ'ametr]
raio (m)	радыус (м)	['radʲus]
perímetro (m)	перыметр (м)	[pe'rimetr]
centro (m)	цэнтр (м)	['tsɛntr]
horizontal (adj)	гарызантальны	[ɦarizan'talʲni]
vertical (adj)	вертыкальны	[verti'kalʲni]
paralela (f)	паралель (ж)	[para'lelʲ]
paralelo (adj)	паралельны	[para'lelʲni]
linha (f)	лінія (ж)	['liniʲa]
traço (m)	рыса (ж)	['risa]
reta (f)	прамая (ж)	[pra'maʲa]
curva (f)	крывая (ж)	[kri'vaʲa]
fino (linha ~a)	тонкі	['tɔnki]
contorno (m)	контур (м)	['kɔntur]
interseção (f)	перасячэнне (н)	[perasʲa'tʃɛnne]
ângulo (m) reto	прамы вугал (м)	[pra'mi 'vuɦal]
segmento (m)	сегмент (м)	[seɦ'ment]
setor (m)	сектар (м)	['sektar]
lado (de um triângulo, etc.)	старана (ж)	[stara'na]
ângulo (m)	вугал (м)	['vuɦal]

25. Unidades de medida

peso (m)	вага (ж)	[va'ɦa]
comprimento (m)	даўжыня (ж)	[dawʒi'nʲa]
largura (f)	шырыня (ж)	[ʃiri'nʲa]
altura (f)	вышыня (ж)	[viʃi'nʲa]

profundidade (f)	глыбіня (ж)	[ɦlʲibiˈnʲa]
volume (m)	аб'ём (м)	[aˈbʲjom]
área (f)	плошча (ж)	[ˈpɫɔʃʨa]

grama (m)	грам (м)	[ˈɦram]
miligrama (m)	міліграм (м)	[miliˈɦram]
quilograma (m)	кілаграм (м)	[kilaˈɦram]
tonelada (f)	тона (ж)	[ˈtɔna]
libra (453,6 gramas)	фунт (м)	[ˈfunt]
onça (f)	унцыя (ж)	[ˈuntsʲʲa]

metro (m)	метр (м)	[ˈmetr]
milímetro (m)	міліметр (м)	[miliˈmetr]
centímetro (m)	сантыметр (м)	[santiˈmetr]
quilômetro (m)	кіламетр (м)	[kilaˈmetr]
milha (f)	міля (ж)	[ˈmilʲa]

polegada (f)	цаля (ж)	[ˈʦalʲa]
pé (304,74 mm)	фут (м)	[ˈfut]
jarda (914,383 mm)	ярд (м)	[ʲart]

| metro (m) quadrado | квадратны метр (м) | [kvadˈratnɨ ˈmetr] |
| hectare (m) | гектар (м) | [ɦekˈtar] |

litro (m)	літр (м)	[ˈlitr]
grau (m)	градус (м)	[ˈɦradus]
volt (m)	вольт (м)	[ˈvɔlʲt]
ampère (m)	ампер (м)	[amˈper]
cavalo (m) de potência	конская сіла (ж)	[kɔnskaʲa ˈsila]

quantidade (f)	колькасць (ж)	[ˈkɔlʲkasʦʲ]
um pouco de ...	нямнога ...	[nʲamˈnoɦa ...]
metade (f)	палова (ж)	[paˈlɔva]
dúzia (f)	тузін (м)	[ˈtuzin]
peça (f)	штука (ж)	[ˈʃtuka]

| tamanho (m), dimensão (f) | памер (м) | [paˈmer] |
| escala (f) | маштаб (м) | [maʃˈtap] |

mínimo (adj)	мінімальны	[miniˈmalʲnɨ]
menor, mais pequeno	найменшы	[najˈmenʃɨ]
médio (adj)	сярэдні	[sʲaˈrɛdni]
máximo (adj)	максімальны	[maksiˈmalʲnɨ]
maior, mais grande	найбольшы	[najˈbɔlʲʃɨ]

26. Recipientes

pote (m) de vidro	слоік (м)	[ˈsɫɔik]
lata (~ de cerveja)	бляшанка (ж)	[blʲaˈʃanka]
balde (m)	вядро (н)	[vʲaˈdrɔ]
barril (m)	бочка (ж)	[ˈbɔʧka]

| bacia (~ de plástico) | таз (м) | [ˈtas] |
| tanque (m) | бак (м) | [ˈbak] |

cantil (m) de bolso	біклажка (ж)	[bik'laʃka]
galão (m) de gasolina	каністра (ж)	[ka'nistra]
cisterna (f)	цыстэрна (ж)	[tsis'tɛrna]

caneca (f)	кубак (м) -	['kubak]
xícara (f)	кубак (м)	['kubak]
pires (m)	сподак (м)	['spɔdak]
copo (m)	шклянка (ж)	[ʃklʲanka]
taça (f) de vinho	келіх (м)	['kelih]
panela (f)	рондаль (м)	['rɔndalʲ]

garrafa (f)	бутэлька (ж)	[bu'tɛlʲka]
gargalo (m)	рыльца (н)	['rilʲtsa]

jarra (f)	графін (м)	[ɦra'fin]
jarro (m)	збан (м)	['zban]
recipiente (m)	пасудзіна (ж)	[pa'sudzina]
pote (m)	гаршчок (м)	[ɦar'ʃɕɔk]
vaso (m)	ваза (ж)	['vaza]

frasco (~ de perfume)	флакон (м)	[fla'kɔn]
frasquinho (m)	бутэлечка (ж)	[bu'tɛletʃka]
tubo (m)	цюбік (м)	['tsʉbik]

saco (ex. ~ de açúcar)	мяшок (м)	[mʲa'ʃɔk]
sacola (~ plastica)	пакет (м)	[pa'ket]
maço (de cigarros, etc.)	пачак (м)	['patʃak]

caixa (~ de sapatos, etc.)	каробка (ж)	[ka'rɔpka]
caixote (~ de madeira)	скрынка (ж)	['skrinka]
cesto (m)	кош (м)	['kɔʃ]

27. Materiais

material (m)	матэрыял (м)	[matɛri'ʲal]
madeira (f)	дрэва (н)	['drɛva]
de madeira	драўляны	[draw'lʲani]

vidro (m)	шкло (н)	['ʃklɔ]
de vidro	шкляны	[ʃklʲa'ni]

pedra (f)	камень (м)	['kamenʲ]
de pedra	каменны	[ka'menni]

plástico (m)	пластык (м)	['plastik]
plástico (adj)	пластмасавы	[plast'masavi]

borracha (f)	гума (ж)	['ɦuma]
de borracha	гумовы	[ɦu'mɔvi]

tecido, pano (m)	тканіна (ж)	[tka'nina]
de tecido	з тканіны	[s tka'nini]
papel (m)	папера (ж)	[pa'pera]
de papel	папяровы	[papʲa'rɔvi]

| papelão (m) | кардон (м) | [kar'dɔn] |
| de papelão | кардонны | [kar'dɔnnɨ] |

polietileno (m)	поліэтылен (м)	[pɔliɛti'len]
celofane (m)	цэлафан (м)	[ʦɛla'fan]
madeira (f) compensada	фанера (ж)	[fa'nera]

porcelana (f)	фарфор (м)	[far'fɔr]
de porcelana	фарфоравы	[far'fɔravɨ]
argila (f), barro (m)	гліна (ж)	['ɦlina]
de barro	гліняны	[ɦli'nʲanɨ]
cerâmica (f)	кераміка (ж)	[ke'ramika]
de cerâmica	керамічны	[kera'miʧnɨ]

28. Metais

metal (m)	метал (м)	[me'tal]
metálico (adj)	металічны	[meta'liʧnɨ]
liga (f)	сплаў (м)	['splaw]

ouro (m)	золата (н)	['zɔlata]
de ouro	залаты	[zala'tɨ]
prata (f)	срэбра (н)	['srɛbra]
de prata	срэбны	['srɛbnɨ]

ferro (m)	жалеза (н)	[ʒa'leza]
de ferro	жалезны	[ʒa'leznɨ]
aço (m)	сталь (ж)	['stalʲ]
de aço (adj)	сталёвы	[sta'lʲovɨ]
cobre (m)	медзь (ж)	['meʣʲ]
de cobre	медны	['mednɨ]

alumínio (m)	алюміній (м)	[alʉ'minij]
de alumínio	алюмініевы	[alʉ'minievɨ]
bronze (m)	бронза (ж)	['brɔnza]
de bronze	бронзавы	['brɔnzavɨ]

latão (m)	латунь (ж)	[la'tunʲ]
níquel (m)	нікель (м)	['nikelʲ]
platina (f)	плаціна (ж)	['plaʦina]
mercúrio (m)	ртуць (ж)	['rtuʦʲ]
estanho (m)	волава (н)	['vɔlava]
chumbo (m)	свінец (м)	[svi'neʦ]
zinco (m)	цынк (м)	['ʦɨnk]

O SER HUMANO

O ser humano. O corpo

29. Humanos. Conceitos básicos

ser (m) humano	чалавек (м)	[tʃala'vek]
homem (m)	мужчына (м)	[mu'ʃɕina]
mulher (f)	жанчына (ж)	[ʒan'tʃina]
criança (f)	дзіця (н)	[dzi'tsʲa]
menina (f)	дзяўчынка (ж)	[dzʲaw'tʃinka]
menino (m)	хлопчык (м)	['hlɔptʃik]
adolescente (m)	падлетак (м)	[pad'letak]
velho (m)	стары (м)	[sta'ri]
velha (f)	старая (ж)	[sta'raʲa]

30. Anatomia humana

organismo (m)	арганізм (м)	[arɦa'nizm]
coração (m)	сэрца (н)	['sɛrtsa]
sangue (m)	кроў (ж)	['krɔw]
artéria (f)	артэрыя (ж)	[ar'tɛriʲa]
veia (f)	вена (ж)	['vena]
cérebro (m)	мозг (м)	['mɔsk]
nervo (m)	нерв (м)	['nerv]
nervos (m pl)	нервы (м мн)	['nervi]
vértebra (f)	пазванок (м)	[pazva'nɔk]
coluna (f) vertebral	пазваночнік (м)	[pazva'nɔtʃnik]
estômago (m)	страўнік (м)	['strawnik]
intestinos (m pl)	кішэчнік (м)	[ki'ʃɛtʃnik]
intestino (m)	кішка (ж)	['kiʃka]
fígado (m)	печань (ж)	['petʃanʲ]
rim (m)	нырка (ж)	['nirka]
osso (m)	косць (ж)	['kɔstsʲ]
esqueleto (m)	шкілет (м)	[ʃki'let]
costela (f)	рабро (н)	[rab'rɔ]
crânio (m)	чэрап (м)	['tʃɛrap]
músculo (m)	цягліца (ж)	[tsʲaɦ'litsa]
bíceps (m)	біцэпс (м)	['bitsɛps]
tríceps (m)	трыцэпс (м)	['tritsɛps]
tendão (m)	сухажылле (н)	[suha'ʒille]
articulação (f)	сустаў (м)	[sus'taw]

pulmões (m pl) лёгкія (н мн) ['lʲofikiʲa]
órgãos (m pl) genitais палавыя органы (м мн) [pala'viʲa 'orɦani]
pele (f) скура (ж) ['skura]

31. Cabeça

cabeça (f) галава (ж) [ɦala'va]
rosto, cara (f) твар (м) ['tvar]
nariz (m) нос (м) ['nɔs]
boca (f) рот (м) ['rɔt]

olho (m) вока (н) ['vɔka]
olhos (m pl) вочы (н мн) ['votʃi]
pupila (f) зрэнка (ж) ['zrɛnka]
sobrancelha (f) брыво (н) [bri'vɔ]
cílio (f) вейка (ж) ['vejka]
pálpebra (f) павека (н) [pa'veka]

língua (f) язык (м) [ʲa'zik]
dente (m) зуб (м) ['zup]
lábios (m pl) губы (ж мн) ['ɦubi]
maçãs (f pl) do rosto скулы (ж мн) ['skuli]
gengiva (f) дзясна (ж) [dzʲas'na]
palato (m) паднябенне (н) [padnʲa'benne]

narinas (f pl) ноздры (ж мн) ['nɔzdri]
queixo (m) падбародак (м) [padba'rɔdak]
mandíbula (f) сківіца (ж) ['skivitsa]
bochecha (f) шчака (ж) [ʃɕa'ka]

testa (f) лоб (м) ['lɔp]
têmpora (f) скронь (ж) ['skrɔnʲ]
orelha (f) вуха (н) ['vuha]
costas (f pl) da cabeça патыліца (ж) [pa'tilitsa]
pescoço (m) шыя (ж) ['ʃʲʲa]
garganta (f) горла (н) ['ɦɔrla]

cabelo (m) валасы (м мн) [vala'sʲi]
penteado (m) прычоска (ж) [pri'tʃɔska]
corte (m) de cabelo стрыжка (ж) ['striʃka]
peruca (f) парык (м) [pa'rik]

bigode (m) вусы (м мн) ['vusʲi]
barba (f) барада (ж) [bara'da]
ter (~ barba, etc.) насіць [na'sitsʲʲ]
trança (f) каса (ж) [ka'sa]
suíças (f pl) бакенбарды (мн) [baken'bardi]

ruivo (adj) рыжы ['riʒi]
grisalho (adj) сівы [si'vi]
careca (adj) лысы ['lisi]
calva (f) лысіна (ж) ['lisina]
rabo-de-cavalo (m) хвост (м) ['hvɔst]
franja (f) чубок (м) [tʃu'bɔk]

32. Corpo humano

| mão (f) | кісць (ж) | ['kistsʲ] |
| braço (m) | рука (ж) | [ru'ka] |

dedo (m)	палец (м)	['palets]
dedo (m) do pé	палец (м)	['palets]
polegar (m)	вялікі палец (м)	[vʲa'liki 'palets]
dedo (m) mindinho	мезенец (м)	['mezenets]
unha (f)	пазногаць (м)	[paz'noɦatsʲ]

punho (m)	кулак (м)	[ku'lak]
palma (f)	далонь (ж)	[da'lonʲ]
pulso (m)	запясце (н)	[za'pʲasʲtse]
antebraço (m)	перадплечча (н)	[perat'pletʃa]
cotovelo (m)	локаць (м)	['lokatsʲ]
ombro (m)	плячо (н)	[plʲa'tʃo]

perna (f)	нага (ж)	[na'ɦa]
pé (m)	ступня (ж)	[stup'nʲa]
joelho (m)	калена (н)	[ka'lena]
panturrilha (f)	лытка (ж)	['litka]
quadril (m)	сцягно (н)	[stsʲaɦ'no]
calcanhar (m)	пятка (ж)	['pʲatka]

corpo (m)	цела (н)	['tsela]
barriga (f), ventre (m)	жывот (м)	[ʒi'vot]
peito (m)	грудзі (мн)	['ɦrudzi]
seio (m)	грудзі (мн)	['ɦrudzi]
lado (m)	бок (м)	['bok]
costas (dorso)	спіна (ж)	['spina]
região (f) lombar	паясніца (ж)	[paʲas'nitsa]
cintura (f)	талія (ж)	['taliʲa]

umbigo (m)	пупок (м)	[pu'pok]
nádegas (f pl)	ягадзіцы (ж мн)	['ʲaɦadzitsi]
traseiro (m)	зад (м)	['zat]

sinal (m), pinta (f)	радзімка (ж)	[ra'dzimka]
sinal (m) de nascença	радзімая пляма (ж)	[ra'dzimaʲa 'plʲama]
tatuagem (f)	татуіроўка (ж)	[tatui'rowka]
cicatriz (f)	шрам (м)	['ʃram]

Vestuário & Acessórios

33. Roupa exterior. Casacos

roupa (f)	адзенне (н)	[a'dzenne]
roupa (f) exterior	вопратка (ж)	['vɔpratka]
roupa (f) de inverno	зімовая вопратка (ж)	[zi'mɔvaʲa 'vɔpratka]
sobretudo (m)	паліто (н)	[pali'tɔ]
casaco (m) de pele	футра (н)	['futra]
jaqueta (f) de pele	паўкажушак (м)	[pawka'ʒwʃak]
casaco (m) acolchoado	пухавік (м)	[puha'vik]
casaco (m), jaqueta (f)	куртка (ж)	['kurtka]
impermeável (m)	плашч (м)	['plaʃɕ]
a prova d'água	непрамакальны	[neprama'kalʲnʲi]

34. Vestuário de homem & mulher

camisa (f)	кашуля (ж)	[ka'ʃulʲa]
calça (f)	штаны (мн)	[ʃta'nʲi]
jeans (m)	джынсы (мн)	['dʒʲinsʲi]
paletó, terno (m)	пінжак (м)	[pin'ʒak]
terno (m)	касцюм (м)	[kas'tsʉm]
vestido (ex. ~ de noiva)	сукенка (ж)	[su'kenka]
saia (f)	спадніца (ж)	[spad'nitsa]
blusa (f)	блузка (ж)	['bluska]
casaco (m) de malha	кофта (ж)	['kɔfta]
casaco, blazer (m)	жакет (м)	[ʒa'ket]
camiseta (f)	футболка (ж)	[fud'bɔlka]
short (m)	шорты (мн)	['ʃɔrtʲi]
training (m)	спартыўны касцюм (м)	[spar'tiwnʲi kas'tsʉm]
roupão (m) de banho	халат (м)	[ha'lat]
pijama (m)	піжама (ж)	[pi'ʒama]
suéter (m)	світэр (м)	['svitɛr]
pulôver (m)	пуловер (м)	[pu'lɔver]
colete (m)	камізэлька (ж)	[kami'zɛlʲka]
fraque (m)	фрак (м)	['frak]
smoking (m)	смокінг (м)	['smɔkinɦ]
uniforme (m)	форма (ж)	['fɔrma]
roupa (f) de trabalho	працоўнае адзенне (н)	[pra'tsɔwnae a'dzenne]
macacão (m)	камбінезон (м)	[kambine'zɔn]
jaleco (m), bata (f)	халат (м)	[ha'lat]

35. Vestuário. Roupa interior

roupa (f) íntima	бялізна (ж)	[bʲaˈlizna]
cueca boxer (f)	трусы (мн)	[truˈsi]
calcinha (f)	трусікі (мн)	[ˈtrusʲiki]
camiseta (f)	майка (ж)	[ˈmajka]
meias (f pl)	шкарпэткі (ж мн)	[ʃkarˈpɛtki]
camisola (f)	начная кашуля (ж)	[natʃˈnaʲa kaˈʃulʲa]
sutiã (m)	бюстгальтар (м)	[bʉzˈɦalʲtar]
meias longas (f pl)	гольфы (мн)	[ˈɦolʲfi]
meias-calças (f pl)	калготкі (мн)	[kalˈɦotki]
meias (~ de nylon)	панчохі (ж мн)	[panˈtʃohi]
maiô (m)	купальнік (м)	[kuˈpalʲnik]

36. Adereços de cabeça

chapéu (m), touca (f)	шапка (ж)	[ˈʃapka]
chapéu (m) de feltro	капялюш (м)	[kapʲaˈlʉʃ]
boné (m) de beisebol	бейсболка (ж)	[bejzˈbolka]
boina (~ italiana)	кепка (ж)	[ˈkepka]
boina (ex. ~ basca)	берэт (м)	[bʲaˈrɛt]
capuz (m)	капюшон (м)	[kapʉˈʃon]
chapéu panamá (m)	панамка (ж)	[paˈnamka]
touca (f)	вязаная шапачка (ж)	[vʲazanaʲa ˈʃapatʃka]
lenço (m)	хустка (ж)	[ˈhustka]
chapéu (m) feminino	капялюшык (м)	[kapʲaˈlʉʃik]
capacete (m) de proteção	каска (ж)	[ˈkaska]
bibico (m)	пілотка (ж)	[piˈlotka]
capacete (m)	шлем (м)	[ˈʃlem]
chapéu-coco (m)	кацялок (м)	[katsʲaˈlok]
cartola (f)	цыліндр (м)	[tsiˈlindr]

37. Calçado

calçado (m)	абутак (м)	[aˈbutak]
botinas (f pl), sapatos (m pl)	чаравікі (м мн)	[tʃaraˈviki]
sapatos (de salto alto, etc.)	туфлі (м мн)	[ˈtufli]
botas (f pl)	боты (м мн)	[ˈboti]
pantufas (f pl)	тапачкі (ж мн)	[ˈtapatʃki]
tênis (~ Nike, etc.)	красоўкі (ж мн)	[kraˈsowki]
tênis (~ Converse)	кеды (м мн)	[ˈkedi]
sandálias (f pl)	сандалі (ж мн)	[sanˈdali]
sapateiro (m)	шавец (м)	[ʃaˈvets]
salto (m)	абцас (м)	[apˈtsas]

par (m)	пара (ж)	['para]
cadarço (m)	шнурок (м)	[ʃnu'rɔk]
amarrar os cadarços	шнураваць	[ʃnura'vatsʲ]
calçadeira (f)	ражок (м)	[ra'ʒɔk]
graxa (f) para calçado	крэм (м) для абутку	['krɛm dlʲa a'butku]

38. Têxtil. Tecidos

algodão (m)	бавоўна (ж)	[ba'vɔwna]
de algodão	з бавоўны	[z ba'vɔwnʲi]
linho (m)	лён (м)	['lʲon]
de linho	з лёну	[zʲ 'lʲonu]

seda (f)	шоўк (м)	['ʃowk]
de seda	шаўковы	[ʃaw'kɔvʲi]
lã (f)	шэрсць (ж)	['ʃɛrstsʲ]
de lã	шарсцяны	[ʃarstsʲa'nʲi]

veludo (m)	аксаміт (м)	[aksa'mʲit]
camurça (f)	замша (ж)	['zamʃa]
veludo (m) cotelê	вельвет (м)	[velʲ'vet]

nylon (m)	нейлон (м)	[nej'lɔn]
de nylon	з нейлону	[zʲ nej'lɔnu]
poliéster (m)	паліэстэр (м)	[pali'ɛstɛr]
de poliéster	паліэстэравы	[pali'ɛstɛravʲi]

couro (m)	скура (ж)	['skura]
de couro	са скуры	[sa 'skurʲi]
pele (f)	футра (н)	['futra]
de pele	футравы	['futravʲi]

39. Acessórios pessoais

luva (f)	пальчаткі (ж мн)	[palʲ'tʃatkʲi]
mitenes (f pl)	рукавіцы (ж мн)	[ruka'vʲitsʲi]
cachecol (m)	шалік (м)	['ʃalik]

óculos (m pl)	акуляры (мн)	[aku'lʲarʲi]
armação (f)	аправа (ж)	[a'prava]
guarda-chuva (m)	парасон (м)	[para'sɔn]
bengala (f)	палка (ж)	['palka]
escova (f) para o cabelo	шчотка (ж) для валасоў	['ʃɕotka dlʲa vala'sɔw]
leque (m)	веер (м)	['veer]

gravata (f)	гальштук (м)	['halʲʃtuk]
gravata-borboleta (f)	гальштук-мушка (ж)	['halʲʃtuk 'muʃka]
suspensórios (m pl)	шлейкі (мн)	['ʃlejkʲi]
lenço (m)	насоўка (ж)	[na'sɔwka]

| pente (m) | грабянец (м) | [hrabʲa'nets] |
| fivela (f) para cabelo | заколка (ж) | [za'kɔlka] |

| grampo (m) | шпілька (ж) | ['ʃpilʲka] |
| fivela (f) | спражка (ж) | ['spraʃka] |

| cinto (m) | пояс (м) | ['pɔʲas] |
| alça (f) de ombro | рэмень (м) | ['rɛmenʲ] |

bolsa (f)	сумка (ж)	['sumka]
bolsa (feminina)	сумачка (ж)	['sumatʃka]
mochila (f)	рукзак (м)	[rug'zak]

40. Vestuário. Diversos

moda (f)	мода (ж)	['mɔda]
na moda (adj)	модны	['mɔdni]
estilista (m)	мадэльер (м)	[madɛ'lʲer]

colarinho (m)	каўнер (м)	[kaw'ner]
bolso (m)	кішэня (ж)	[ki'ʃɛnʲa]
de bolso	кішэнны	[ki'ʃɛnni]
manga (f)	рукаў (м)	[ru'kaw]
ganchinho (m)	вешалка (ж)	['veʃalka]
bragueta (f)	прарэх (м)	[pra'rɛh]

zíper (m)	маланка (ж)	[ma'lanka]
colchete (m)	зашпілька (ж)	[za'ʃpilʲka]
botão (m)	гузік (м)	['ɦuzik]
botoeira (casa de botão)	прарэшак (м)	[pra'rɛʃak]
soltar-se (vr)	адарвацца	[adar'vatsa]

costurar (vi)	шыць	['ʃitsʲ]
bordar (vt)	вышываць	[viʃi'vatsʲ]
bordado (m)	вышыўка (ж)	['viʃiwka]
agulha (f)	іголка (ж)	[i'ɦɔlka]
fio, linha (f)	нітка (ж)	['nitka]
costura (f)	шво (н)	['ʃvɔ]

sujar-se (vr)	запэцкацца	[za'pɛtskatsa]
mancha (f)	пляма (ж)	['plʲama]
amarrotar-se (vr)	памяцца	[pa'mʲatsa]
rasgar (vt)	падраць	[pad'ratsʲ]
traça (f)	моль (ж)	['mɔlʲ]

41. Cuidados pessoais. Cosméticos

pasta (f) de dente	зубная паста (ж)	[zub'naʲa 'pasta]
escova (f) de dente	зубная шчотка (ж)	[zub'naʲa 'ʃ͡ɕɔtka]
escovar os dentes	чысціць зубы	[tʃisʲtsitsʲ zu'bi]

gilete (f)	брытва (ж)	['britva]
creme (m) de barbear	крэм (м) для галення	['krɛm dlʲa ɦa'lɛnnʲa]
barbear-se (vr)	галіцца	[ɦa'litsa]
sabonete (m)	мыла (н)	['miɫa]

xampu (m)	шампунь (м)	[ʃam'punʲ]
tesoura (f)	нажніцы (мн)	[naʒ'nitsi]
lixa (f) de unhas	пілачка (ж) для пазногцяў	['pilatʃka dlʲa paz'nɔfitsʲaw]
corta-unhas (m)	шчыпчыкі (мн)	['ʃɕiptʃiki]
pinça (f)	пінцэт (м)	[pin'tsɛt]
cosméticos (m pl)	касметыка (ж)	[kas'metika]
máscara (f)	маска (ж)	['maska]
manicure (f)	манікюр (м)	[mani'kʉr]
fazer as unhas	рабіць манікюр	[ra'bitsʲ mani'kʉr]
pedicure (f)	педыкюр (м)	[pedi'kʉr]
bolsa (f) de maquiagem	касметычка (ж)	[kasme'titʃka]
pó (de arroz)	пудра (ж)	['pudra]
pó (m) compacto	пудраніца (ж)	['pudranitsa]
blush (m)	румяны (мн)	[ru'mʲani]
perfume (m)	парфума (ж)	[par'fuma]
água-de-colônia (f)	туалетная вада (ж)	[tua'letnaʲa va'da]
loção (f)	ласьён (м)	[la'sjɔn]
colônia (f)	адэкалон (м)	[adɛka'lɔn]
sombra (f) de olhos	цені (м мн) для павек	['tseni dlʲa pa'vek]
delineador (m)	аловак (м) для вачэй	[a'lɔvah dlʲa va'tʃɛj]
máscara (f), rímel (m)	туш (ж)	['tuʃ]
batom (m)	губная памада (ж)	[hub'naʲa pa'mada]
esmalte (m)	лак (м) для пазногцяў	['lah dlʲa paz'nɔfitsʲaw]
laquê (m), spray fixador (m)	лак (м) для валасоў	['lah dlʲa vala'sɔw]
desodorante (m)	дэзадарант (м)	[dɛzada'rant]
creme (m)	крэм (м)	['krɛm]
creme (m) de rosto	крэм (м) для твару	['krɛm dlʲa 'tvaru]
creme (m) de mãos	крэм (м) для рук	['krɛm dlʲa 'ruk]
creme (m) antirrugas	крэм (м) супраць зморшчын	['krɛm 'supratsʲ 'zmɔrʃɕin]
creme (m) de dia	дзённы крэм (м)	['dzʲonni 'krɛm]
creme (m) de noite	начны крэм (м)	[natʃ'ni 'krɛm]
de dia	дзённы	['dzʲonni]
da noite	начны	[natʃ'ni]
absorvente (m) interno	тампон (м)	[tam'pɔn]
papel (m) higiênico	туалетная папера (ж)	[tua'letnaʲa pa'pera]
secador (m) de cabelo	фен (м)	['fen]

42. Joalheria

joias (f pl)	каштоўнасці (ж мн)	[kaʃ'townasʲtsi]
precioso (adj)	каштоўны	[kaʃ'towni]
marca (f) de contraste	проба (ж)	['prɔba]
anel (m)	пярсцёнак (м)	[pʲarsʲtsʲonak]
aliança (f)	заручальны пярсцёнак (м)	[zaru'tʃalʲni pʲarsʲtsʲonak]
pulseira (f)	бранзалет (м)	[branza'let]

brincos (m pl)	завушніцы (ж мн)	[zavuʃˈnitsi]
colar (m)	каралі (мн)	[kaˈrali]
coroa (f)	карона (ж)	[kaˈrɔna]
colar (m) de contas	пацеркі (ж мн)	[ˈpatserki]

diamante (m)	брыльянт (м)	[briˈlʲant]
esmeralda (f)	ізумруд (м)	[izumˈrut]
rubi (m)	рубін (м)	[ruˈbin]
safira (f)	сапфір (м)	[sapˈfir]
pérola (f)	жэмчуг (м)	[ˈʒɛmʧuɦ]
âmbar (m)	бурштын (м)	[burˈʃtin]

43. Relógios de pulso. Relógios

relógio (m) de pulso	гадзіннік (м)	[ɦaˈdzinnik]
mostrador (m)	цыферблат (м)	[tsiferˈblat]
ponteiro (m)	стрэлка (ж)	[ˈstrɛlka]
bracelete (em aço)	бранзалет (м)	[branzaˈlet]
bracelete (em couro)	раменьчык (м)	[raˈmenʲʧik]

pilha (f)	батарэйка (ж)	[bataˈrɛjka]
acabar (vi)	сесці	[ˈsesʲtsi]
trocar a pilha	памяняць батарэйку	[pamʲaˈnʲatsʲ bataˈrɛjku]
estar adiantado	спяшацца	[spʲaˈʃatsa]
estar atrasado	адставаць	[atstaˈvatsʲ]

relógio (m) de parede	гадзіннік (м) насценны	[ɦaˈdzinnik nasˈtsenni]
ampulheta (f)	гадзіннік (м) пясочны	[ɦaˈdzinnik pʲaˈsotʃni]
relógio (m) de sol	гадзіннік (м) сонечны	[ɦaˈdzinnik ˈsɔnetʃni]
despertador (m)	будзільнік (м)	[buˈdzilʲnik]
relojoeiro (m)	гадзіншчык (м)	[ɦaˈdzinʃɕik]
reparar (vt)	рамантаваць	[ramantaˈvatsʲ]

Alimentação. Nutrição

44. Comida

carne (f)	мяса (н)	['mʲasa]
galinha (f)	курыца (ж)	['kuriʦa]
frango (m)	кураня (н)	[kura'nʲa]
pato (m)	качка (ж)	['katʃka]
ganso (m)	гусь (ж)	['ɦusʲ]
caça (f)	дзічына (ж)	[dzi'tʃina]
peru (m)	індычка (ж)	[in'ditʃka]
carne (f) de porco	свініна (ж)	[svi'nina]
carne (f) de vitela	цяляціна (ж)	[ʦʲa'lʲaʦina]
carne (f) de carneiro	бараніна (ж)	[ba'ranina]
carne (f) de vaca	ялавічына (ж)	[ʲalavitʃina]
carne (f) de coelho	трус (м)	['trus]
linguiça (f), salsichão (m)	каўбаса (ж)	[kawba'sa]
salsicha (f)	сасіска (ж)	[sa'siska]
bacon (m)	бекон (м)	[be'kɔn]
presunto (m)	вяндліна (ж)	[vʲand'lina]
pernil (m) de porco	кумпяк (м)	[kum'pʲak]
patê (m)	паштэт (м)	[paʃ'tɛt]
fígado (m)	печань (ж)	['petʃanʲ]
guisado (m)	фарш (м)	['farʃ]
língua (f)	язык (м)	[ʲa'zik]
ovo (m)	яйка (н)	['ʲajka]
ovos (m pl)	яйкі (н мн)	['ʲajki]
clara (f) de ovo	бялок (м)	[bʲa'lɔk]
gema (f) de ovo	жаўток (м)	[ʒaw'tɔk]
peixe (m)	рыба (ж)	['riba]
mariscos (m pl)	морапрадукты (м мн)	[mɔrapra'dukti]
crustáceos (m pl)	ракападобныя (мн)	[rakapa'dobnʲʲa]
caviar (m)	ікра (ж)	[ik'ra]
caranguejo (m)	краб (м)	['krap]
camarão (m)	крэветка (ж)	[krɛ'vetka]
ostra (f)	вустрыца (ж)	['vustriʦa]
lagosta (f)	лангуст (м)	[lan'ɦust]
polvo (m)	васьміног (м)	[vasʲmi'nɔɦ]
lula (f)	кальмар (м)	[kalʲ'mar]
esturjão (m)	асятрына (ж)	[asʲa'trina]
salmão (m)	ласось (м)	[la'sɔsʲ]
halibute (m)	палтус (м)	['paltus]
bacalhau (m)	траска (ж)	[tras'ka]

cavala, sarda (f)	скумбрыя (ж)	['skumbrɨʲa]
atum (m)	тунец (м)	[tuˈnets]
enguia (f)	вугор (м)	[vuˈɦɔr]

truta (f)	стронга (ж)	['strɔnɦa]
sardinha (f)	сардзіна (ж)	[sarˈdzina]
lúcio (m)	шчупак (м)	[ʃɕuˈpak]
arenque (m)	селядзец (м)	[selʲaˈdzets]

pão (m)	хлеб (м)	['hlep]
queijo (m)	сыр (м)	['sɨr]
açúcar (m)	цукар (м)	['tsukar]
sal (m)	соль (ж)	['sɔlʲ]

arroz (m)	рыс (м)	['ris]
massas (f pl)	макарона (ж)	[makaˈrɔna]
talharim, miojo (m)	локшына (ж)	['lɔkʃina]

manteiga (f)	масла (н)	['masla]
óleo (m) vegetal	алей (м)	[aˈlej]
óleo (m) de girassol	сланечнікавы алей (м)	[slaˈnetʃnikavɨ aˈlej]
margarina (f)	маргарын (м)	[marɦaˈrin]

| azeitonas (f pl) | алівы (ж мн) | [aˈlivɨ] |
| azeite (m) | алей (м) аліўкавы | [aˈlej aˈliwkavɨ] |

leite (m)	малако (н)	[malaˈkɔ]
leite (m) condensado	згушчанае малако (н)	['zɦuʃɕanae malaˈkɔ]
iogurte (m)	ёгурт (м)	['ʲoɦurt]
creme (m) azedo	смятана (ж)	[smʲaˈtana]
creme (m) de leite	вяршкі (мн)	[vʲarˈʃki]

| maionese (f) | маянэз (м) | [maʲaˈnɛs] |
| creme (m) | крэм (м) | ['krɛm] |

grãos (m pl) de cereais	крупы (мн)	['krupɨ]
farinha (f)	мука (ж)	[muˈka]
enlatados (m pl)	кансервы (ж мн)	[kanˈservɨ]

flocos (m pl) de milho	кукурузныя шматкі (м мн)	[kukuˈruznɨʲa ʃmatˈki]
mel (m)	мёд (м)	['mʲot]
geleia (m)	джэм (м)	['dʒɛm]
chiclete (m)	жавальная гумка (ж)	[ʒaˈvalʲnaʲa ˈɦumka]

45. Bebidas

água (f)	вада (ж)	[vaˈda]
água (f) potável	пітная вада (ж)	[pitˈnaʲa vaˈda]
água (f) mineral	мінеральная вада (ж)	[mineˈralʲnaʲa vaˈda]

sem gás (adj)	без газу	[bʲaz ˈɦazu]
gaseificada (adj)	газіраваны	[ɦaziraˈvanɨ]
com gás	з газам	[z ˈɦazam]
gelo (m)	лёд (м)	['lʲot]

com gelo	з лёдам	[zʲ 'lʲodam]
não alcoólico (adj)	безалкагольны	[bezalka'hɔlʲnʲ]
refrigerante (m)	безалкагольны напітак (m)	[bezalka'hɔlʲnɨ na'pitak]
refresco (m)	прахаладжальны напітак (m)	[prahala'dʒalʲnɨ na'pitak]
limonada (f)	ліманад (m)	[lima'nat]
bebidas (f pl) alcoólicas	алкагольныя напіткі (m мн)	[alka'hɔlʲnɨʲa na'pitki]
vinho (n)	віно (н)	[vi'nɔ]
vinho (m) branco	белае віно (н)	['belae vi'nɔ]
vinho (m) tinto	чырвонае віно (н)	[tʃir'vɔnae vi'nɔ]
licor (m)	лікёр (m)	[li'kʲor]
champanhe (m)	шампанскае (н)	[ʃam'panskae]
vermute (m)	вермут (m)	['vermut]
uísque (m)	віскі (н)	['viski]
vodca (f)	гарэлка (ж)	[ha'rɛlka]
gim (m)	джын (m)	['dʒɨn]
conhaque (m)	каньяк (m)	[ka'nʲak]
rum (m)	ром (m)	['rɔm]
café (m)	кава (ж)	['kava]
café (m) preto	чорная кава (ж)	['tʃɔrnaʲa 'kava]
café (m) com leite	кава (ж) з малаком	['kava z mala'kɔm]
cappuccino (m)	кава (ж) з вяршкамі	['kava zʲ vʲarʃ'kami]
café (m) solúvel	раствaральная кава (ж)	[rastva'ralʲnaʲa 'kava]
leite (m)	малако (н)	[mala'kɔ]
coquetel (m)	кактэйль (m)	[kak'tɛjlʲ]
batida (f), milkshake (m)	малочны кактэйль (m)	[ma'lɔtʃnɨ kak'tɛjlʲ]
suco (m)	сок (m)	['sɔk]
suco (m) de tomate	таматны сок (m)	[ta'matnɨ 'sɔk]
suco (m) de laranja	апельсінавы сок (m)	[apelʲ'sinavɨ 'sɔk]
suco (m) fresco	свежавыціснуты сок (m)	[sveʒa'vitsisnutɨ 'sɔk]
cerveja (f)	піва (н)	['piva]
cerveja (f) clara	светлае піва (н)	['svetlae 'piva]
cerveja (f) preta	цёмнае піва (н)	['tsʲomnae 'piva]
chá (m)	чай (m)	['tʃaj]
chá (m) preto	чорны чай (m)	['tʃɔrnɨ 'tʃaj]
chá (m) verde	зялёны чай (m)	[zʲa'lʲonɨ 'tʃaj]

46. Vegetais

vegetais (m pl)	гародніна (ж)	[ha'rɔdnina]
verdura (f)	зеляніна (ж)	[zelʲa'nina]
tomate (m)	памідор (m)	[pami'dɔr]
pepino (m)	агурок (m)	[ahu'rɔk]
cenoura (f)	морква (ж)	['mɔrkva]
batata (f)	бульба (ж)	['bulʲba]

cebola (f)	цыбуля (ж)	[ts̪i'bulʲa]
alho (m)	часнок (м)	[tʃas'nɔk]

couve (f)	капуста (ж)	[ka'pusta]
couve-flor (f)	квяцістая капуста (ж)	[kvʲa'ts̪ista ka'pusta]
couve-de-bruxelas (f)	брусельская капуста (ж)	[bru'selʲskaʲa ka'pusta]
brócolis (m pl)	капуста (ж) браколі	[ka'pusta bra'kɔli]

beterraba (f)	бурак (м)	[bu'rak]
berinjela (f)	баклажан (м)	[bakla'ʒan]
abobrinha (f)	кабачок (м)	[kaba'tʃɔk]
abóbora (f)	гарбуз (м)	[ɦar'bus]
nabo (m)	рэпа (ж)	['rɛpa]

salsa (f)	пятрушка (ж)	[pʲat'ruʃka]
endro, aneto (m)	кроп (м)	['krɔp]
alface (f)	салата (ж)	[sa'lata]
aipo (m)	сельдэрэй (м)	[selʲdɛ'rɛj]
aspargo (m)	спаржа (ж)	['sparʒa]
espinafre (m)	шпінат (м)	[ʃpi'nat]

ervilha (f)	гарох (м)	[ɦa'rɔh]
feijão (~ soja, etc.)	боб (м)	['bɔp]
milho (m)	кукуруза (ж)	[kuku'ruza]
feijão (m) roxo	фасоля (ж)	[fa'sɔlʲa]

pimentão (m)	перац (м)	['perats]
rabanete (m)	радыска (ж)	[ra'diska]
alcachofra (f)	артышок (м)	[arti'ʃok]

47. Frutos. Nozes

fruta (f)	фрукт (м)	['frukt]
maçã (f)	яблык (м)	['ʲablik]
pera (f)	груша (ж)	['ɦruʃa]
limão (m)	лімон (м)	[li'mɔn]
laranja (f)	апельсін (м)	[apelʲ'sin]
morango (m)	клубніцы (ж мн)	[klub'nitsi]

tangerina (f)	мандарын (м)	[manda'rin]
ameixa (f)	сліва (ж)	['sliva]
pêssego (m)	персік (м)	['persik]
damasco (m)	абрыкос (м)	[abri'kɔs]
framboesa (f)	маліны (ж мн)	[ma'lini]
abacaxi (m)	ананас (м)	[ana'nas]

banana (f)	банан (м)	[ba'nan]
melancia (f)	кавун (м)	[ka'vun]
uva (f)	вінаград (м)	[vina'ɦrat]
ginja (f)	вішня (ж)	['viʃnʲa]
cereja (f)	чарэшня (ж)	[tʃa'rɛʃnʲa]
melão (m)	дыня (ж)	['dinʲa]
toranja (f)	грэйпфрут (м)	[ɦrɛjp'frut]
abacate (m)	авакада (н)	[ava'kada]

mamão (m)	папайя (ж)	[pa'paja]
manga (f)	манга (н)	['manɦa]
romã (f)	гранат (м)	[ɦra'nat]

groselha (f) vermelha	чырвоныя парэчкі (ж мн)	[ʧir'vɔnʲa pa'rɛʧki]
groselha (f) negra	чорныя парэчкі (ж мн)	['ʧɔrnʲa pa'rɛʧki]
groselha (f) espinhosa	агрэст (м)	[aɦ'rɛst]
mirtilo (m)	чарніцы (ж мн)	[ʧar'nitsi]
amora (f) silvestre	ажыны (ж мн)	[a'ʒini]

passa (f)	разынкі (ж мн)	[ra'zinki]
figo (m)	інжыр (м)	[in'ʒir]
tâmara (f)	фінік (м)	['finik]

amendoim (m)	арахіс (м)	[a'rahis]
amêndoa (f)	міндаль (м)	[min'dalʲ]
noz (f)	арэх (м)	[a'rɛh]
avelã (f)	арэх (м)	[a'rɛh]
coco (m)	арэх (м) какосавы	[a'rɛh ka'kɔsavi]
pistaches (m pl)	фісташкі (ж мн)	[fis'taʃki]

48. Pão. Bolaria

pastelaria (f)	кандытарскія вырабы (м мн)	[kan'ditarskiʲa 'virabi]
pão (m)	хлеб (м)	['hlep]
biscoito (m), bolacha (f)	печыва (н)	['peʧiva]

chocolate (m)	шакалад (м)	[ʃaka'lat]
de chocolate	шакаладны	[ʃaka'ladni]
bala (f)	цукерка (ж)	[tsu'kerka]
doce (bolo pequeno)	пірожнае (н)	[pi'rɔʒnae]
bolo (m) de aniversário	торт (м)	['tɔrt]

torta (f)	пірог (м)	[pi'rɔɦ]
recheio (m)	начынка (ж)	[na'ʧinka]

geleia (m)	варэнне (н)	[va'rɛnne]
marmelada (f)	мармелад (м)	[marme'lat]
wafers (m pl)	вафлі (ж мн)	['vafli]
sorvete (m)	марожанае (н)	[ma'rɔʒanae]

49. Pratos cozinhados

prato (m)	страва (ж)	['strava]
cozinha (~ portuguesa)	кухня (ж)	['kuhnʲa]
receita (f)	рэцэпт (м)	[rɛ'tsɛpt]
porção (f)	порцыя (ж)	['pɔrtsʲa]

salada (f)	салата (ж)	[sa'lata]
sopa (f)	суп (м)	['sup]
caldo (m)	булён (м)	[bu'lʲon]

sanduíche (m)	бутэрброд (м)	[butɛr'brɔt]
ovos (m pl) fritos	яечня (ж)	[ˈaˈetʃnʲa]
hambúrguer (m)	гамбургер (м)	['hamburɦer]
bife (m)	біфштэкс (м)	[bif'ʃtɛks]
acompanhamento (m)	гарнір (м)	[har'nir]
espaguete (m)	спагеці (мн)	[spa'ɦetsi]
purê (m) de batata	бульбяное пюрэ (н)	[bulʲbʲa'nɔe pʉ'rɛ]
pizza (f)	піца (ж)	['pitsa]
mingau (m)	каша (ж)	['kaʃa]
omelete (f)	амлет (м)	[am'let]
fervido (adj)	вараны	['varanɨ]
defumado (adj)	вэнджаны	['vɛndʒanɨ]
frito (adj)	смажаны	['smaʒanɨ]
seco (adj)	сушаны	['suʃanɨ]
congelado (adj)	замарожаны	[zama'rɔʒanɨ]
em conserva (adj)	марынаваны	[marina'vani]
doce (adj)	салодкі	[sa'lɔtki]
salgado (adj)	салёны	[sa'lʲonɨ]
frio (adj)	халодны	[ha'lɔdnɨ]
quente (adj)	гарачы	[ɦa'ratʃɨ]
amargo (adj)	горкі	['ɦɔrki]
gostoso (adj)	смачны	['smatʃnɨ]
cozinhar em água fervente	варыць	[va'ritsʲ]
preparar (vt)	гатаваць	[ɦata'vatsʲ]
fritar (vt)	смажыць	['smaʒitsʲ]
aquecer (vt)	разаграваць	[razaɦra'vatsʲ]
salgar (vt)	саліць	[sa'litsʲ]
apimentar (vt)	перчыць	['pertʃitsʲ]
ralar (vt)	драць	['dratsʲ]
casca (f)	лупіна (ж)	[lu'pina]
descascar (vt)	абіраць	[abi'ratsʲ]

50. Especiarias

sal (m)	соль (ж)	['sɔlʲ]
salgado (adj)	салёны	[sa'lʲonɨ]
salgar (vt)	саліць	[sa'litsʲ]
pimenta-do-reino (f)	чорны перац (м)	['tʃɔrnɨ 'perats]
pimenta (f) vermelha	чырвоны перац (м)	[tʃir'vɔnɨ 'perats]
mostarda (f)	гарчыца (ж)	[ɦar'tʃitsa]
raiz-forte (f)	хрэн (м)	['hrɛn]
condimento (m)	прыправа (ж)	[prip'rava]
especiaria (f)	духмяная спецыя (ж)	[duh'mʲanaʲa 'spetsiʲa]
molho (~ inglês)	соус (м)	['sɔus]
vinagre (m)	воцат (м)	['vɔtsat]
anis estrelado (m)	аніс (м)	[a'nis]

manjericão (m)	базілік (м)	[bazi'lik]
cravo (m)	гваздзіка (ж)	[ɦvaz'ʲdzika]
gengibre (m)	імбір (м)	[im'bir]
coentro (m)	каляндра (ж)	[ka'lʲandra]
canela (f)	карыца (ж)	[ka'riʦa]

gergelim (m)	кунжут (м)	[kun'ʒut]
folha (f) de louro	лаўровы ліст (м)	[law'rovɨ 'list]
páprica (f)	папрыка (ж)	['paprika]
cominho (m)	кмен (м)	['kmen]
açafrão (m)	шафран (м)	[ʃaf'ran]

51. Refeições

comida (f)	ежа (ж)	['eʒa]
comer (vt)	есці	['esʲʦi]

café (m) da manhã	сняданак (м)	[snʲa'danak]
tomar café da manhã	снедаць	['snedaʦʲ]
almoço (m)	абед (м)	[a'bet]
almoçar (vi)	абедаць	[a'bedaʦʲ]
jantar (m)	вячэра (ж)	[vʲa'ʧɛra]
jantar (vi)	вячэраць	[vʲa'ʧɛraʦʲ]

apetite (m)	апетыт (м)	[ape'tit]
Bom apetite!	Смачна есці!	[smaʧna 'esʲʦi]

abrir (~ uma lata, etc.)	адкрываць	[atkri'vaʦʲ]
derramar (~ líquido)	разліць	[raz'liʦʲ]
derramar-se (vr)	разліцца	[raz'liʦa]

ferver (vi)	кіпець	[ki'peʦʲ]
ferver (vt)	кіпяціць	[kipʲa'ʦiʦʲ]
fervido (adj)	кіпячоны	[kipʲa'ʧonɨ]
esfriar (vt)	астудзіць	[astu'dziʦʲ]
esfriar-se (vr)	астуджвацца	[as'tudʒvaʦa]

sabor, gosto (m)	смак (м)	['smak]
fim (m) de boca	прысмак (м)	['prismak]

emagrecer (vi)	худзець	[hu'dzeʦʲ]
dieta (f)	дыета (ж)	[di'eta]
vitamina (f)	вітамін (м)	[vita'min]
caloria (f)	калорыя (ж)	[ka'lorʲa]

vegetariano (m)	вегетарыянец (м)	[veɦetariʲanets]
vegetariano (adj)	вегетарыянскі	[veɦetariʲanski]

gorduras (f pl)	тлушчы (м мн)	[tlu'ʃɕi]
proteínas (f pl)	бялкі (м мн)	[bʲal'ki]
carboidratos (m pl)	вугляводы (м мн)	[vuɦlʲa'vodɨ]
fatia (~ de limão, etc.)	лустачка (ж)	['lustaʧka]
pedaço (~ de bolo)	кавалак (м)	[ka'valak]
migalha (f), farelo (m)	крошка (ж)	['kroʃka]

52. Por a mesa

colher (f)	лыжка (ж)	['liʃka]
faca (f)	нож (м)	['nɔʃ]
garfo (m)	відэлец (м)	[vi'dɛlɛts]
xícara (f)	кубак (м)	['kubak]
prato (m)	талерка (ж)	[ta'lerka]
pires (m)	сподак (м)	['spɔdak]
guardanapo (m)	сурвэтка (ж)	[sur'vɛtka]
palito (m)	зубачыстка (ж)	[zuba'tʃistka]

53. Restaurante

restaurante (m)	рэстаран (м)	[rɛsta'ran]
cafeteria (f)	каварня (ж)	[ka'vʲarnʲa]
bar (m), cervejaria (f)	бар (м)	['bar]
salão (m) de chá	чайны салон (м)	['tʃajnɨ sa'lɔn]
garçom (m)	афіцыянт (м)	[afitsʲ'ʲant]
garçonete (f)	афіцыянтка (ж)	[afitsʲ'ʲantka]
barman (m)	бармэн (м)	[bar'mɛn]
cardápio (m)	меню (н)	[me'nʉ]
lista (f) de vinhos	карта (ж) вінаў	['karta 'vinaw]
reservar uma mesa	забраніраваць столік	[zabra'niravatsʲ 'stɔlik]
prato (m)	страва (ж)	['strava]
pedir (vt)	заказаць	[zaka'zatsʲ]
fazer o pedido	зрабіць заказ	[zra'bitsʲ za'kas]
aperitivo (m)	аперытыў (м)	[aperi'tiw]
entrada (f)	закуска (ж)	[za'kuska]
sobremesa (f)	дэсерт (м)	[dɛ'sert]
conta (f)	рахунак (м)	[ra'hunak]
pagar a conta	аплаціць рахунак	[apla'tsitsʲ ra'hunak]
dar o troco	даць рэшту	['datsʲ 'rɛʃtu]
gorjeta (f)	чаявыя (мн)	[tʃaʲa'vʲʲa]

Família, parentes e amigos

54. Informação pessoal. Formulários

nome (m)	імя (н)	[i'm'a]
sobrenome (m)	прозвішча (н)	['prɔz'viʃca]
data (f) de nascimento	дата (ж) нараджэння	['data nara'dʒɛnn'a]
local (m) de nascimento	месца (н) нараджэння	['mes'tsa nara'dʒɛnn'a]
nacionalidade (f)	нацыянальнасць (ж)	[natsi'a'nal'nasts']
lugar (m) de residência	месца (н) жыхарства	['mes'tsa ʒi'harstva]
país (m)	краіна (ж)	[kra'ina]
profissão (f)	прафесія (ж)	[pra'fesi'a]
sexo (m)	пол (м)	['pɔl]
estatura (f)	рост (м)	['rɔst]
peso (m)	вага (ж)	[va'ɦa]

55. Membros da família. Parentes

mãe (f)	маці (ж)	['matsi]
pai (m)	бацька (м)	['bats'ka]
filho (m)	сын (м)	['sɨn]
filha (f)	дачка (ж)	[datʃ'ka]
caçula (f)	малодшая дачка (ж)	[ma'lɔtʃa'a datʃ'ka]
caçula (m)	малодшы сын (м)	[ma'lɔtʃɨ 'sɨn]
filha (f) mais velha	старэйшая дачка (ж)	[sta'rɛjʃa'a datʃ'ka]
filho (m) mais velho	старэйшы сын (м)	[sta'rɛjʃɨ 'sɨn]
irmão (m)	брат (м)	['brat]
irmão (m) mais velho	старшы брат (м)	['starʃɨ 'brat]
irmão (m) mais novo	меншы брат (м)	['menʃɨ 'brat]
irmã (f)	сястра (ж)	[s'ast'ra]
irmã (f) mais velha	старшая сястра (ж)	['starʃa'a s'as'tra]
irmã (f) mais nova	малодшая сястра (ж)	[ma'lɔtʃa'a s'as'tra]
primo (m)	стрыечны брат (м)	[stri'etʃnɨ 'brat]
prima (f)	стрыечная сястра (ж)	[stri'etʃna'a s'as'tra]
mamãe (f)	мама (ж)	['mama]
papai (m)	тата (м)	['tata]
pais (pl)	бацькі (мн)	[bats'i'ki]
criança (f)	дзіця (н)	[dzi'ts'a]
crianças (f pl)	дзеці (н мн)	['dzetsi]
avó (f)	бабуля (ж)	[ba'bul'a]
avô (m)	дзядуля (м)	[dz'a'dul'a]
neto (m)	унук (м)	[u'nuk]

| neta (f) | унучка (ж) | [u'nutʃka] |
| netos (pl) | унукі (м мн) | [u'nuki] |

tio (m)	дзядзька (м)	['dzʲatsʲka]
tia (f)	цётка (ж)	['tsʲotka]
sobrinho (m)	пляменнік (м)	[plʲa'mennik]
sobrinha (f)	пляменніца (ж)	[plʲa'mennitsa]

sogra (f)	цешча (ж)	['tseʃca]
sogro (m)	свёкар (м)	['svʲokar]
genro (m)	зяць (м)	['zʲatsʲ]
madrasta (f)	мачаха (ж)	['matʃaha]
padrasto (m)	айчым (м)	[aj'tʃim]

criança (f) de colo	груднос дзіця (н)	[ɦrud'nɔe dzi'tsʲa]
bebê (m)	немаўля (н)	[nemaw'lʲa]
menino (m)	малыш (м)	[ma'liʃ]

mulher (f)	жонка (ж)	['ʒɔnka]
marido (m)	муж (м)	['muʃ]
esposo (m)	муж (м)	['muʃ]
esposa (f)	жонка (ж)	['ʒɔnka]

casado (adj)	жанаты	[ʒa'nati]
casada (adj)	замужняя	[za'muʒnæʲa]
solteiro (adj)	халасты	[halas'ti]
solteirão (m)	халасцяк (м)	[halas'tsʲak]
divorciado (adj)	разведзены	[raz'vedzeni]
viúva (f)	удава (ж)	[u'dava]
viúvo (m)	удавец (м)	[uda'vets]

parente (m)	свaяк (м)	[sva'ʲak]
parente (m) próximo	блізкі свaяк (м)	[bliski sva'ʲak]
parente (m) distante	далёкі свaяк (м)	[da'lʲoki sva'ʲak]
parentes (m pl)	свaякі (м мн)	[svaʲa'ki]

órfão (m), órfã (f)	сірата (м, ж)	[sira'ta]
tutor (m)	апякун (м)	[apʲa'kun]
adotar (um filho)	усынавіць	[usina'vitsʲ]
adotar (uma filha)	удачарыць	[udatʃa'ritsʲ]

56. Amigos. Colegas de trabalho

amigo (m)	сябар (м)	['sʲabar]
amiga (f)	сяброўка (ж)	[sʲab'rɔwka]
amizade (f)	сяброўства (н)	[sʲab'rɔwstva]
ser amigos	сябраваць	[sʲabra'vatsʲ]

amigo (m)	прыяцель (м)	['prɨʲatselʲ]
amiga (f)	прыяцелька (ж)	['prɨʲatselʲka]
parceiro (m)	партнёр (м)	[part'nʲor]

| chefe (m) | шэф (м) | ['ʃɛf] |
| superior (m) | начальнік (м) | [na'tʃalʲnik] |

proprietário (m)	уладальнік (м)	[ula'dalʲnik]
subordinado (m)	падначаленьы (м)	[padna'ʧalenʲ]
colega (m, f)	калега (м, ж)	[ka'leĥa]

conhecido (m)	знаёмьы (м)	[zna'ʲomʲ]
companheiro (m) de viagem	спадарожнік (м)	[spada'rɔʒnik]
colega (m) de classe	аднакласнік (м)	[adna'klasnik]

vizinho (m)	сусед (м)	[su'set]
vizinha (f)	суседка (ж)	[su'setka]
vizinhos (pl)	суседзі (м мн)	[su'sedzi]

57. Homem. Mulher

mulher (f)	жанчьына (ж)	[ʒan'ʧʲna]
menina (f)	дзяўчьына (ж)	[dzʲaw'ʧʲna]
noiva (f)	нявеста (ж)	[nʲa'vesta]

bonita, bela (adj)	прьыгожая	[pri'hɔʒaʲa]
alta (adj)	вьысокая	[vɨ'sokaʲa]
esbelta (adj)	стройная	['strɔjnaʲa]
baixa (adj)	невьысокага росту	[nevi'sɔkaĥa 'rɔstu]

| loira (f) | бландзінка (ж) | [blan'dzinka] |
| morena (f) | брунетка (ж) | [bru'netka] |

de senhora	дамскі	['damski]
virgem (f)	нявінніца (ж)	[nʲa'vinnitsa]
grávida (adj)	цяжарная	[ʦʲa'ʒarnaʲa]

homem (m)	мужчьына (м)	[mu'ʃɕina]
loiro (m)	бландзін (м)	[blan'dzin]
moreno (m)	брунет (м)	[bru'net]
alto (adj)	вьысокі	[vɨ'sɔki]
baixo (adj)	невьысокага росту	[nevi'sɔkaĥa 'rɔstu]

rude (adj)	грубьы	['ĥrubɨ]
atarracado (adj)	каржакаватьы	[karʒaka'vatɨ]
robusto (adj)	дужьы	['duʒɨ]
forte (adj)	моцньы	['mɔtsnɨ]
força (f)	сіла (ж)	['sila]

gordo (adj)	поўньы	['pɔwnɨ]
moreno (adj)	смуглы	['smuĥlɨ]
esbelto (adj)	стройньы	['strɔjnɨ]
elegante (adj)	элегантньы	[ɛle'ĥantnɨ]

58. Idade

idade (f)	узрост (м)	[uz'rɔst]
juventude (f)	юнацтва (н)	[ʉ'natstva]
jovem (adj)	маладьы	[mala'dɨ]

mais novo (adj)	маладзейшы за	[mala'dzɛjʃi za]
mais velho (adj)	старэйшы за	[sta'rɛjʃi za]
jovem (m)	юнак (м)	[ʉ'nak]
adolescente (m)	падлетак (м)	[pad'letak]
rapaz (m)	хлопец (м)	['hlɔpets]
velho (m)	стары (м)	[sta'ri]
velha (f)	старая (ж)	[sta'raʲa]
adulto	дарослы	[da'rɔsli]
de meia-idade	сярэдніх гадоў	[sʲa'rɛdnih ha'dɔw]
idoso, de idade (adj)	пажылы	[paʒɨ'lʲi]
velho (adj)	стары	[sta'ri]
aposentadoria (f)	пенсія (ж)	['pensiʲa]
aposentar-se (vr)	пайсці на пенсію	[pajs'tsi na 'pensiʉ]
aposentado (m)	пенсіянер (м)	[pensiʲa'ner]

59. Crianças

criança (f)	дзіця (н)	[dzi'tsʲa]
crianças (f pl)	дзеці (н мн)	['dzetsi]
gêmeos (m pl), gêmeas (f pl)	блізняты (н мн)	[bliz'nʲati]
berço (m)	калыска (ж)	[ka'lɨska]
chocalho (m)	бразготка (ж)	[braz'ɦɔtka]
fralda (f)	падгузак (м)	[pad'ɦuzak]
chupeta (f), bico (m)	соска (ж)	['sɔska]
carrinho (m) de bebê	каляска (ж)	[ka'lʲaska]
jardim (m) de infância	дзіцячы сад (м)	[dzi'tsʲatʃi 'sat]
babysitter, babá (f)	нянька (ж)	['nʲanʲka]
infância (f)	дзяцінства (н)	[dzʲa'tsinstva]
boneca (f)	лялька (ж)	['lʲalʲka]
brinquedo (m)	цацка (ж)	['tsatska]
jogo (m) de montar	канструктар (м)	[kan'struktar]
bem-educado (adj)	выхаваны	['vɨhavani]
malcriado (adj)	нявыхаваны	[nʲa'vɨhavani]
mimado (adj)	распешчаны	[ras'peʃɕani]
ser travesso	дурэць	[du'rɛtsʲ]
travesso, traquinas (adj)	дураслівы	[duras'livi]
travessura (f)	свавольства (н)	[sva'vɔlʲstva]
criança (f) travessa	гарэза (ж)	[ɦa'rɛza]
obediente (adj)	паслухмяны	[pasluh'mʲani]
desobediente (adj)	непаслухмяны	[nepasluh'mʲani]
dócil (adj)	разумны	[ra'zumni]
inteligente (adj)	разумны	[ra'zumni]
prodígio (m)	вундэркінд (м)	[vundɛr'kint]

60. Casais. Vida de família

beijar (vt)	цалаваць	[tsala'vatsʲ]
beijar-se (vr)	цалавацца	[tsala'vatsa]
família (f)	сям'я (ж)	[sʲa'mʲʲa]
familiar (vida ~)	сямейны	[sʲa'mejni]
casal (m)	пара (ж)	['para]
matrimônio (m)	шлюб (м)	['ʃlʉp]
lar (m)	хатні ачаг (м)	['hatni a'tʃaɦ]
dinastia (f)	дынастыя (ж)	[di'nastiʲa]
encontro (m)	спатканне (н)	[spat'kanne]
beijo (m)	пацалунак (м)	[patsa'lunak]
amor (m)	каханне (н)	[ka'hanne]
amar (pessoa)	кахаць	[ka'hatsʲ]
amado, querido (adj)	каханы	[ka'hani]
ternura (f)	пяшчота (ж)	[pʲa'ʃɕota]
afetuoso (adj)	пяшчотны	[pʲa'ʃɕotni]
fidelidade (f)	вернасць (ж)	['vernastsʲ]
fiel (adj)	верны	['verni]
cuidado (m)	клопат (м)	['klɔpat]
carinhoso (adj)	клапатлівы	[klapat'livi]
recém-casados (pl)	маладыя (мн)	[mala'diʲa]
lua (f) de mel	мядовы месяц (м)	[mʲa'dovi 'mesʲats]
casar-se (com um homem)	выйсці замуж	[vijsʲtsi 'zamuʃ]
casar-se (com uma mulher)	ажаніцца	[aʒa'nitsa]
casamento (m)	вяселле (н)	[vʲa'selle]
bodas (f pl) de ouro	залатое вяселле (н)	[zala'toe vʲa'selle]
aniversário (m)	гадавіна (ж)	[ɦada'vina]
amante (m)	палюбоўнік (м)	[palʉ'bownik]
amante (f)	палюбоўніца (ж)	[palʉ'bownitsa]
adultério (m), traição (f)	здрада (ж)	['zdrada]
cometer adultério	здрадзіць	['zdradzitsʲ]
ciumento (adj)	раўнівы	[raw'nivi]
ser ciumento, -a	раўнаваць	[rawna'vatsʲ]
divórcio (m)	развод (м)	[raz'vɔt]
divorciar-se (vr)	развесціся	[raz'vesʲtsisʲa]
brigar (discutir)	сварыцца	[sva'ritsa]
fazer as pazes	мірыцца	[mi'ritsa]
juntos (ir ~)	разам	['razam]
sexo (m)	сэкс (м)	['sɛks]
felicidade (f)	шчасце (н)	['ʃɕasʲtse]
feliz (adj)	шчаслівы	[ʃɕas'livi]
infelicidade (f)	няшчасце (н)	[nʲa'ʃɕasʲtse]
infeliz (adj)	няшчасны	[nʲa'ʃɕasni]

Caráter. Sentimentos. Emoções

61. Sentimentos. Emoções

sentimento (m)	пачуццё (н)	[patʃu'tsʲo]
sentimentos (m pl)	пачуцці (н мн)	[pa'tʃutsi]
sentir (vt)	адчуваць	[atʃu'vatsʲ]
fome (f)	голад (м)	['ɦɔlat]
ter fome	хацець есці	[ha'tsetsʲ 'esʲtsi]
sede (f)	смага (ж)	['smaɦa]
ter sede	хацець піць	[ha'tsetsʲ 'pitsʲ]
sonolência (f)	санлівасць (ж)	[san'livastsʲ]
estar sonolento	хацець спаць	[ha'tsetsʲ 'spatsʲ]
cansaço (m)	стомленасць (ж)	['stɔmlenastsʲ]
cansado (adj)	стомлены	['stɔmleni]
ficar cansado	стаміцца	[sta'mitsa]
humor (m)	настрой (м)	[na'strɔj]
tédio (m)	сум (м)	['sum]
entediar-se (vr)	сумаваць	[suma'vatsʲ]
reclusão (isolamento)	самота (ж)	[sa'mɔta]
isolar-se (vr)	адасобіцца	[ada'sɔbitsa]
preocupar (vt)	непакоіць	[nepa'kɔitsʲ]
estar preocupado	непакоіцца	[nepa'kɔitsa]
preocupação (f)	неспакой (м)	[nespa'kɔj]
ansiedade (f)	трывога (ж)	[tri'vɔɦa]
preocupado (adj)	заклапочаны	[zakla'pɔtʃani]
estar nervoso	нервавацца	[nerva'vatsa]
entrar em pânico	панікаваць	[panika'vatsʲ]
esperança (f)	надзея (ж)	[na'dzeʲa]
esperar (vt)	спадзявацца	[spadzʲa'vatsa]
certeza (f)	упэўненасць (ж)	[u'pɛwnenastsʲ]
certo, seguro de ...	упэўнены	[u'pɛwneni]
indecisão (f)	няўпэўненасць (ж)	[nʲaw'pɛwnenastsʲ]
indeciso (adj)	няўпэўнены	[nʲaw'pɛwneni]
bêbado (adj)	п'яны	['pʲʲani]
sóbrio (adj)	цвярозы	[tsvʲa'rɔzi]
fraco (adj)	слабы	['slabi]
feliz (adj)	шчаслівы	[ʃtʃas'livi]
assustar (vt)	напалохаць	[napa'lɔhatsʲ]
fúria (f)	шаленства (н)	[ʃa'lenstva]
ira, raiva (f)	лютасць (ж)	['lʉtastsʲ]
depressão (f)	дэпрэсія (ж)	[dɛ'prɛsiʲa]
desconforto (m)	дыскамфорт (м)	[diskam'fɔrt]

conforto (m)	камфорт (м)	[kam'fort]
arrepender-se (vr)	шкадаваць	[ʃkada'vatsʲ]
arrependimento (m)	шкадаванне (н)	[ʃkada'vanne]
azar (m), má sorte (f)	нешанцаванне (н)	[neʃantsa'vanne]
tristeza (f)	засмучэнне (н)	[zasmu'tʃɛnne]

vergonha (f)	сорам (м)	['sɔram]
alegria (f)	весялосць (ж)	[vesʲa'lɔstsʲ]
entusiasmo (m)	энтузіязм (м)	[ɛntuziʲazm]
entusiasta (m)	энтузіяст (м)	[ɛntuziʲast]
mostrar entusiasmo	праявіць энтузіязм	[praʲa'vitsʲ ɛntuziʲazm]

62. Caráter. Personalidade

caráter (m)	характар (м)	[ha'raktar]
falha (f) de caráter	недахоп (м)	[neda'hɔp]
mente, razão (f)	розум (м)	['rɔzum]

consciência (f)	сумленне (н)	[sum'lenne]
hábito, costume (m)	звычка (ж)	['zvitʃka]
habilidade (f)	здольнасць (ж)	['zdolʲnastsʲ]
saber (~ nadar, etc.)	умець	[u'metsʲ]

paciente (adj)	цярплівы	[tsʲarp'livi]
impaciente (adj)	нецярплівы	[netsʲarp'livi]
curioso (adj)	цікаўны	[tsi'kawni]
curiosidade (f)	цікаўнасць (ж)	[tsi'kawnastsʲ]

modéstia (f)	сціпласць (ж)	['sʲtsiplastsʲ]
modesto (adj)	сціплы	['sʲtsipli]
imodesto (adj)	нясціплы	[nʲa'sʲtsiplɨ]

preguiça (f)	лянота (ж)	[lʲa'nota]
preguiçoso (adj)	гультаяваты	[hulʲtaʲa'vati]
preguiçoso (m)	гультай (м)	[hulʲ'taj]

astúcia (f)	хітрасць (ж)	['hitrastsʲ]
astuto (adj)	хітры	['hitri]
desconfiança (f)	недавер (м)	[neda'ver]
desconfiado (adj)	недаверлівы	[neda'verlivi]

generosidade (f)	шчодрасць (ж)	['ʃcɔdrastsʲ]
generoso (adj)	шчодры	['ʃcɔdri]
talentoso (adj)	таленавіты	[talena'viti]
talento (m)	талент (м)	['talent]

corajoso (adj)	смелы	['smeli]
coragem (f)	смеласць (ж)	['smelastsʲ]
honesto (adj)	сумленны	[sum'lenni]
honestidade (f)	сумленнасць (ж)	[sum'lennastsʲ]

prudente, cuidadoso (adj)	асцярожны	[astsʲa'rɔʒni]
valoroso (adj)	адважны	[ad'vaʒni]
sério (adj)	сур'ёзны	[su'rʲʲozni]

severo (adj)	строгі	['strɔɦi]
decidido (adj)	рашучы	[ra'ʃutʃi]
indeciso (adj)	нерашучы	[nera'ʃutʃi]
tímido (adj)	нясмелы	[nʲa'smeli]
timidez (f)	нясмеласць (ж)	[nʲa'smelasʦʲ]
confiança (f)	давер (м)	[da'ver]
confiar (vt)	верыць	['veritsʲ]
crédulo (adj)	даверлівы	[da'verlivi]
sinceramente	чыстасардэчна	[tʃistasar'dɛtʃna]
sincero (adj)	чыстасардэчны	[tʃistasar'dɛtʃni]
sinceridade (f)	чыстасардэчнасць (ж)	[tʃistasar'dɛtʃnasʦʲ]
aberto (adj)	адкрыты	[at'kriti]
calmo (adj)	ціхі	['ʦihi]
franco (adj)	шчыры	['ʃɕiri]
ingênuo (adj)	наіўны	[na'iwni]
distraído (adj)	рассеяны	[ras'seʲani]
engraçado (adj)	смешны	['smeʃni]
ganância (f)	прагнасць (ж)	['praɦnasʦʲ]
ganancioso (adj)	прагны	['praɦni]
avarento, sovina (adj)	скупы	[sku'pi]
mal (adj)	злы	['zli]
teimoso (adj)	упарты	[u'parti]
desagradável (adj)	непрыемны	[nepri'emni]
egoísta (m)	эгаіст (м)	[ɛɦa'ist]
egoísta (adj)	эгаістычны	[ɛɦais'titʃni]
covarde (m)	баязлівец (м)	[baʲaz'livets]
covarde (adj)	баязлівы	[baʲaz'livi]

63. O sono. Sonhos

dormir (vi)	спаць	['spaʦʲ]
sono (m)	сон (м)	['sɔn]
sonho (m)	сон (м)	['sɔn]
sonhar (ver sonhos)	сніць сны	[snitsʲ 'sni]
sonolento (adj)	сонны	['sɔnni]
cama (f)	ложак (м)	['lɔʒak]
colchão (m)	матрац (м)	[mat'rats]
cobertor (m)	коўдра (ж)	['kowdra]
travesseiro (m)	падушка (ж)	[pa'duʃka]
lençol (m)	прасціна (ж)	[prasʲʦi'na]
insônia (f)	бяссонніца (ж)	[bʲas'sɔnnitsa]
sem sono (adj)	бяссонны	[bʲas'sɔnni]
sonífero (m)	снатворнае (н)	[snat'vornae]
tomar um sonífero	прыняць снатворнае	[pri'nʲatsʲ snat'vornae]
estar sonolento	хацець спаць	[ha'ʦeʦʲ 'spaʦʲ]
bocejar (vi)	пазяхаць	[pazʲa'hatsʲ]

ir para a cama	ісці спаць	[is'tsi 'spatsʲ]
fazer a cama	спаць пасцель	[slatsʲ pas'tselʲ]
adormecer (vi)	заснуць	[zas'nutsʲ]

pesadelo (m)	кашмар (м)	[kaʃ'mar]
ronco (m)	храп (м)	['hrap]
roncar (vi)	храпці	[hrap'tsi]

despertador (m)	будзільнік (м)	[bu'dzilʲnik]
acordar, despertar (vt)	разбудзіць	[razbu'dzitsʲ]
acordar (vi)	прачынацца	[pratʃi'natsa]
levantar-se (vr)	уставаць	[usta'vatsʲ]
lavar-se (vr)	умывацца	[umⁱ'vatsa]

64. Humor. Riso. Alegria

humor (m)	гумар (м)	['humar]
senso (m) de humor	пачуццё (н)	[patʃu'tsʲo]
divertir-se (vr)	весяліцца	[vesʲa'litsa]
alegre (adj)	вясёлы	[vʲa'sʲolⁱ]
diversão (f)	весялосць (ж)	[vesʲa'lɔstsʲ]

sorriso (m)	усмешка (ж)	[us'meʃka]
sorrir (vi)	усміхацца	[usmi'hatsa]
começar a rir	засмяяцца	[zasmæʲⁱatsa]
rir (vi)	смяяцца	[smæʲⁱatsa]
riso (m)	смех (м)	['smeh]

anedota (f)	анекдот (м)	[aneh'dɔt]
engraçado (adj)	смешны	['smeʃnⁱ]
ridículo, cômico (adj)	смешны	['smeʃnⁱ]

brincar (vi)	жартаваць	[ʒarta'vatsʲ]
piada (f)	жарт (м)	['ʒart]
alegria (f)	радасць (ж)	['radastsʲ]
regozijar-se (vr)	радавацца	['radavatsa]
alegre (adj)	радасны	['radasnⁱ]

65. Discussão, conversação. Parte 1

| comunicação (f) | зносіны (мн) | ['znɔsini] |
| comunicar-se (vr) | мець зносіны | ['metsʲ 'znɔsini] |

conversa (f)	размова (ж)	[raz'mɔva]
diálogo (m)	дыялог (м)	[dʲⁱa'lɔh]
discussão (f)	дыскусія (ж)	[dis'kusʲⁱa]
debate (m)	спрэчка (ж)	['sprɛtʃka]
debater (vt)	спрачацца	[spra'tʃatsa]

interlocutor (m)	суразмоўца (м)	[suraz'mɔwtsa]
tema (m)	тэма (ж)	['tɛma]
ponto (m) de vista	пункт (м) погляду	['punkt 'pɔhlʲadu]

| opinião (f) | меркаванне (н) | [merka'vanne] |
| discurso (m) | прамова (ж) | [pra'mɔva] |

discussão (f)	абмеркаванне (н)	[abmerka'vanne]
discutir (vt)	абмяркоўваць	[abmʲar'kɔwvatsʲ]
conversa (f)	гутарка (ж)	['ɦutarka]
conversar (vi)	гутарыць	['ɦutaritsʲ]
reunião (f)	сустрэча (ж)	[sus'trɛtʃa]
encontrar-se (vr)	сустракацца	[sustra'katsa]

provérbio (m)	прыказка (ж)	['prikaska]
ditado, provérbio (m)	прымаўка (ж)	['primawka]
adivinha (f)	загадка (ж)	[za'ɦatka]
dizer uma adivinha	загадваць загадку	[za'ɦadvatsʲ za'ɦatku]
senha (f)	пароль (м)	[pa'rɔlʲ]
segredo (m)	сакрэт (м)	[sak'rɛt]

juramento (m)	клятва (ж)	['klʲatva]
jurar (vi)	клясціся	['klʲastsisʲa]
promessa (f)	абяцанне (н)	[abʲa'tsanne]
prometer (vt)	абяцаць	[abʲa'tsatsʲ]

conselho (m)	парада (ж)	[pa'rada]
aconselhar (vt)	раіць	['raitsʲ]
seguir o conselho	прытрымлівацца парады	[pri'trimlivatstsa pa'radi]
escutar (~ os conselhos)	слухацца ...	['sluhatsa ...]

novidade, notícia (f)	навіна (ж)	[navi'na]
sensação (f)	сенсацыя (ж)	[sen'satsiʲa]
informação (f)	звесткі (ж мн)	['zʲvestki]
conclusão (f)	выснова (ж)	[vis'nɔva]
voz (f)	голас (м)	['ɦɔlas]
elogio (m)	камплімент (м)	[kampli'ment]
amável, querido (adj)	ласкавы	[las'kavɨ]

palavra (f)	слова (н)	['slɔva]
frase (f)	фраза (ж)	['fraza]
resposta (f)	адказ (м)	[at'kas]

| verdade (f) | праўда (ж) | ['prawda] |
| mentira (f) | хлусня (ж) | [hlusʲ'nʲa] |

pensamento (m)	думка (ж)	['dumka]
ideia (f)	ідэя (ж)	[i'dɛʲa]
fantasia (f)	фантазія (ж)	[fan'taziʲa]

66. Discussão, conversação. Parte 2

estimado, respeitado (adj)	паважаны	[pava'ʒanɨ]
respeitar (vt)	паважаць	[pava'ʒatsʲ]
respeito (m)	павага (ж)	[pa'vaɦa]
Estimado ..., Caro ...	Паважаны ...	[pava'ʒanɨ ...]
apresentar (alguém a alguém)	пазнаёміць	[pazna'ʲomitsʲ]

conhecer (vt)	пазнаёміцца	[pazna'ǐomitsa]
intenção (f)	намер (м)	[na'mer]
tencionar (~ fazer algo)	мець намер	['metsʲ na'mer]
desejo (de boa sorte)	пажаданне (н)	[paӡa'danne]
desejar (ex. ~ boa sorte)	пажадаць	[paӡa'datsʲ]
surpresa (f)	здзіўленне (н)	[zʲdʑiw'lenne]
surpreender (vt)	здзіўляць	[zʲdʑiw'lʲatsʲ]
surpreender-se (vr)	здзіўляцца	[zʲdʑiw'lʲatsa]
dar (vt)	даць	['datsʲ]
pegar (tomar)	узяць	[u'zʲatsʲ]
devolver (vt)	вярнуць	[vʲar'nutsʲ]
retornar (vt)	аддаць	[ad'datsʲ]
desculpar-se (vr)	прасіць прабачэння	[pra'sitsʲ praba'tʃɛnnʲa]
desculpa (f)	прабачэнне (н)	[praba'tʃenne]
perdoar (vt)	выбачаць	[viba'tʃatsʲ]
falar (vi)	размаўляць	[razmaw'lʲatsʲ]
escutar (vt)	слухаць	['sluhatsʲ]
ouvir até o fim	выслухаць	['visluhatsʲ]
entender (compreender)	зразумець	[zrazu'metsʲ]
mostrar (vt)	паказаць	[paka'zatsʲ]
olhar para …	глядзець на …	[ɦlʲa'dzetsʲ na …]
chamar (alguém para …)	паклікаць	[pa'klikatsʲ]
perturbar, distrair (vt)	турбаваць	[turba'vatsʲ]
perturbar (vt)	замінаць	[zami'natsʲ]
entregar (~ em mãos)	перадаць	[pera'datsʲ]
pedido (m)	просьба (ж)	['prozʲba]
pedir (ex. ~ ajuda)	прасіць	[pra'sitsʲ]
exigência (f)	патрабаванне (н)	[patraba'vanne]
exigir (vt)	патрабаваць	[patraba'vatsʲ]
insultar (chamar nomes)	дражніць	[draӡ'nitsʲ]
zombar (vt)	кпіць	['kpitsʲ]
zombaria (f)	кпіны (мн)	['kpini]
alcunha (f), apelido (m)	празванне (н)	[praz'vanne]
insinuação (f)	намёк (м)	[na'mʲok]
insinuar (vt)	намякаць	[namʲa'katsʲ]
querer dizer	мець на ўвазе	['metsʲ na w'vaze]
descrição (f)	апісанне (н)	[api'sanne]
descrever (vt)	апісаць	[api'satsʲ]
elogio (m)	пахвала (ж)	[pahva'la]
elogiar (vt)	пахваліць	[pahva'litsʲ]
desapontamento (m)	расчараванне (н)	[raʃcara'vanne]
desapontar (vt)	расчараваць	[raʃcara'vatsʲ]
desapontar-se (vr)	расчаравацца	[raʃcara'vatsa]
suposição (f)	дапушчэнне (н)	[dapu'ʃcɛnne]
supor (vt)	дапускаць	[dapus'katsʲ]

| advertência (f) | перасцярога (ж) | [perasts'a'rɔha] |
| advertir (vt) | перасцерагчы | [peras'tseraĥ'tʃi] |

67. Discussão, conversação. Parte 3

| convencer (vt) | угаварыць | [uĥava'rits'] |
| acalmar (vt) | супакойваць | [supa'kɔjvats'] |

silêncio (o ~ é de ouro)	маўчанне (н)	[maw'tʃanne]
ficar em silêncio	маўчаць	[maw'tʃats']
sussurrar (vt)	шапнуць	[ʃap'nuts']
sussurro (m)	шэпт (м)	['ʃɛpt]

| francamente | шчыра | ['ʃɕira] |
| na minha opinião … | на маю думку … | [na ma'ʉ 'dumku …] |

detalhe (~ da história)	падрабязнасць (ж)	[padra'b'aznasts']
detalhado (adj)	падрабязны	[padra'b'azni]
detalhadamente	падрабязна	[padra'b'azna]

| dica (f) | падказка (ж) | [pat'kaska] |
| dar uma dica | падказаць | [patka'zats'] |

olhar (m)	позірк (м)	['pɔzirk]
dar uma olhada	зірнуць	[zir'nuts']
fixo (olhada ~a)	нерухомы	[neru'hɔmi]
piscar (vi)	міргаць	[mir'ĥats']
piscar (vt)	мігнуць	[miĥ'nuts']
acenar com a cabeça	кіўнуць	[kiw'nuts']

suspiro (m)	уздых (м)	[uz'dih]
suspirar (vi)	уздыхнуць	[uzdih'nuts']
estremecer (vi)	уздрыгваць	[uz'driĥvats']
gesto (m)	жэст (м)	['ʒɛst]
tocar (com as mãos)	дакрануцца	[dakra'nutsa]
agarrar (~ pelo braço)	хапаць	[ha'pats']
bater de leve	ляпаць	['l'apats']

Cuidado!	Асцярожна!	[asts'a'rɔʒna]
Sério?	Няўжо?	[n'aw'ʒɔ]
Tem certeza?	Ты ўпэўнены?	[ti u'pɛwneni]
Boa sorte!	Удачы!	[u'datʃi]
Entendi!	Зразумела!	[zrazu'mela]
Que pena!	Шкада!	[ʃka'da]

68. Acordo. Recusa

consentimento (~ mútuo)	згода (ж)	['zĥɔda]
consentir (vi)	згаджацца	[zĥa'dʒatsa]
aprovação (f)	ухвала (ж)	[uh'vala]
aprovar (vt)	ухваліць	[uhva'lits']
recusa (f)	адмова (ж)	[ad'mɔva]

negar-se a …	адмаўляцца	[admaw'lʲatsa]
Ótimo!	Выдатна!	[vi'datna]
Tudo bem!	Згода!	['zɦɔda]
Está bem! De acordo!	Добра!	['dɔbra]

proibido (adj)	забаронены	[zaba'rɔneni]
é proibido	нельга	['nelʲɦa]
é impossível	немагчыма	[nemaɦ'tʃima]
incorreto (adj)	няправільны	[nʲa'pravilʲni]

rejeitar (~ um pedido)	адхіліць	[athi'litsʲ]
apoiar (vt)	падтрымаць	[pattri'matsʲ]
aceitar (desculpas, etc.)	прыняць	[pri'nʲatsʲ]

confirmar (vt)	пацвердзіць	[pats'verdzitsʲ]
confirmação (f)	пацвярджэнне (н)	[patsvʲar'dʒɛnne]
permissão (f)	дазвол (м)	[daz'vɔl]
permitir (vt)	дазволіць	[daz'vɔlitsʲ]
decisão (f)	рашэнне (н)	[ra'ʃɛnne]
não dizer nada	прамаўчаць	[pramaw'tʃatsʲ]

condição (com uma ~)	умова (ж)	[u'mɔva]
pretexto (m)	адгаворка (ж)	[adɦa'vɔrka]
elogio (m)	пахвала (ж)	[pahva'la]
elogiar (vt)	пахваліць	[pahva'litsʲ]

69. Sucesso. Boa sorte. Insucesso

êxito, sucesso (m)	поспех (м)	['pɔspeh]
com êxito	паспяхова	[paspʲa'hɔva]
bem sucedido (adj)	паспяховы	[paspʲa'hɔvi]

sorte (fortuna)	удача (ж)	[u'datʃa]
Boa sorte!	Удачы!	[u'datʃi]
de sorte	удалы	[u'dali]
sortudo, felizardo (adj)	удачлівы	[u'datʃlivi]

fracasso (m)	няўдача (ж)	[nʲaw'datʃa]
pouca sorte (f)	няўдача (ж)	[nʲaw'datʃa]
azar (m), má sorte (f)	нешанцаванне (н)	[neʃantsa'vanne]

| mal sucedido (adj) | няўдалы | [nʲaw'dali] |
| catástrofe (f) | катастрофа (ж) | [kata'strɔfa] |

orgulho (m)	гонар (м)	['ɦɔnar]
orgulhoso (adj)	горды	['ɦɔrdi]
estar orgulhoso, -a	ганарыцца	[ɦana'ritsa]

vencedor (m)	пераможца (м)	[pera'mɔʃtsa]
vencer (vi, vt)	перамагчы	[peramaɦ'tʃi]
perder (vt)	прайграць	[praj'ɦratsʲ]
tentativa (f)	спроба (ж)	['sprɔba]
tentar (vt)	спрабаваць	[spraba'vatsʲ]
chance (m)	шанец (м)	['ʃanets]

70. Conflitos. Emoções negativas

grito (m)	крык (м)	['krik]
gritar (vi)	крычаць	[kri'tʃatsʲ]
começar a gritar	закрычаць	[zakri'tʃatsʲ]
discussão (f)	сварка (ж)	['svarka]
brigar (discutir)	сварыцца	[sva'ritsa]
escândalo (m)	скандал (м)	[skan'dal]
criar escândalo	скандаліць	[skan'dalitsʲ]
conflito (m)	канфлікт (м)	[kan'flikt]
mal-entendido (m)	непаразуменне (н)	[neparazu'menne]
insulto (m)	абраза (ж)	[ab'raza]
insultar (vt)	абражаць	[abra'ʒatsʲ]
insultado (adj)	абражаны	[ab'raʒani]
ofensa (f)	крыўда (ж)	['kriwda]
ofender (vt)	пакрыўдзіць	[pa'kriwdzitsʲ]
ofender-se (vr)	пакрыўдзіцца	[pa'kriwdzitsa]
indignação (f)	абурэнне (н)	[abu'rɛnne]
indignar-se (vr)	абурацца	[abu'ratsa]
queixa (f)	скарга (ж)	['skarɦa]
queixar-se (vr)	скардзіцца	['skardzitsa]
desculpa (f)	прабачэнне (н)	[praba'tʃɛnne]
desculpar-se (vr)	прасіць прабачэння	[pra'sitsʲ praba'tʃɛnnʲa]
pedir perdão	перапрашаць	[perapra'ʃatsʲ]
crítica (f)	крытыка (ж)	['kritika]
criticar (vt)	крытыкаваць	[kritika'vatsʲ]
acusação (f)	абвінавачванне (н)	[abvina'vatʃvanne]
acusar (vt)	абвінавачваць	[abvina'vatʃvatsʲ]
vingança (f)	помста (ж)	['pɔmsta]
vingar (vt)	помсціць	['pɔmsʲtsitsʲ]
vingar-se de	адплаціць	[atpla'tsitsʲ]
desprezo (m)	пагарда (ж)	[pa'ɦarda]
desprezar (vt)	пагарджаць	[paɦar'dʒatsʲ]
ódio (m)	нянавісць (ж)	[nʲa'navistsʲ]
odiar (vt)	ненавідзець	[nena'vidzetsʲ]
nervoso (adj)	нервовы	[ner'vɔvi]
estar nervoso	нервавацца	[nerva'vatsa]
zangado (adj)	злосны	['zlɔsni]
zangar (vt)	раззлаваць	[razzla'vatsʲ]
humilhação (f)	прыніжэнне (ж)	[prini'ʒɛnne]
humilhar (vt)	прыніжаць	[prini'ʒatsʲ]
humilhar-se (vr)	прыніжацца	[prini'ʒatsa]
choque (m)	шок (м)	['ʃɔk]
chocar (vt)	шакіраваць	[ʃa'kiravatsʲ]
aborrecimento (m)	непрыемнасць (ж)	[nepri'emnastsʲ]

desagradável (adj)	непрыемны	[nepri'emni]
medo (m)	страх (м)	['strah]
terrível (tempestade, etc.)	страшэнны	[stra'ʃɛnni]
assustador (ex. história ~a)	страшны	['straʃni]
horror (m)	жах (м)	['ʒah]
horrível (crime, etc.)	жахлівы	[ʒah'livi]
começar a tremer	задрыжаць	[zadri'ʒatsʲ]
chorar (vi)	плакаць	['plakatsʲ]
começar a chorar	заплакаць	[zap'lakatsʲ]
lágrima (f)	сляза (ж)	[slʲa'za]
falta (f)	віна (ж)	[vi'na]
culpa (f)	віна (ж)	[vi'na]
desonra (f)	ганьба (ж)	['hanʲba]
protesto (m)	пратэст (м)	[pra'tɛst]
estresse (m)	стрэс (м)	['strɛs]
perturbar (vt)	турбаваць	[turba'vatsʲ]
zangar-se com ...	злавацца	[zla'vatsa]
zangado (irritado)	злы	['zli]
terminar (vt)	спыняць	[spi'nʲatsʲ]
praguejar	лаяцца	['laʲatsa]
assustar-se	палохацца	[pa'lohatsa]
golpear (vt)	стукнуць	['stuknutsʲ]
brigar (na rua, etc.)	біцца	['bitsa]
resolver (o conflito)	урэгуляваць	[urɛhulʲa'vatsʲ]
descontente (adj)	незадаволены	[nezada'vɔleni]
furioso (adj)	люты	['lʉti]
Não está bem!	Гэта нядобра!	['ɦɛta nʲa'dɔbra]
É ruim!	Гэта дрэнна!	['ɦɛta 'drɛnna]

Medicina

71. Doenças

doença (f)	хвароба (ж)	[hva'rɔba]
estar doente	хварэць	[hva'rɛtsʲ]
saúde (f)	здароўе (н)	[zda'rɔwe]
nariz (m) escorrendo	насмарк (м)	['nasmark]
amigdalite (f)	ангіна (ж)	[an'ɦina]
resfriado (m)	прастуда (ж)	[pra'studa]
ficar resfriado	прастудзіцца	[prastu'dzitsa]
bronquite (f)	бранхіт (м)	[bran'hit]
pneumonia (f)	запаленне (н) лёгкіх	[zapa'lenne 'lʲoɦkih]
gripe (f)	грып (м)	['ɦrip]
míope (adj)	блізарукі	[bliza'ruki]
presbita (adj)	дальназоркі	[dalʲna'zɔrki]
estrabismo (m)	касавокасць (ж)	[kasa'vɔkastsʲ]
estrábico, vesgo (adj)	касавокі	[kasa'vɔki]
catarata (f)	катаракта (ж)	[kata'rakta]
glaucoma (m)	глаўкома (ж)	[ɦlaw'kɔma]
AVC (m), apoplexia (f)	інсульт (м)	[in'sulʲt]
ataque (m) cardíaco	інфаркт (м)	[in'farkt]
enfarte (m) do miocárdio	інфаркт (м) міякарда	[in'farkt miʲa'karda]
paralisia (f)	параліч (м)	[para'litʃ]
paralisar (vt)	паралізаваць	[paraliza'vatsʲ]
alergia (f)	алергія (ж)	[aler'ɦiʲa]
asma (f)	астма (ж)	['astma]
diabetes (f)	дыябет (м)	[diʲa'bet]
dor (f) de dente	зубны боль (м)	[zub'nɨ 'bɔlʲ]
cárie (f)	карыес (м)	['karies]
diarreia (f)	дыярэя (ж)	[diʲa'rɛʲa]
prisão (f) de ventre	запор (м)	[za'pɔr]
desarranjo (m) intestinal	расстройства (н) страўніка	[ras'strɔjstva 'strawnika]
intoxicação (f) alimentar	атручванне (н)	[a'trutʃvanne]
intoxicar-se	атруціцца	[atru'tsitsa]
artrite (f)	артрыт (м)	[art'rit]
raquitismo (m)	рахіт (м)	[ra'hit]
reumatismo (m)	рэўматызм (м)	[rɛwma'tizm]
arteriosclerose (f)	атэрасклероз (м)	[atɛraskle'rɔs]
gastrite (f)	гастрыт (м)	[ɦas'trit]
apendicite (f)	апендыцыт (м)	[apendi'tsit]

colecistite (f)	халецыстыт (м)	[haletsis'tit]
úlcera (f)	язва (ж)	['ʲazva]

sarampo (m)	адзёр (м)	[a'dzʲor]
rubéola (f)	краснуха (ж)	[kras'nuha]
icterícia (f)	жаўтуха (ж)	[ʒaw'tuha]
hepatite (f)	гепатыт (м)	[hepa'tit]

esquizofrenia (f)	шызафрэнія (ж)	[ʃizafrɛ'niʲa]
raiva (f)	шаленства (н)	[ʃa'lenstva]
neurose (f)	неўроз (м)	[new'rɔs]
contusão (f) cerebral	страсенне (н) мазгоў	[stra'senne maz'hɔw]

câncer (m)	рак (м)	['rak]
esclerose (f)	склероз (м)	[skle'rɔs]
esclerose (f) múltipla	рассеяны склероз (м)	[ras'seʲanʲ skle'rɔs]

alcoolismo (m)	алкагалізм (м)	[alkaha'lizm]
alcoólico (m)	алкаголік (м)	[alka'hɔlik]
sífilis (f)	сіфіліс (м)	['sifilis]
AIDS (f)	СНІД (м)	['snit]

tumor (m)	пухліна (ж)	[puh'lina]
maligno (adj)	злаякасная	[zla'ʲakasnaʲa]
benigno (adj)	дабраякасная	[dabra'ʲakasnaʲa]

febre (f)	ліхаманка (ж)	[liha'manka]
malária (f)	малярыя (ж)	[malʲa'riʲa]
gangrena (f)	гангрэна (ж)	[han'hrɛna]
enjoo (m)	марская хвароба (ж)	[mar'skaʲa hva'rɔba]
epilepsia (f)	эпілепсія (ж)	[ɛpi'lepsiʲa]

epidemia (f)	эпідэмія (ж)	[ɛpi'dɛmiʲa]
tifo (m)	тыф (м)	['tif]
tuberculose (f)	сухоты (мн)	[su'hɔti]
cólera (f)	халера (ж)	[ha'lera]
peste (f) bubônica	чума (ж)	[ʧu'ma]

72. Sintomas. Tratamentos. Parte 1

sintoma (m)	сімптом (м)	[simp'tɔm]
temperatura (f)	тэмпература (ж)	[tɛmpera'tura]
febre (f)	высокая тэмпература (ж)	[vi'sɔkaʲa tɛmpera'tura]
pulso (m)	пульс (м)	['pulʲs]

vertigem (f)	галавакружэнне (н)	[halava'kruʒɛnne]
quente (testa, etc.)	гарачы	[ha'raʧi]
calafrio (m)	дрыжыкі (мн)	['driʒiki]
pálido (adj)	бледны	['bledni]

tosse (f)	кашаль (м)	['kaʃalʲ]
tossir (vi)	кашляць	['kaʃlʲatsʲ]
espirrar (vi)	чхаць	['ʧhatsʲ]
desmaio (m)	непрытомнасць (ж)	[nepri'tɔmnastsʲ]

desmaiar (vi)	страціць прытомнасць	[stratsits pri'tɔmnasʦʲ]
mancha (f) preta	сіняк (м)	[si'nʲak]
galo (m)	гуз (м)	['ɦus]
machucar-se (vr)	стукнуцца	['stuknuʦa]
contusão (f)	выцятае месца (н)	[viʦʲatae 'mesʦa]
machucar-se (vr)	выцяцца	['viʦʲaʦa]

mancar (vi)	кульгаць	[kulʲ'ɦaʦʲ]
deslocamento (f)	звіх (м)	['zʲvih]
deslocar (vt)	звіхнуць	[zʲvih'nuʦʲ]
fratura (f)	пералом (м)	[pera'lɔm]
fraturar (vt)	атрымаць пералом	[atri'maʦʲ pera'lɔm]

corte (m)	парэз (м)	[pa'rɛs]
cortar-se (vr)	парэзацца	[pa'rɛzaʦa]
hemorragia (f)	крывацёк (м)	[kriva'ʦʲok]

| queimadura (f) | апёк (м) | [a'pʲok] |
| queimar-se (vr) | апячыся | [apʲa'ʧisʲa] |

picar (vt)	укалоць	[uka'lɔʦʲ]
picar-se (vr)	укалоцца	[uka'lɔʦa]
lesionar (vt)	пашкодзіць	[paʃ'kɔdziʦʲ]
lesão (m)	пашкоджанне (н)	[paʃ'kɔdʒanne]
ferida (f), ferimento (m)	рана (ж)	['rana]
trauma (m)	траўма (ж)	['trawma]

delirar (vi)	трызніць	['trizʲniʦʲ]
gaguejar (vi)	заікацца	[zai'kaʦa]
insolação (f)	сонечны ўдар (м)	['sɔneʧni u'dar]

73. Sintomas. Tratamentos. Parte 2

| dor (f) | боль (м) | ['bɔlʲ] |
| farpa (no dedo, etc.) | стрэмка (ж) | ['strɛmka] |

suor (m)	пот (м)	['pɔt]
suar (vi)	пацець	[pa'ʦeʦʲ]
vômito (m)	ваніты (мн)	[va'niti]
convulsões (f pl)	сутаргі (ж мн)	['sutarɦi]

grávida (adj)	цяжарная	[ʦʲa'ʒarnaʲa]
nascer (vi)	нарадзіцца	[nara'dziʦa]
parto (m)	роды (мн)	['rɔdi]
dar à luz	нараджаць	[nara'dʒaʦʲ]
aborto (m)	аборт (м)	[a'bɔrt]

respiração (f)	дыханне (н)	[di'hanne]
inspiração (f)	удых (м)	[u'dih]
expiração (f)	выдых (м)	['vidih]
expirar (vi)	выдыхнуць	['vidihnuʦʲ]
inspirar (vi)	зрабіць удых	[zra'biʦʲ u'dih]
inválido (m)	інвалід (м)	[inva'lit]
aleijado (m)	калека (м, ж)	[ka'leka]

drogado (m)	наркаман (м)	[narka'man]
surdo (adj)	глухі	[ɦlu'hi]
mudo (adj)	нямы	[nʲa'mi]
surdo-mudo (adj)	глуханямы	[ɦluhanʲa'mi]
louco, insano (adj)	звар'яцелы	[zvarʲa'tseli]
louco (m)	вар'ят (м)	[va'rʲat]
louca (f)	вар'ятка (ж)	[va'rʲatka]
ficar louco	звар'яцець	[zvarʲa'tsetsʲ]
gene (m)	ген (м)	['ɦen]
imunidade (f)	імунітэт (м)	[imuni'tɛt]
hereditário (adj)	спадчынны	['spatʃinni]
congênito (adj)	прыроджаны	[pri'rɔdʒani]
vírus (m)	вірус (м)	['virus]
micróbio (m)	мікроб (м)	[mik'rɔp]
bactéria (f)	бактэрыя (ж)	[bak'tɛriʲa]
infecção (f)	інфекцыя (ж)	[in'fektsiʲa]

74. Sintomas. Tratamentos. Parte 3

hospital (m)	бальніца (ж)	[balʲ'nitsa]
paciente (m)	пацыент (м)	[patsi'ent]
diagnóstico (m)	дыягназ (м)	[di'ʲafɦnas]
cura (f)	лячэнне (н)	[lʲa'tʃɛnne]
curar-se (vr)	лячыцца	[lʲa'tʃitsa]
tratar (vt)	лячыць	[lʲa'tʃitsʲ]
cuidar (pessoa)	даглядаць	[daɦlʲa'datsʲ]
cuidado (m)	догляд (м)	['dɔɦlʲat]
operação (f)	аперацыя (ж)	[ape'ratsiʲa]
enfaixar (vt)	перавязаць	[peravʲa'zatsʲ]
enfaixamento (m)	перавязванне (н)	[pera'vʲazvanne]
vacinação (f)	прышчэпка (ж)	[pri'ʃɕɛpka]
vacinar (vt)	рабіць прышчэпку	[ra'bitsʲ pri'ʃɕɛpku]
injeção (f)	укол (м)	[u'kɔl]
dar uma injeção	рабіць укол	[ra'bitsʲ u'kɔl]
ataque (~ de asma, etc.)	прыступ, прыпадак (м)	[pristup], [pri'padak]
amputação (f)	ампутацыя (ж)	[ampu'tatsiʲa]
amputar (vt)	ампутаваць	[amputa'vatsʲ]
coma (f)	кома (ж)	['kɔma]
estar em coma	быць у коме	[bitsʲ u 'kɔme]
reanimação (f)	рэанімацыя (ж)	[rɛani'matsiʲa]
recuperar-se (vr)	папраўляцца	[paprawˈlʲatsa]
estado (~ de saúde)	стан (м)	['stan]
consciência (perder a ~)	прытомнасць (ж)	[pri'tɔmnastsʲ]
memória (f)	памяць (ж)	['pamʲatsʲ]
tirar (vt)	вырываць	[viri'vatsʲ]
obturação (f)	пломба (ж)	['plɔmba]

obturar (vt)	пламбіраваць	[plambira'vatsʲ]
hipnose (f)	гіпноз (м)	[ɦip'nɔs]
hipnotizar (vt)	гіпнатызаваць	[ɦipnatiza'vatsʲ]

75. Médicos

médico (m)	урач (м)	[u'ratʃ]
enfermeira (f)	медсястра (ж)	[metsʲas'tra]
médico (m) pessoal	асабісты ўрач (м)	[asa'bistɨ 'wratʃ]

dentista (m)	дантыст (м)	[dan'tist]
oculista (m)	акуліст (м)	[aku'list]
terapeuta (m)	тэрапеўт (м)	[tɛra'pewt]
cirurgião (m)	хірург (м)	[hi'rurɦ]

psiquiatra (m)	псіхіятр (м)	[psihiʲʲatr]
pediatra (m)	педыятр (м)	[pediʲʲatr]
psicólogo (m)	псіхолаг (м)	[psi'hɔlaɦ]
ginecologista (m)	гінеколаг (м)	[ɦine'kɔlaɦ]
cardiologista (m)	кардыёлаг (м)	[kardiʲʲolaɦ]

76. Medicina. Drogas. Acessórios

medicamento (m)	лякарства (н)	[lʲa'karstva]
remédio (m)	сродак (м)	['srɔdak]
receitar (vt)	прапісаць	[prapi'satsʲ]
receita (f)	рэцэпт (м)	[rɛ'tsɛpt]

comprimido (m)	таблетка (ж)	[tab'letka]
unguento (m)	мазь (ж)	['masʲ]
ampola (f)	ампула (ж)	['ampula]
solução, preparado (m)	мікстура (ж)	[miks'tura]
xarope (m)	сіроп (м)	[si'rɔp]
cápsula (f)	пілюля (ж)	[pi'lʉlʲa]
pó (m)	парашок (м)	[para'ʃɔk]

atadura (f)	бінт (м)	['bint]
algodão (m)	вата (ж)	['vata]
iodo (m)	ёд (м)	[ʲot]
curativo (m) adesivo	лейкапластыр (м)	[lejka'plastir]
conta-gotas (m)	піпетка (ж)	[pi'petka]
termômetro (m)	градуснік (м)	['ɦradusnik]
seringa (f)	шпрыц (м)	['ʃprits]

| cadeira (f) de rodas | каляска (ж) | [ka'lʲaska] |
| muletas (f pl) | мыліцы (ж мн) | ['militsi] |

analgésico (m)	абязбольвальнае (н)	[abʲaz'bolʲvalʲnae]
laxante (m)	слабіцельнае (н)	[sla'bitselʲnae]
álcool (m)	спірт (м)	['spirt]
ervas (f pl) medicinais	трава (ж)	[tra'va]
de ervas (chá ~)	травяны	[travʲa'ni]

77. Fumar. Produtos tabágicos

tabaco (m)	тытунь (м)	[ti'tunʲ]
cigarro (m)	цыгарэта (ж)	[ʦiɦa'rɛta]
charuto (m)	цыгара (ж)	[ʦi'ɦara]
cachimbo (m)	люлька (ж)	['lʉlʲka]
maço (~ de cigarros)	пачак (м)	['paʧak]
fósforos (m pl)	запалкі (ж мн)	[za'palki]
caixa (f) de fósforos	запалкавы пачак (м)	[za'palkavi 'paʧak]
isqueiro (m)	запальніца (ж)	[zapalʲ'nitsa]
cinzeiro (m)	попельніца (ж)	['popelʲnitsa]
cigarreira (f)	партабак (м)	[parta'bak]
piteira (f)	муштук (м)	[muʃ'tuk]
filtro (m)	фільтр (м)	['filʲtr]
fumar (vi, vt)	курыць	[ku'ritsʲ]
acender um cigarro	закурыць	[zaku'ritsʲ]
tabagismo (m)	курэнне (н)	[ku'rɛnne]
fumante (m)	курэц (м)	[ku'rɛʦ]
bituca (f)	недакурак (м)	[neda'kurak]
fumaça (f)	дым (м)	['dim]
cinza (f)	попел (м)	['popel]

HABITAT HUMANO

Cidade

78. Cidade. Vida na cidade

cidade (f)	горад (м)	['hɔrat]
capital (f)	сталіца (ж)	[sta'litsa]
aldeia (f)	вёска (ж)	['vⁱoska]
mapa (m) da cidade	план (м) горада	['plan 'hɔrada]
centro (m) da cidade	цэнтр (м) горада	['tsɛntr 'hɔrada]
subúrbio (m)	прыгарад (м)	['priharat]
suburbano (adj)	прыгарадны	['priharadni]
periferia (f)	ускраіна (ж)	[us'kraina]
arredores (m pl)	наваколле (н)	[nava'kɔlle]
quarteirão (m)	квартал (м)	[kvar'tal]
quarteirão (m) residencial	жылы квартал (м)	[ʒⁱ'lⁱ kvar'tal]
tráfego (m)	вулічны рух (м)	['vulitʃnⁱ 'ruh]
semáforo (m)	святлафор (м)	[svⁱatla'fɔr]
transporte (m) público	гарадскі транспарт (м)	[hara'tski 'transpart]
cruzamento (m)	скрыжаванне (н)	[skriʒa'vanne]
faixa (f)	пешаходны пераход (м)	[peʃa'hɔdnⁱ pera'hɔt]
túnel (m) subterrâneo	падземны пераход (м)	[pa'dzemnⁱ pera'hɔt]
cruzar, atravessar (vt)	пераходзіць	[pera'hɔdzitsⁱ]
pedestre (m)	пешаход (м)	[peʃa'hɔt]
calçada (f)	ходнік (м)	['hɔdnik]
ponte (f)	мост (м)	['mɔst]
margem (f) do rio	набярэжная (ж)	[nabⁱa'rɛʒnaⁱa]
fonte (f)	фантан (м)	[fan'tan]
alameda (f)	алея (ж)	[a'leⁱa]
parque (m)	парк (м)	['park]
bulevar (m)	бульвар (м)	[bulⁱ'var]
praça (f)	плошча (ж)	['plɔʃɕa]
avenida (f)	праспект (м)	[pras'pekt]
rua (f)	вуліца (ж)	['vulitsa]
travessa (f)	завулак (м)	[za'vulak]
beco (m) sem saída	тупік (м)	[tu'pik]
casa (f)	дом (м)	['dɔm]
edifício, prédio (m)	будынак (м)	[bu'dinak]
arranha-céu (m)	хмарачос (м)	[hmara'tʃɔs]
fachada (f)	фасад (м)	[fa'sat]
telhado (m)	дах (м)	['dah]

janela (f)	акно (н)	[ak'nɔ]
arco (m)	арка (ж)	['arka]
coluna (f)	калона (ж)	[ka'lɔna]
esquina (f)	рог (м)	['rɔɦ]

vitrine (f)	вітрына (ж)	[vit'rina]
letreiro (m)	шыльда (ж)	['ʃilʲda]
cartaz (do filme, etc.)	афіша (ж)	[a'fiʃa]
cartaz (m) publicitário	рэкламны плакат (м)	[rɛk'lamnɨ pla'kat]
painel (m) publicitário	рэкламны шчыт (м)	[rɛk'lamnɨ 'ʃɕit]

lixo (m)	смецце (н)	['smetsе]
lata (f) de lixo	урна (ж)	['urna]
jogar lixo na rua	насмечваць	[nas'metʃvatsʲ]
aterro (m) sanitário	сметнік (м)	['smetnik]

orelhão (m)	тэлефонная будка (ж)	[tɛle'fɔnnaʲa 'butka]
poste (m) de luz	ліхтарны слуп (м)	[lih'tarnɨ 'slup]
banco (m)	лаўка (ж)	['lawka]

polícia (m)	паліцэйскі (м)	[pali'tsɛjski]
polícia (instituição)	паліцыя (ж)	[pa'litsɨʲa]
mendigo, pedinte (m)	жабрак (м)	[ʒab'rak]
desabrigado (m)	беспрытульны (м)	[besprɨ'tulʲnɨ]

79. Instituições urbanas

loja (f)	крама (ж)	['krama]
drogaria (f)	аптэка (ж)	[ap'tɛka]
ótica (f)	оптыка (ж)	['ɔptɨka]
centro (m) comercial	гандлёвы цэнтр (м)	[ɦand'lʲovɨ 'tsɛntr]
supermercado (m)	супермаркет (м)	[super'market]

padaria (f)	булачная (ж)	['bulatʃnaʲa]
padeiro (m)	пекар (м)	['pekar]
pastelaria (f)	кандытарская (ж)	[kan'dɨtarskaʲa]
mercearia (f)	бакалея (ж)	[baka'leʲa]
açougue (m)	мясная крама (ж)	[mʲas'naʲa 'krama]

fruteira (f)	крама (ж) гародніны	['krama ɦa'rɔdninɨ]
mercado (m)	рынак (м)	['rinak]

cafeteria (f)	кавярня (ж)	[ka'vʲarnʲa]
restaurante (m)	рэстаран (м)	[rɛsta'ran]
bar (m)	піўная (ж)	[piw'naʲa]
pizzaria (f)	піцэрыя (ж)	[pi'tsɛrɨʲa]

salão (m) de cabeleireiro	цырульня (ж)	[tsɨ'rulʲnʲa]
agência (f) dos correios	пошта (ж)	['pɔʃta]
lavanderia (f)	хімчыстка (ж)	[him'tʃistka]
estúdio (m) fotográfico	фотаатэлье (н)	[fotaatɛ'lʲe]

sapataria (f)	абутковая крама (ж)	[abut'kɔvaʲa 'krama]
livraria (f)	кнігарня (ж)	[kni'ɦarnʲa]

loja (f) de artigos esportivos	спартыўная крама (ж)	[spar'tiwnaʲa 'krama]
costureira (m)	рамонт (м) адзення	[ra'mɔnt a'dzennʲa]
aluguel (m) de roupa	пракат (м) адзення	[pra'kat a'dzennʲa]
videolocadora (f)	пракат (м) фільмаў	[pra'kat 'filʲmaw]

circo (m)	цырк (м)	['tsirk]
jardim (m) zoológico	заапарк (м)	[zaa'park]
cinema (m)	кінатэатр (м)	[kinatɛ'atr]
museu (m)	музей (м)	[mu'zej]
biblioteca (f)	бібліятэка (ж)	[bibliʲa'tɛka]

teatro (m)	тэатр (м)	[tɛ'atr]
ópera (f)	опера (ж)	['ɔpera]
boate (casa noturna)	начны клуб (м)	[natʃ'nɨ 'klup]
cassino (m)	казіно (н)	[kazi'nɔ]

mesquita (f)	мячэць (ж)	[mʲa'tʃɛtsʲ]
sinagoga (f)	сінагога (ж)	[sina'ɦɔɦa]
catedral (f)	сабор (м)	[sa'bɔr]
templo (m)	храм (м)	['hram]
igreja (f)	царква (ж)	[tsark'va]

faculdade (f)	інстытут (м)	[insti'tut]
universidade (f)	універсітэт (м)	[universi'tɛt]
escola (f)	школа (ж)	['ʃkɔla]

prefeitura (f)	прэфектура (ж)	[prɛfek'tura]
câmara (f) municipal	мэрыя (ж)	['mɛrɨʲa]
hotel (m)	гасцініца (ж)	[has'tsinitsa]
banco (m)	банк (м)	['bank]

embaixada (f)	пасольства (н)	[pa'sɔlʲstva]
agência (f) de viagens	турагенцтва (н)	[tura'ɦentstva]
agência (f) de informações	бюро (н) даведак	[bʉ'rɔ da'vedak]
casa (f) de câmbio	абменны пункт (м)	[ab'menni 'punkt]

metrô (m)	метро (н)	[me'trɔ]
hospital (m)	бальніца (ж)	[balʲ'nitsa]

posto (m) de gasolina	бензазапраўка (ж)	['benza za'prawka]
parque (m) de estacionamento	аўтастаянка (ж)	[awtasta'ʲanka]

80. Sinais

letreiro (m)	шыльда (ж)	['ʃɨlʲda]
aviso (m)	надпіс (м)	['natpis]
cartaz, pôster (m)	плакат (м)	[pla'kat]
placa (f) de direção	паказальнік (м)	[paka'zalʲnik]
seta (f)	стрэлка (ж)	['strɛlka]

aviso (advertência)	перасцярога (ж)	[perastsʲa'rɔɦa]
sinal (m) de aviso	папярэджанне (н)	[papʲa'rɛdʒanne]
avisar, advertir (vt)	папярэджваць	[papʲa'rɛdʒvatsʲ]
dia (m) de folga	выхадны дзень (м)	[vɨhad'nɨ 'dzenʲ]

| horário (~ dos trens, etc.) | расклад (м) | [ras'klat] |
| horário (m) | гадзіны (ж мн) працы | [ha'dzini 'pratsi] |

BEM-VINDOS!	САРДЭЧНА ЗАПРАШАЕМ!	[sar'dɛtʃna zapra'ʃaem]
ENTRADA	УВАХОД	[uva'hot]
SAÍDA	ВЫХАД	['vihat]

EMPURRE	АД СЯБЕ	[at sʲa'be]
PUXE	НА СЯБЕ	[na sʲa'be]
ABERTO	АДЧЫНЕНА	[a'tʃinena]
FECHADO	ЗАЧЫНЕНА	[za'tʃinena]

| MULHER | ДЛЯ ЖАНЧЫН | [dlʲa ʒan'tʃin] |
| HOMEM | ДЛЯ МУЖЧЫН | [dlʲa mu'ʃɕin] |

DESCONTOS	СКІДКІ	['skitki]
SALDOS, PROMOÇÃO	РАСПРОДАЖ	[ras'prɔdaʃ]
NOVIDADE!	НАВІНКА!	[na'vinka]
GRÁTIS	БЯСПЛАТНА	[bʲas'platna]

ATENÇÃO!	УВАГА!	[u'vaha]
NÃO HÁ VAGAS	МЕСЦАЎ НЯМА	['mesʲtsaw nʲa'ma]
RESERVADO	ЗАРЭЗЕРВАВАНА	[zarɛzerva'vana]

ADMINISTRAÇÃO	АДМІНІСТРАЦЫЯ	[admini'stratsʲa]
SOMENTE PESSOAL	ТОЛЬКІ ДЛЯ ПЕРСАНАЛУ	['tolʲki dlʲa persa'nalu]
AUTORIZADO		

CUIDADO CÃO FEROZ	ЗЛЫ САБАКА	['zlɨ sa'baka]
PROIBIDO FUMAR!	НЕ КУРЫЦЬ!	[ne ku'ritsʲ]
NÃO TOCAR	РУКАМІ НЕ КРАНАЦЬ!	[ru'kami ne kra'natsʲ]

PERIGOSO	НЕБЯСПЕЧНА	[nebʲa'spetʃna]
PERIGO	НЕБЯСПЕКА	[nebʲa'speka]
ALTA TENSÃO	ВЫСОКАЕ НАПРУЖАННЕ	[vɨ'sɔkae na'pruʒanne]
PROIBIDO NADAR	КУПАЦЦА ЗАБАРОНЕНА	[ku'patsa zaba'rɔnena]
COM DEFEITO	НЕ ПРАЦУЕ	[ne pra'tsue]

INFLAMÁVEL	ВОГНЕНЕБЯСПЕЧНА	[vɔhnenebʲas'petʃna]
PROIBIDO	ЗАБАРОНЕНА	[zaba'rɔnena]
ENTRADA PROIBIDA	ПРАХОД ЗАБАРОНЕНЫ	[pra'hɔd zaba'rɔnenɨ]
CUIDADO TINTA FRESCA	ПАФАРБАВАНА	[pafarba'vana]

81. Transportes urbanos

ônibus (m)	аўтобус (м)	[aw'tɔbus]
bonde (m) elétrico	трамвай (м)	[tram'vaj]
trólebus (m)	тралейбус (м)	[tra'lejbus]
rota (f), itinerário (m)	маршрут (м)	[marʃ'rut]
número (m)	нумар (м)	['numar]

ir de ... (carro, etc.)	ехаць на ...	['ehatsʲ na ...]
entrar no ...	сесці	['sesʲtsi]
descer do ...	сысці з ...	[sɨs'tsi z ...]

parada (f)	прыпынак (м)	[pri'pinak]
próxima parada (f)	наступны прыпынак (м)	[na'stupni pri'pinak]
terminal (m)	канцавы прыпынак (м)	[kantsa'vi pri'pinak]
horário (m)	расклад (м)	[ras'klat]
esperar (vt)	чакаць	[tʃa'katsʲ]

passagem (f)	білет (м)	[bi'let]
tarifa (f)	кошт (м) білета	[kɔʒd bi'leta]

bilheteiro (m)	касір (м)	[ka'sir]
controle (m) de passagens	кантроль (м)	[kan'trolʲ]
revisor (m)	кантралёр (м)	[kantra'lʲor]

atrasar-se (vr)	спазняцца	[spazʲ'nʲatsa]
perder (o autocarro, etc.)	спазніцца	[spazʲ'nitsa]
estar com pressa	спяшацца	[spʲa'ʃatsa]

táxi (m)	таксі (н)	[tak'si]
taxista (m)	таксіст (м)	[tak'sist]
de táxi (ir ~)	на таксі	[na tak'si]
ponto (m) de táxis	стаянка (ж) таксі	[sta'ʲanka tak'si]
chamar um táxi	выклікаць таксі	[viklikatsʲ tak'si]
pegar um táxi	узяць таксі	[u'zʲatsʲ tak'si]

tráfego (m)	вулічны рух (м)	['vulitʃni 'ruh]
engarrafamento (m)	затор (м)	[za'tɔr]
horas (f pl) de pico	час (м) пік	['tʃas 'pik]
estacionar (vi)	паркавацца	[parka'vatsa]
estacionar (vt)	паркаваць	[parka'vatsʲ]
parque (m) de estacionamento	стаянка (ж)	[sta'ʲanka]

metrô (m)	метро (н)	[me'trɔ]
estação (f)	станцыя (ж)	['stantsiʲa]
ir de metrô	ехаць на метро	['ehatsʲ na me'trɔ]
trem (m)	цягнік (м)	[tsʲaɦ'nik]
estação (f) de trem	вакзал (м)	[vaɦ'zal]

82. Turismo

monumento (m)	помнік (м)	['pɔmnik]
fortaleza (f)	крэпасць (ж)	['krɛpastsʲ]
palácio (m)	палац (м)	[pa'lats]
castelo (m)	замак (м)	['zamak]
torre (f)	вежа (ж)	['veʒa]
mausoléu (m)	маўзалей (м)	[mawza'lej]

arquitetura (f)	архітэктура (ж)	[arhitɛk'tura]
medieval (adj)	сярэдневяковы	[sʲarɛdnevʲa'kɔvi]
antigo (adj)	старадаўні	[stara'dawni]
nacional (adj)	нацыянальны	[natsiʲa'nalʲni]
famoso, conhecido (adj)	вядомы	[vʲa'dɔmi]

turista (m)	турыст (м)	[tu'rist]
guia (pessoa)	гід, экскурсавод (м)	['ɦit], [ɛkskursa'vɔt]

excursão (f)	экскурсія (ж)	[ɛksˈkursiʲa]
mostrar (vt)	паказваць	[paˈkazvatsʲ]
contar (vt)	апавядаць	[apavʲaˈdatsʲ]

encontrar (vt)	знайсці	[znajsˈtsi]
perder-se (vr)	згубіцца	[zɦuˈbitsa]
mapa (~ do metrô)	схема (ж)	[ˈshema]
mapa (~ da cidade)	план (м)	[ˈplan]

lembrança (f), presente (m)	сувенір (м)	[suveˈnir]
loja (f) de presentes	крама (ж) сувеніраў	[ˈkrama suweˈniraw]
tirar fotos, fotografar	фатаграфаваць	[fataɦrafaˈvatsʲ]
fotografar-se (vr)	фатаграфавацца	[fataɦrafaˈvatsa]

83. Compras

comprar (vt)	купляць	[kupˈlʲatsʲ]
compra (f)	пакупка (ж)	[paˈkupka]
fazer compras	рабіць закупы	[raˈbitsʲ ˈzakupi]
compras (f pl)	шопінг (м)	[ˈʃopinɦ]

estar aberta (loja)	працаваць	[pratsaˈvatsʲ]
estar fechada	зачыніцца	[zatʃiˈnitsa]

calçado (m)	абутак (м)	[aˈbutak]
roupa (f)	адзенне (н)	[aˈdzenne]
cosméticos (m pl)	касметыка (ж)	[kasˈmetika]
alimentos (m pl)	прадукты (м мн)	[praˈduktiʲ]
presente (m)	падарунак (м)	[padaˈrunak]

vendedor (m)	прадавец (м)	[pradaˈvets]
vendedora (f)	прадаўшчыца (ж)	[pradawˈʃtʃitsa]

caixa (f)	каса (ж)	[ˈkasa]
espelho (m)	люстэрка (н)	[lʉsˈtɛrka]
balcão (m)	прылавак (м)	[priˈlavak]
provador (m)	прымерачная (ж)	[priˈmeratʃnaʲa]

provar (vt)	прымераць	[priˈmeratsʲ]
servir (roupa, caber)	пасаваць	[pasaˈvatsʲ]
gostar (apreciar)	падабацца	[padaˈbatsa]

preço (m)	цана (ж)	[tsaˈna]
etiqueta (f) de preço	цэннік (м)	[ˈtsɛnnik]
custar (vt)	каштаваць	[kaʃtaˈvatsʲ]
Quanto?	Колькі?	[ˈkolʲki]
desconto (m)	скідка (ж)	[ˈskitka]

não caro (adj)	недарагі	[nedaraˈɦi]
barato (adj)	танны	[ˈtanni]
caro (adj)	дарагі	[daraˈɦi]
É caro	Гэта дорага.	[ˈɦɛta ˈdoraɦa]
aluguel (m)	пракат (м)	[praˈkat]
alugar (roupas, etc.)	узяць напракат	[uˈzʲatsʲ napraˈkat]

| crédito (m) | крэдыт (м) | [krɛ'dit] |
| a crédito | у крэдыт | [u krɛ'dit] |

84. Dinheiro

dinheiro (m)	грошы (мн)	['ɦrɔʃi]
câmbio (m)	абмен (м)	[ab'men]
taxa (f) de câmbio	курс (м)	['kurs]
caixa (m) eletrônico	банкамат (м)	[banka'mat]
moeda (f)	манета (ж)	[ma'neta]

| dólar (m) | долар (м) | ['dɔlar] |
| euro (m) | еўра (м) | ['ewra] |

lira (f)	ліра (ж)	['lira]
marco (m)	марка (ж)	['marka]
franco (m)	франк (м)	['frank]
libra (f) esterlina	фунт (м) стэрлінгаў	['funt 'stɛrlinɦaw]
iene (m)	іена (ж)	[i'ena]

dívida (f)	доўг (м)	['dɔwɦ]
devedor (m)	даўжнік (м)	[dawʒ'nik]
emprestar (vt)	даць у доўг	['datsʲ u 'dɔwɦ]
pedir emprestado	узяць у доўг	[u'zʲatsʲ u 'dɔwɦ]

banco (m)	банк (м)	['bank]
conta (f)	рахунак (м)	[ra'ɦunak]
depositar (vt)	пакласці	[pa'klasʲtsi]
depositar na conta	пакласці на рахунак	[pa'klasʲtsi na ra'ɦunak]
sacar (vt)	зняць з рахунку	['znʲatsʲ z ra'ɦunku]

cartão (m) de crédito	крэдытная картка (ж)	[krɛ'ditnaʲa 'kartka]
dinheiro (m) vivo	гатоўка (ж)	[ɦa'towka]
cheque (m)	чэк (м)	['tʃɛk]
passar um cheque	выпісаць чэк	['vipisatsʲ 'tʃɛk]
talão (m) de cheques	чэкавая кніжка (ж)	['tʃɛkavaʲa 'kniʃka]

carteira (f)	бумажнік (м)	[bu'maʒnik]
niqueleira (f)	кашалёк (м)	[kaʃa'lʲok]
cofre (m)	сейф (м)	['sejf]

herdeiro (m)	спадчыннік (м)	['spatʃinnik]
herança (f)	спадчына (ж)	['spatʃina]
fortuna (riqueza)	маёмасць (ж)	['maʲomasʲtsʲ]

arrendamento (m)	арэнда (ж)	[a'rɛnda]
aluguel (pagar o ~)	кватэрная плата (ж)	[kva'tɛrnaʲa 'plata]
alugar (vt)	наймаць	[naj'matsʲ]

preço (m)	цана (ж)	[tsa'na]
custo (m)	кошт (м)	['kɔʃt]
soma (f)	сума (ж)	['suma]
gastar (vt)	трапіць	['tratsitsʲ]
gastos (m pl)	выдаткі (м мн)	[vi'datki]

economizar (vi)	эканоміць	[ɛka'nɔmitsʲ]
econômico (adj)	эканомны	[ɛka'nɔmnʲi]
pagar (vt)	плаціць	[pla'tsitsʲ]
pagamento (m)	аплата (ж)	[a'plata]
troco (m)	рэшта (ж)	['rɛʃta]
imposto (m)	падатак (м)	[pa'datak]
multa (f)	штраф (м)	['ʃtraf]
multar (vt)	штрафаваць	[ʃtrafa'vatsʲ]

85. Correios. Serviço postal

agência (f) dos correios	пошта (ж)	['pɔʃta]
correio (m)	пошта (ж)	['pɔʃta]
carteiro (m)	паштальён (м)	[paʃta'ljɔn]
horário (m)	гадзіны (ж мн) працы	[ɦa'dzinʲi 'pratsʲi]
carta (f)	ліст (м)	['list]
carta (f) registada	заказны ліст (м)	[zakaz'nʲi 'list]
cartão (m) postal	паштоўка (ж)	[paʃ'tɔwka]
telegrama (m)	тэлеграма (ж)	[tɛle'ɦrama]
encomenda (f)	пасылка (ж)	[pa'sɨlka]
transferência (f) de dinheiro	грашовы перавод (м)	[ɦra'ʃɔvɨ pera'vɔt]
receber (vt)	атрымаць	[atrɨ'matsʲ]
enviar (vt)	адправіць	[at'pravitsʲ]
envio (m)	адпраўка (ж)	[at'prawka]
endereço (m)	адрас (м)	['adras]
código (m) postal	індэкс (м)	['indɛks]
remetente (m)	адпраўшчык (м)	[at'prawʃɕik]
destinatário (m)	атрымальнік (м)	[atrɨ'malʲnʲik]
nome (m)	імя (н)	[i'mʲa]
sobrenome (m)	прозвішча (н)	['prɔzʲviʃɕa]
tarifa (f)	тарыф (м)	[ta'rif]
ordinário (adj)	звычайны	[zvɨ'tʃajnʲi]
econômico (adj)	эканамічны	[ɛkana'mitʃnʲi]
peso (m)	вага (ж)	[va'ɦa]
pesar (estabelecer o peso)	узважваць	[uz'vaʒvatsʲ]
envelope (m)	канверт (м)	[kan'vert]
selo (m) postal	марка (ж)	['marka]

Moradia. Casa. Lar

86. Casa. Habitação

casa (f)	дом (м)	['dɔm]
em casa	дома	['dɔma]
pátio (m), quintal (f)	двор (м)	['dvɔr]
cerca, grade (f)	агароджа (ж)	[aɦa'rɔdʒa]
tijolo (m)	цэгла (ж)	['tsɛkla]
de tijolos	цагляны	[tsak'lʲani]
pedra (f)	камень (м)	['kamenʲ]
de pedra	каменны	[ka'menni]
concreto (m)	бетон (м)	[be'tɔn]
concreto (adj)	бетонны	[be'tɔnni]
novo (adj)	новы	['nɔvi]
velho (adj)	стары	[sta'ri]
decrépito (adj)	састарэлы	[sasta'rɛli]
moderno (adj)	сучасны	[su'tʃasni]
de vários andares	шматпавярховы	[ʃmatpavʲar'hɔvi]
alto (adj)	высокі	[vɨ'sɔki]
andar (m)	паверх (м)	[pa'verh]
de um andar	аднапавярховы	[adnapavʲar'hɔvi]
térreo (m)	ніжні паверх (м)	['niʒni pa'verh]
andar (m) de cima	верхні паверх (м)	['verhni pa'verh]
telhado (m)	дах (м)	['dah]
chaminé (f)	комін (м)	['kɔmin]
telha (f)	дахоўка (ж)	[da'hɔwka]
de telha	даховачны	[da'hɔvatʃni]
sótão (m)	гарышча (н)	[ɦa'riʃɕa]
janela (f)	акно (н)	[ak'nɔ]
vidro (m)	шкло (н)	['ʃklɔ]
parapeito (m)	падаконнік (м)	[pada'kɔnnik]
persianas (f pl)	аканіцы (ж мн)	[aka'nitsi]
parede (f)	сцяна (ж)	[stsʲa'na]
varanda (f)	балкон (м)	[bal'kɔn]
calha (f)	вадасцёкавая труба (ж)	[vadas'tsʲɔkavaʲa tru'ba]
em cima	наверсе	[na'verse]
subir (vi)	паднімацца	[padni'matsa]
descer (vi)	спускацца	[spu'skatsa]
mudar-se (vr)	пераязджаць	[peraʲaʒ'dʒatsʲ]

87. Casa. Entrada. Elevador

entrada (f)	пад'езд (м)	[pad"est]
escada (f)	лесвіца (ж)	['lesvitsa]
degraus (m pl)	прыступкі (ж мн)	[pri'stupki]
corrimão (m)	парэнчы (мн)	[pa'rɛntʃi]
hall (m) de entrada	хол (м)	['hɔl]
caixa (f) de correio	паштовая скрынка (ж)	[paʃ'tɔvaʲa 'skrinka]
lata (f) do lixo	бак (м) для смецця	[bah dlʲa 'smetsʲa]
calha (f) de lixo	смеццеправод (м)	[smetsepra'vɔt]
elevador (m)	ліфт (м)	['lift]
elevador (m) de carga	грузавы ліфт (м)	[hruza'vɨ 'lift]
cabine (f)	кабіна (ж)	[ka'bina]
pegar o elevador	ехаць на ліфце	['ehatsʲ na 'liftse]
apartamento (m)	кватэра (ж)	[kva'tɛra]
residentes (pl)	жыхары (м мн)	[ʒɨha'rɨ]
vizinho (m)	сусед (м)	[su'set]
vizinha (f)	суседка (ж)	[su'setka]
vizinhos (pl)	суседзі (м мн)	[su'sedzi]

88. Casa. Eletricidade

eletricidade (f)	электрычнасць (ж)	[ɛlekt'ritʃnastsʲ]
lâmpada (f)	лямпачка (ж)	['lʲampatʃka]
interruptor (m)	выключальнік (м)	[viklʉ'tʃalʲnik]
fusível, disjuntor (m)	пробка (ж)	['prɔpka]
fio, cabo (m)	провад (м)	['prɔvat]
instalação (f) elétrica	праводка (ж)	[pra'vɔtka]
medidor (m) de eletricidade	лічыльнік (м)	[li'tʃɨlʲnik]
indicação (f), registro (m)	паказанне (н)	[paka'zanne]

89. Casa. Portas. Fechaduras

porta (f)	дзверы (мн)	[dzj'veri]
portão (m)	вароты (мн)	[va'rɔti]
maçaneta (f)	ручка (ж)	['rutʃka]
destrancar (vt)	адамкнуць	[adam'knutsʲ]
abrir (vt)	адчыняць	[atʃiʲ'nʲatsʲ]
fechar (vt)	зачыняць	[zatʃiʲ'nʲatsʲ]
chave (f)	ключ (м)	['klʉtʃ]
molho (m)	звязак (м)	['zvʲazak]
ranger (vi)	скрыпець	[skri'petsʲ]
rangido (m)	скрып (м)	['skrip]
dobradiça (f)	завеса (ж)	[za'vesa]
capacho (m)	дыванок (м)	[diva'nɔk]
fechadura (f)	замок (м)	[za'mɔk]

buraco (m) da fechadura	замочная шчыліна (ж)	[za'mɔtʃna'a 'ʃɕilina]
barra (f)	засаўка (ж)	['zasawka]
fecho (ferrolho pequeno)	засаўка (ж)	['zasawka]
cadeado (m)	навясны замок (м)	[navʲas'nɨ za'mɔk]

tocar (vt)	званіць	[zva'nitsʲ]
toque (m)	званок (м)	[zva'nɔk]
campainha (f)	званок (м)	[zva'nɔk]
botão (m)	кнопка (ж)	['knɔpka]
batida (f)	стук (м)	['stuk]
bater (vi)	стукаць	['stukatsʲ]

código (m)	код (м)	['kɔt]
fechadura (f) de código	кодавы замок (м)	['kɔdavɨ za'mɔk]
interfone (m)	дамафон (м)	[dama'fɔn]
número (m)	нумар (м)	['numar]
placa (f) de porta	таблічка (ж)	[tab'litʃka]
olho (m) mágico	вочка (н)	['vɔtʃka]

90. Casa de campo

aldeia (f)	вёска (ж)	['vʲoska]
horta (f)	агарод (м)	[aɦa'rɔt]
cerca (f)	плот (м)	['plɔt]
cerca (f) de piquete	загарадзь (ж)	['zaɦaratsʲ]
portão (f) do jardim	веснічкі (мн)	['vesnitʃki]

celeiro (m)	свіран (м)	['sviran]
adega (f)	склеп (м)	['sklep]
galpão, barracão (m)	хлеў (м)	['hlew]
poço (m)	калодзеж (м)	[ka'lɔdzeʃ]

fogão (m)	печ (ж)	['petʃ]
atiçar o fogo	паліць	[pa'litsʲ]
lenha (carvão ou ~)	дровы (мн)	['drɔvɨ]
acha, lenha (f)	палена (н)	[pa'lena]

varanda (f)	веранда (ж)	[ve'randa]
alpendre (m)	тэраса (ж)	[tɛ'rasa]
degraus (m pl) de entrada	ганак (м)	['ɦanak]
balanço (m)	арэлі (мн)	[a'rɛli]

91. Moradia. Mansão

casa (f) de campo	загарадны дом (м)	['zaɦaradnɨ 'dɔm]
vila (f)	віла (ж)	['vila]
ala (~ do edifício)	крыло (н)	[krɨ'lɔ]

jardim (m)	сад (м)	['sat]
parque (m)	парк (м)	['park]
estufa (f)	аранжарэя (ж)	[aranʒa'rɛʲa]
cuidar de …	даглядаць	[daɦlʲa'datsʲ]

piscina (f)	басейн (м)	[ba'sejn]
academia (f) de ginástica	спартыўная зала (ж)	[spar'tiwnaʲa 'zala]
quadra (f) de tênis	тэнісны корт (м)	['tɛnisnɪ 'kɔrt]
cinema (m)	кінатэатр (м)	[kinatɛ'atr]
garagem (f)	гараж (м)	[ha'raʃ]
propriedade (f) privada	прыватная ўласнасць (ж)	[pri'vatnaʲa u'lasnasʲtsʲ]
terreno (m) privado	прыватныя уладанні (н мн)	[pri'vatnʲʲa ula'danni]
advertência (f)	папярэджанне (н)	[papʲa'rɛdʒanne]
sinal (m) de aviso	папераджальны надпіс (м)	[papera'dʒalʲni 'natpis]
guarda (f)	ахова (ж)	[a'hova]
guarda (m)	ахоўнік (м)	[a'hownik]
alarme (m)	сігналізацыя (ж)	[sihnali'zatsʲʲa]

92. Castelo. Palácio

castelo (m)	замак (м)	['zamak]
palácio (m)	палац (м)	[pa'lats]
fortaleza (f)	крэпасць (ж)	['krɛpasʲtsʲ]
muralha (f)	мур (м)	['mur]
torre (f)	вежа (ж)	['veʒa]
calabouço (m)	галоўная вежа (ж)	[ha'lownaʲa 'weʒa]
grade (f) levadiça	пад'ёмныя вароты (мн)	[pa'dʲomnʲʲa va'roti]
passagem (f) subterrânea	падземны ход (м)	[pa'dzemni 'hot]
fosso (m)	роў (м)	['row]
corrente, cadeia (f)	ланцуг (м)	[lan'tsuh]
seteira (f)	байніца (ж)	[baj'nitsa]
magnífico (adj)	раскошны	[ras'kɔʃni]
majestoso (adj)	велічны	['velitʃni]
inexpugnável (adj)	непрыступны	[nepris'tupni]
medieval (adj)	сярэдневяковы	[sʲarɛdnevʲa'kɔvi]

93. Apartamento

apartamento (m)	кватэра (ж)	[kva'tɛra]
quarto, cômodo (m)	пакой (м)	[pa'kɔj]
quarto (m) de dormir	спальня (ж)	['spalʲnʲa]
sala (f) de jantar	сталоўка (ж)	[sta'lowka]
sala (f) de estar	гасцёўня (ж)	[has'tsʲownʲa]
escritório (m)	кабінет (м)	[kabi'net]
sala (f) de entrada	вітальня (ж)	[vi'talʲnʲa]
banheiro (m)	ванны пакой (м)	['vanni pa'kɔj]
lavabo (m)	прыбіральня (ж)	[pribi'ralʲnʲa]
teto (m)	столь (ж)	['stɔlʲ]
chão, piso (m)	падлога (ж)	[pad'lɔha]
canto (m)	кут (м)	['kut]

94. Apartamento. Limpeza

arrumar, limpar (vt)	прыбіраць	[pribi'ratsʲ]
guardar (no armário, etc.)	прымаць	[pri'matsʲ]
pó (m)	пыл (м)	['pɨl]
empoeirado (adj)	запылены	[za'pɨleni]
tirar o pó	выціраць пыл	[vitsi'ratsʲ 'pɨl]
aspirador (m)	пыласос (м)	[pɨla'sɔs]
aspirar (vt)	пыласосіць	[pɨla'sɔsitsʲ]
varrer (vt)	падмятаць	[padmʲa'tatsʲ]
sujeira (f)	смецце (н)	['smetse]
arrumação, ordem (f)	парадак (м)	[pa'radak]
desordem (f)	беспарадак (м)	[bespa'radak]
esfregão (m)	швабра (ж)	['ʃvabra]
pano (m), trapo (m)	ануча (ж)	[a'nutʃa]
vassoura (f)	венік (м)	['venik]
pá (f) de lixo	шуфлік (м) для смецця	['ʃuflik dlʲa 'smetsʲa]

95. Mobiliário. Interior

mobiliário (m)	мэбля (ж)	['mɛblʲa]
mesa (f)	стол (м)	['stɔl]
cadeira (f)	крэсла (н)	['krɛsla]
cama (f)	ложак (м)	['lɔʒak]
sofá, divã (m)	канапа (ж)	[ka'napa]
poltrona (f)	фатэль (м)	[fa'tɛlʲ]
estante (f)	шафа (ж)	['ʃafa]
prateleira (f)	паліца (ж)	[pa'litsa]
guarda-roupas (m)	шафа (ж)	['ʃafa]
cabide (m) de parede	вешалка (ж)	['veʃalka]
cabideiro (m) de pé	вешалка (ж)	['veʃalka]
cômoda (f)	камода (ж)	[ka'mɔda]
mesinha (f) de centro	часопісны столік (м)	[tʃa'sɔpisnɨ 'stɔlik]
espelho (m)	люстэрка (н)	[lʉs'tɛrka]
tapete (m)	дыван (м)	[dɨ'van]
tapete (m) pequeno	дыванок (м)	[diva'nɔk]
lareira (f)	камін (м)	[ka'min]
vela (f)	свечка (ж)	['svetʃka]
castiçal (m)	падсвечнік (м)	[pat'svetʃnik]
cortinas (f pl)	шторы (мн)	['ʃtɔrɨ]
papel (m) de parede	шпалеры (ж мн)	[ʃpa'lerɨ]
persianas (f pl)	жалюзі (мн)	[ʒalʉ'zi]
luminária (f) de mesa	настольная лямпа (ж)	[na'stɔlʲnaʲa 'lʲampa]
luminária (f) de parede	свяцільня (ж)	[svʲa'tsilʲnʲa]

| abajur (m) de pé | таршэр (м) | [tar'ʃɛr] |
| lustre (m) | люстра (ж) | ['lʉstra] |

pé (de mesa, etc.)	ножка (ж)	['nɔʃka]
braço, descanso (m)	падлакотнік (м)	[padla'kɔtnik]
costas (f pl)	спінка (ж)	['spinka]
gaveta (f)	шуфляда (ж)	[ʃufʲlʲada]

96. Quarto de dormir

roupa (f) de cama	бялізна (ж)	[bʲa'lizna]
travesseiro (m)	падушка (ж)	[pa'duʃka]
fronha (f)	навалочка (ж)	[nava'lɔtʃka]
cobertor (m)	коўдра (ж)	['kɔwdra]
lençol (m)	прасціна (ж)	[prasʲtsi'na]
colcha (f)	пакрывала (н)	[pakri'vala]

97. Cozinha

cozinha (f)	кухня (ж)	['kuhnʲa]
gás (m)	газ (м)	['ɦas]
fogão (m) a gás	пліта (ж) газавая	[pli'ta 'ɦazavaʲa]
fogão (m) elétrico	пліта (ж) электрычная	[pli'ta ɛlekt'ritʃnaʲa]
forno (m)	духоўка (ж)	[du'hɔwka]
forno (m) de micro-ondas	мікрахвалевая печ (ж)	[mikra'hvalevaʲa 'petʃ]

geladeira (f)	халадзільнік (м)	[hala'dzilʲnik]
congelador (m)	маразілка (ж)	[mara'zilka]
máquina (f) de lavar louça	пасудамыечная машына (ж)	[pasuda'mietʃnaʲa ma'ʃina]

moedor (m) de carne	мясарубка (ж)	[mʲasa'rupka]
espremedor (m)	сокавыціскалка (ж)	[sɔkavitsi'skalka]
torradeira (f)	тостэр (м)	['tɔstɛr]
batedeira (f)	міксер (м)	['mikser]

máquina (f) de café	кававарка (ж)	[kava'varka]
cafeteira (f)	кафейнік (м)	[ka'fejnik]
moedor (m) de café	кавамолка (ж)	[kava'mɔlka]

chaleira (f)	чайнік (м)	['tʃajnik]
bule (m)	імбрычак (м)	[im'britʃak]
tampa (f)	накрыўка (ж)	['nakriwka]
coador (m) de chá	сітца (н)	['sitsa]

colher (f)	лыжка (ж)	['liʃka]
colher (f) de chá	чайная лыжка (ж)	['tʃajnaʲa 'liʃka]
colher (f) de sopa	сталовая лыжка (ж)	[sta'lɔvaʲa 'liʃka]
garfo (m)	відэлец (м)	[vi'dɛlets]
faca (f)	нож (м)	['nɔʃ]
louça (f)	посуд (м)	['pɔsut]
prato (m)	талерка (ж)	[ta'lerka]

pires (m)	сподак (м)	['spɔdak]
cálice (m)	чарка (ж)	['tʃarka]
copo (m)	шклянка (ж)	['ʃklʲanka]
xícara (f)	кубак (м)	['kubak]

açucareiro (m)	цукарніца (ж)	['tsukarnitsa]
saleiro (m)	салянка (ж)	[sa'lʲanka]
pimenteiro (m)	перачніца (ж)	['peratʃnitsa]
manteigueira (f)	масленіца (ж)	['maslenitsa]

panela (f)	рондаль (м)	['rɔndalʲ]
frigideira (f)	патэльня (ж)	[pa'tɛlʲnʲa]
concha (f)	апалонік (м)	[apa'lɔnik]
coador (m)	друшляк (м)	[druʃʲlʲak]
bandeja (f)	паднос (м)	[pad'nɔs]

garrafa (f)	бутэлька (ж)	[bu'tɛlʲka]
pote (m) de vidro	слоік (м)	['slɔik]
lata (~ de cerveja)	бляшанка (ж)	[blʲa'ʃanka]

abridor (m) de garrafa	адкрывалка (ж)	[atkri'valka]
abridor (m) de latas	адкрывалка (ж)	[atkri'valka]
saca-rolhas (m)	штопар (м)	['ʃtɔpar]
filtro (m)	фільтр (м)	['filʲtr]
filtrar (vt)	фільтраваць	[filʲtra'vatsʲ]

lixo (m)	смецце (н)	['smetse]
lixeira (f)	вядро (н) для смецця	[vʲa'drɔ dlʲa 'smetsʲa]

98. Casa de banho

banheiro (m)	ванны пакой (м)	['vannɨ pa'kɔj]
água (f)	вада (ж)	[va'da]
torneira (f)	кран (м)	['kran]
água (f) quente	гарачая вада (ж)	[ɦa'ratʃʲa va'da]
água (f) fria	халодная вада (ж)	[ha'lɔdnaʲa va'da]

pasta (f) de dente	зубная паста (ж)	[zub'naʲa 'pasta]
escovar os dentes	чысціць зубы	[tʃisʲtsitsʲ zu'bɨ]
escova (f) de dente	зубная шчотка (ж)	[zub'naʲa 'ʃɕɔtka]

barbear-se (vr)	галіцца	[ɦa'litsa]
espuma (f) de barbear	пена (ж) для галення	['pena dlʲa ɦa'lennʲa]
gilete (f)	брытва (ж)	['britva]

lavar (vt)	мыць	['mɨtsʲ]
tomar banho	мыцца	['mɨtsa]
chuveiro (m), ducha (f)	душ (м)	['duʃ]
tomar uma ducha	прымаць душ	[pri'matsʲ 'duʃ]

banheira (f)	ванна (ж)	['vanna]
vaso (m) sanitário	унітаз (м)	[uni'tas]
pia (f)	ракавіна (ж)	['rakavina]
sabonete (m)	мыла (н)	['mɨɫa]

saboneteira (f)	мыльніца (ж)	['mil'nitsa]
esponja (f)	губка (ж)	['ɦupka]
xampu (m)	шампунь (м)	[ʃam'punʲ]
toalha (f)	ручнік (м)	[rutʃʲnik]
roupão (m) de banho	халат (м)	[ha'lat]

lavagem (f)	мыццё (н)	[miʲtsʲo]
lavadora (f) de roupas	пральная машына (ж)	['pralʲnaʲa ma'ʃina]
lavar a roupa	мыць бялізну	['mitsʲ bʲa'liznu]
detergente (m)	пральны парашок (м)	['pralʲni para'ʃok]

99. Eletrodomésticos

televisor (m)	тэлевізар (м)	[tɛle'vizar]
gravador (m)	магнітафон (м)	[maɦnita'fɔn]
videogravador (m)	відэамагнітафон (м)	['vidɛa maɦnita'fɔn]
rádio (m)	прыёмнік (м)	[priʲomnik]
leitor (m)	плэер (м)	['plɛer]

projetor (m)	відэапраектар (м)	['vidɛa pra'ektar]
cinema (m) em casa	хатні кінатэатр (м)	['hatni kinatɛ'atr]
DVD Player (m)	прайгравальнік (м) DVD	[prajɦra'valʲniɦ dzivi'dzi]
amplificador (m)	узмацняльнік (м)	[uzmatsʲnʲalʲnik]
console (f) de jogos	гульнявая прыстаўка (ж)	[ɦulʲnʲa'vaʲa pri'stawka]

câmera (f) de vídeo	відэакамера (ж)	['vidɛa 'kamera]
máquina (f) fotográfica	фотаапарат (м)	[fotaapa'rat]
câmera (f) digital	лічбавы фотаапарат (м)	['lidʒbavi fotaapa'rat]

aspirador (m)	пыласос (м)	[pila'sɔs]
ferro (m) de passar	прас (м)	['pras]
tábua (f) de passar	прасавальная дошка (ж)	[prasa'valʲnaʲa 'dɔʃka]

telefone (m)	тэлефон (м)	[tɛle'fɔn]
celular (m)	мабільны тэлефон (м)	[ma'bilʲni tɛle'fɔn]
máquina (f) de escrever	машынка (ж)	[ma'ʃinka]
máquina (f) de costura	машынка (ж)	[ma'ʃinka]

microfone (m)	мікрафон (м)	[mikra'fɔn]
fone (m) de ouvido	навушнікі (м мн)	[na'vuʃniki]
controle remoto (m)	пульт (м)	['pulʲt]

CD (m)	кампакт-дыск (м)	[kam'pakt 'disk]
fita (f) cassete	касета (ж)	[ka'seta]
disco (m) de vinil	пласцінка (ж)	[plas'tsinka]

100. Reparações. Renovação

renovação (f)	рамонт (м)	[ra'mɔnt]
renovar (vt), fazer obras	рабіць рамонт	[ra'bitsʲ ra'mɔnt]
reparar (vt)	рамантаваць	[ramanta'vatsʲ]
consertar (vt)	прыводзіць у парадак	[pri'vodzitsʲ u pa'radak]

refazer (vt)	перарабляць	[perarab'lʲatsʲ]
tinta (f)	фарба (ж)	['farba]
pintar (vt)	фарбаваць	[farba'vatsʲ]
pintor (m)	маляр (м)	[ma'lʲar]
pincel (m)	пэндзаль (м)	['pɛndzalʲ]

cal (f)	пабелка (ж)	[pa'belka]
caiar (vt)	бяліць	[bʲa'litsʲ]

papel (m) de parede	шпалеры (ж мн)	[ʃpa'leri]
colocar papel de parede	абклеіць шпалерамі	[ap'kleitsʲ ʃpa'lerami]
verniz (m)	лак (м)	['lak]
envernizar (vt)	пакрываць лакам	[pakri'vatsʲ 'lakam]

101. Canalizações

água (f)	вада (ж)	[va'da]
água (f) quente	гарачая вада (ж)	[ɦa'ratʃaʲa va'da]
água (f) fria	халодная вада (ж)	[ha'lɔdnaʲa va'da]
torneira (f)	кран (м)	['kran]

gota (f)	кропля (ж)	['krɔplʲa]
gotejar (vi)	капаць	['kapatsʲ]
vazar (vt)	цячы	[tsʲa'tʃi]
vazamento (m)	цеча (ж)	['tsetʃa]
poça (f)	лужына (ж)	['luʒina]

tubo (m)	труба (ж)	[tru'ba]
válvula (f)	вентыль (м)	['ventilʲ]
entupir-se (vr)	засмеціцца	[zas'metsitsa]

ferramentas (f pl)	інструменты (м мн)	[instru'menti]
chave (f) inglesa	разводны ключ (м)	[razvad'nɨ 'klutʃ]
desenroscar (vt)	адкруціць	[atkru'tsitsʲ]
enroscar (vt)	закручваць	[za'krutʃvatsʲ]

desentupir (vt)	прачышчаць	[pratʃi'ʃcatsʲ]
encanador (m)	сантэхнік (м)	[san'tchnik]
porão (m)	падвал (м)	[pad'val]
rede (f) de esgotos	каналізацыя (ж)	[kanali'zatsiʲa]

102. Fogo. Deflagração

incêndio (m)	агонь (м)	[a'ɦɔnʲ]
chama (f)	полымя (н)	['pɔlimʲa]
faísca (f)	іскра (ж)	['iskra]
fumaça (f)	дым (м)	['dim]
tocha (f)	факел (м)	['fakel]
fogueira (f)	вогнішча (н)	['vɔɦniʃca]

gasolina (f)	бензін (м)	[ben'zin]
querosene (m)	газа (ж)	['ɦaza]

inflamável (adj)	гаручы	[ɦa'rutʃi]
explosivo (adj)	выбухованебяспечны	[vibuhɔvanebʲas'petʃni]
PROIBIDO FUMAR!	НЕ КУРЫЦЬ!	[ne ku'ritsʲ]
segurança (f)	бяспека (ж)	[bʲas'peka]
perigo (m)	небяспека (ж)	[nebʲas'peka]
perigoso (adj)	небяспечны	[nebʲas'petʃni]
incendiar-se (vr)	загарэцца	[zaɦa'rɛtsa]
explosão (f)	выбух (м)	['vibuh]
incendiar (vt)	падпаліць	[patpa'litsʲ]
incendiário (m)	падпальшчык (м)	[pat'palʲʃɕik]
incêndio (m) criminoso	падпал (м)	[pat'pal]
flamejar (vi)	палаць	[pa'latsʲ]
queimar (vi)	гарэць	[ɦa'rɛtsʲ]
queimar tudo (vi)	згарэць	[zɦa'rɛtsʲ]
chamar os bombeiros	выклікаць пажарнікаў	[viklikatsʲ pa'ʒarnikaw]
bombeiro (m)	пажарны (м)	[pa'ʒarni]
caminhão (m) de bombeiros	пажарная машына (ж)	[pa'ʒarnaʲa ma'ʃina]
corpo (m) de bombeiros	пажарная каманда (ж)	[pa'ʒarnaʲa ka'manda]
escada (f) extensível	пажарныя драбіны (мн)	[pa'ʒarniʲa dra'bini]
mangueira (f)	шланг (м)	['ʃlanɦ]
extintor (m)	вогнетушыцель (м)	[vɔɦnetu'ʃitselʲ]
capacete (m)	каска (ж)	['kaska]
sirene (f)	сірэна (ж)	[si'rɛna]
gritar (vi)	крычаць	[kri'tʃatsʲ]
chamar por socorro	клікаць на дапамогу	['klikatsʲ na dapa'mɔhu]
socorrista (m)	ратавальнік (м)	[rata'valʲnik]
salvar, resgatar (vt)	ратаваць	[rata'vatsʲ]
chegar (vi)	прыехаць	[pri'ehatsʲ]
apagar (vt)	тушыць	[tu'ʃitsʲ]
água (f)	вада (ж)	[va'da]
areia (f)	пясок (м)	[pʲa'sɔk]
ruínas (f pl)	руіны (ж мн)	[ru'ini]
ruir (vi)	паваліцца	[pava'litsa]
desmoronar (vi)	абваліцца	[abva'litsa]
desabar (vi)	абурыцца	[abu'ritsa]
fragmento (m)	абломак (м)	[ab'lɔmak]
cinza (f)	попел (м)	['pɔpel]
sufocar (vi)	задыхнуцца	[zadih'nutsa]
perecer (vi)	загінуць	[za'ɦinutsʲ]

ATIVIDADES HUMANAS

Emprego. Negócios. Parte 1

103. Escritório. O trabalho no escritório

escritório (~ de advogados)	офіс (м)	['ɔfis]
escritório (do diretor, etc.)	кабінет (м)	[kabi'net]
recepção (f)	рэцэпцыя (ж)	[rɛ'tsɛptsʲʲa]
secretário (m)	сакратар (м)	[sakra'tar]
secretária (f)	сакратар (ж)	[sakra'tar]
diretor (m)	дырэктар (м)	[di'rɛktar]
gerente (m)	менеджэр (м)	['menedʒɛr]
contador (m)	бухгалтар (м)	[buh'ɦaltar]
empregado (m)	супрацоўнік (м)	[supra'tsɔwnik]
mobiliário (m)	мэбля (ж)	['mɛblʲa]
mesa (f)	стол (м)	['stɔl]
cadeira (f)	крэсла (н)	['krɛsla]
gaveteiro (m)	тумбачка (ж)	['tumbatʃka]
cabideiro (m) de pé	вешалка (ж)	['veʃalka]
computador (m)	камп'ютэр (м)	[kamp"ʉtɛr]
impressora (f)	прынтэр (м)	['printɛr]
fax (m)	факс (м)	['faks]
fotocopiadora (f)	капіравальны апарат (м)	[kapira'valʲni apa'rat]
papel (m)	папера (ж)	[pa'pera]
artigos (m pl) de escritório	канцылярскія прылады (ж мн)	[kantsi'lʲarskiʲa pri'ladi]
tapete (m) para mouse	дыванок (м)	[diva'nɔk]
folha (f)	аркуш (м)	['arkuʃ]
pasta (f)	папка (ж)	['papka]
catálogo (m)	каталог (м)	[kata'lɔɦ]
lista (f) telefônica	даведнік (м)	[da'vednik]
documentação (f)	дакументацыя (ж)	[dakumen'tatsʲʲa]
brochura (f)	брашура (ж)	[bra'ʃura]
panfleto (m)	лістоўка (ж)	[lis'tɔwka]
amostra (f)	узор (м)	[u'zɔr]
formação (f)	трэнінг (м)	['trɛninɦ]
reunião (f)	нарада (ж)	[na'rada]
hora (f) de almoço	перапынак (м) на абед	[pera'pinak na a'bet]
fazer uma cópia	рабіць копію	[ra'bitsʲ 'kɔpiʉ]
tirar cópias	размножыць	[razm'nɔʒitsʲ]
receber um fax	атрымліваць факс	[at'rimlivatsʲ 'faks]

enviar um fax	адпраўляць факс	[atpraw'lʲatsʲ 'faks]
fazer uma chamada	патэлефанаваць	[patɛlefana'vatsʲ]
responder (vt)	адказаць	[atka'zatsʲ]
passar (vt)	злучыць	[zlu'tʃitsʲ]

marcar (vt)	прызначаць	[prizna'tʃatsʲ]
demonstrar (vt)	дэманстраваць	[dɛmanstra'vatsʲ]
estar ausente	адсутнічаць	[a'tsutnitʃatsʲ]
ausência (f)	пропуск (м)	['prɔpusk]

104. Processos negociais. Parte 1

negócio (m)	справа, бізнес (м)	['sprava], ['biznes]
ocupação (f)	справа (ж)	['sprava]
firma, empresa (f)	фірма (ж)	['firma]
companhia (f)	кампанія (ж)	[kam'paniʲa]
corporação (f)	карпарацыя (ж)	[karpa'ratsʲʲa]
empresa (f)	прадпрыемства (н)	[pratpri'emstva]
agência (f)	агенцтва (н)	[a'hentstva]

acordo (documento)	дамова (ж)	[da'mɔva]
contrato (m)	кантракт (м)	[kan'trakt]
acordo (transação)	здзелка (ж)	['zʲdzelka]
pedido (m)	заказ (м)	[za'kas]
termos (m pl)	умова (ж)	[u'mɔva]

por atacado	оптам	['ɔptam]
por atacado (adj)	аптовы	[ap'tɔvi]
venda (f) por atacado	продаж (м) оптам	[prɔdaʃ 'ɔptam]
a varejo	рознічны	['rɔzʲnitʃni]
venda (f) a varejo	продаж (м) у розніцу	['prɔdaʃ u 'rɔzʲnitsu]

concorrente (m)	канкурэнт (м)	[kanku'rɛnt]
concorrência (f)	канкурэнцыя (ж)	[kanku'rɛntsiʲa]
competir (vi)	канкурыраваць	[kanku'riravatsʲ]

sócio (m)	партнёр (м)	[part'nʲor]
parceria (f)	партнёрства (н)	[part'nʲorstva]

crise (f)	крызіс (м)	['krizis]
falência (f)	банкруцтва (н)	[bank'rutstva]
entrar em falência	збанкрутаваць	[zbankruta'vatsʲ]
dificuldade (f)	цяжкасць (ж)	['tsʲaʃkastsʲ]
problema (m)	праблема (ж)	[prab'lema]
catástrofe (f)	катастрофа (ж)	[kata'strɔfa]

economia (f)	эканоміка (ж)	[ɛka'nɔmika]
econômico (adj)	эканамічны	[ɛkana'mitʃni]
recessão (f) econômica	эканамічны спад (м)	[ɛkana'mitʃni 'spat]

objetivo (m)	мэта (ж)	['mɛta]
tarefa (f)	задача (ж)	[za'datʃa]
comerciar (vi, vt)	гандляваць	[handlʲa'vatsʲ]
rede (de distribuição)	сетка (ж)	['setka]

| estoque (m) | склад (м) | ['sklat] |
| sortimento (m) | асартымент (м) | [asarti'ment] |

líder (m)	лідэр (м)	['lidɛr]
grande (~ empresa)	буйны	[buj'nɨ]
monopólio (m)	манаполія (ж)	[mana'polⁱa]

teoria (f)	тэорыя (ж)	[tɛ'ɔrⁱa]
prática (f)	практыка (ж)	['praktɨka]
experiência (f)	вопыт (м)	['vɔpɨt]
tendência (f)	тэндэнцыя (ж)	[tɛn'dɛntsⁱa]
desenvolvimento (m)	развіццё (н)	[razⁱvi'tsⁱo]

105. Processos negociais. Parte 2

| rentabilidade (f) | выгада (ж) | ['vɨɦada] |
| rentável (adj) | выгадны | ['vɨɦadnɨ] |

delegação (f)	дэлегацыя (ж)	[dɛle'ɦatsⁱa]
salário, ordenado (m)	заработная плата (ж)	[zara'bɔtnaⁱa 'plata]
corrigir (~ um erro)	выпраўляць	[vɨpraw'lⁱatsⁱ]
viagem (f) de negócios	камандзіроўка (ж)	[kamandzi'rɔwka]
comissão (f)	камісія (ж)	[ka'misⁱa]

| controlar (vt) | кантрал
яваць | [kantralⁱa'vatsⁱ] |
conferência (f)	канферэнцыя (ж)	[kanfe'rɛntsⁱa]
licença (f)	ліцэнзія (ж)	[li'tsɛnziⁱa]
confiável (adj)	надзейны	[na'dzejnɨ]

empreendimento (m)	пачынанне (н)	[patʃⁱ'nanne]
norma (f)	норма (ж)	['nɔrma]
circunstância (f)	акалічнасць (ж)	[aka'litʃnastsⁱ]
dever (do empregado)	абавязак (м)	[aba'vⁱazak]

empresa (f)	арганізацыя (ж)	[arɦani'zatsⁱa]
organização (f)	арганізацыя (ж)	[arɦani'zatsⁱa]
organizado (adj)	арганізаваны	[arɦaniza'vanɨ]
anulação (f)	скасаванне (н)	[skasa'vanne]
anular, cancelar (vt)	скасаваць	[skasa'vatsⁱ]
relatório (m)	справаздача (ж)	[sprava'zdatʃa]

patente (f)	патэнт (м)	[pa'tɛnt]
patentear (vt)	патэнтаваць	[patɛnta'vatsⁱ]
planejar (vt)	планаваць	[plana'vatsⁱ]

bônus (m)	прэмія (ж)	['prɛmiⁱa]
profissional (adj)	прафесійны	[prafe'sijnɨ]
procedimento (m)	працэдура (ж)	[pratsɛ'dura]

examinar (~ a questão)	разгледзець	[raz'ɦledzetsⁱ]
cálculo (m)	разлік (м)	[raz'lik]
reputação (f)	рэпутацыя (ж)	[rɛpu'tatsⁱa]
risco (m)	рызыка (ж)	['rɨzika]
dirigir (~ uma empresa)	кіраваць	[kira'vatsⁱ]

informação (f)	звесткі (ж мн)	['z'vestki]
propriedade (f)	уласнасць (ж)	[u'lasnasts']
união (f)	саюз (м)	[sa'ʉs]

seguro (m) de vida	страхаванне (н) жыцця	[straha'vanne ʒi'ts'a]
fazer um seguro	страхаваць	[straha'vats']
seguro (m)	страхоўка (ж)	[stra'howka]

leilão (m)	таргі (м мн)	[tar'hi]
notificar (vt)	паведаміць	[pa'vedamits']
gestão (f)	кіраванне (н)	[kira'vanne]
serviço (indústria de ~s)	паслуга (ж)	[pas'luha]

fórum (m)	форум (м)	['fɔrum]
funcionar (vi)	функцыянаваць	[funktsi'ana'vats']
estágio (m)	этап (м)	[ɛ'tap]
jurídico, legal (adj)	юрыдычны	[ʉri'ditʃni]
advogado (m)	юрыст (м)	[ʉ'rist]

106. Produção. Trabalhos

usina (f)	завод (м)	[za'vɔt]
fábrica (f)	фабрыка (ж)	['fabrika]
oficina (f)	цэх (м)	['tsch]
local (m) de produção	вытворчасць (ж)	[vit'vɔrtʃasts']

indústria (f)	прамысловасць (ж)	[prami'slovasts']
industrial (adj)	прамысловы	[prami'slovi]
indústria (f) pesada	цяжкая прамысловасць (ж)	[ts'a'ʃka'a prami'slovasts']
indústria (f) ligeira	лёгкая прамысловасць (ж)	['l'ohka'a prami'slovasts']

produção (f)	прадукцыя (ж)	[pra'duktsi'a]
produzir (vt)	вырабляць	[virab'l'ats']
matérias-primas (f pl)	сыравіна (ж)	[sira'vina]

chefe (m) de obras	брыгадзір (м)	[briha'dzir]
equipe (f)	брыгада (ж)	[bri'hada]
operário (m)	рабочы (м)	[ra'bɔtʃi]

dia (m) de trabalho	працоўны дзень (м)	[pra'tsɔwni 'dzen']
intervalo (m)	перапынак (м)	[pera'pinak]
reunião (f)	сход (м)	['shɔt]
discutir (vt)	абмяркоўваць	[abm'ar'kɔwvats']

plano (m)	план (м)	['plan]
cumprir o plano	выконваць план	[vi'kɔnvats' 'plan]
taxa (f) de produção	норма (ж)	['nɔrma]
qualidade (f)	якасць (ж)	['jakasts']
controle (m)	кантроль (м)	[kan'trɔl']
controle (m) da qualidade	кантроль (м) якасці	[kan'trɔl' 'jakas'tsi]

segurança (f) no trabalho	бяспека (ж) працы	[b'as'peka 'pratsi]
disciplina (f)	дысцыпліна (ж)	[distsip'lina]
infração (f)	парушэнне (н)	[paru'ʃɛnne]

violar (as regras)	парушаць	[paru'ʃatsʲ]
greve (f)	забастоўка (ж)	[zaba'stɔwka]
grevista (m)	забастоўшчык (м)	[zaba'stɔwʃɕik]
estar em greve	баставаць	[basta'vatsʲ]
sindicato (m)	прафсаюз (м)	[prafsa'ʉs]

inventar (vt)	вынаходзіць	[vina'hɔdzitsʲ]
invenção (f)	вынаходка (ж)	[vina'hɔtka]
pesquisa (f)	даследаванне (н)	[da'sledavanne]
melhorar (vt)	паляпшаць	[palʲap'ʃatsʲ]
tecnologia (f)	тэхналогія (ж)	[tɛhna'lɔhiʲa]
desenho (m) técnico	чарцёж (м)	[ʧar'tsʲoʃ]

carga (f)	груз (м)	['ɦrus]
carregador (m)	грузчык (м)	['ɦruʃɕik]
carregar (o caminhão, etc.)	грузіць	[ɦru'zitsʲ]
carregamento (m)	пагрузка (ж)	[pa'ɦruska]
descarregar (vt)	разгружаць	[razɦru'ʒatsʲ]
descarga (f)	разгрузка (ж)	[raz'ɦruska]

transporte (m)	транспарт (м)	['transpart]
companhia (f) de transporte	транспартная кампанія (ж)	[transpartnaʲa kam'paniʲa]
transportar (vt)	транспартаваць	[transparta'vatsʲ]

vagão (m) de carga	вагон (м)	[va'ɦɔn]
tanque (m)	цыстэрна (ж)	[tsis'tɛrna]
caminhão (m)	грузавік (м)	[ɦruza'vik]

| máquina (f) operatriz | станок (м) | [sta'nɔk] |
| mecanismo (m) | механізм (м) | [meha'nizm] |

resíduos (m pl) industriais	адыходы (м мн)	[adi'hɔdi]
embalagem (f)	пакаванне (н)	[paka'vanne]
embalar (vt)	упакаваць	[upaka'vatsʲ]

107. Contrato. Acordo

contrato (m)	кантракт (м)	[kan'trakt]
acordo (m)	пагадненне (н)	[paɦad'nenne]
adendo, anexo (m)	дадатак (м)	[da'datak]

assinar o contrato	заключыць кантракт	[zaklʉ'ʧɨtsʲ kan'trakt]
assinatura (f)	подпіс (м)	['pɔtpis]
assinar (vt)	падпісаць	[patpi'satsʲ]
carimbo (m)	пячатка (ж)	[pʲa'ʧatka]

objeto (m) do contrato	прадмет (м) дамовы	[prad'met da'mɔvi]
cláusula (f)	пункт (м)	['punkt]
partes (f pl)	бакі (м мн)	[ba'ki]
domicílio (m) legal	юрыдычны адрас (м)	[ʉri'diʧni 'adras]

violar o contrato	парушыць кантракт	[pa'ruʃɨtsʲ kan'trakt]
obrigação (f)	абавязацельства (н)	[abavʲaza'tselʲstva]
responsabilidade (f)	адказнасць (ж)	[at'kaznastsʲ]

força (f) maior	форс-мажор (м)	[fɔrs ma'ʒɔr]
litígio (m), disputa (f)	спрэчка (ж)	['sprɛtʃka]
multas (f pl)	штрафныя санкцыі (ж мн)	[ʃtrafʲnʲʲa 'sanktsii]

108. Importação & Exportação

importação (f)	імпарт (м)	['impart]
importador (m)	імпарцёр (м)	[impar'tsʲor]
importar (vt)	імпартаваць	[imparta'vatsʲ]
de importação	імпартны	['impartni]

exportação (f)	экспарт (ж)	['ɛkspart]
exportador (m)	экспарцёр (м)	[ɛkspar'tsʲor]
exportar (vt)	экспартаваць	[ɛksparta'vatsʲ]
de exportação	экспартны	['ɛkspartni]

| mercadoria (f) | тавар (м) | [ta'var] |
| lote (de mercadorias) | партыя (ж) | ['partiʲa] |

peso (m)	вага (ж)	[va'ɦa]
volume (m)	аб'ём (м)	[a'bʲʲom]
metro (m) cúbico	кубічны метр (м)	[ku'bitʃnʲ 'metr]

produtor (m)	вытворца (м)	[vit'vortsa]
companhia (f) de transporte	транспартная кампанія (ж)	[transpartnaʲa kam'paniʲa]
contêiner (m)	кантэйнер (м)	[kan'tɛjner]

fronteira (f)	мяжа (ж)	[mʲa'ʒa]
alfândega (f)	мытня (ж)	['mitnʲa]
taxa (f) alfandegária	мытная пошліна (ж)	[mitnaʲa 'poʃlina]
funcionário (m) da alfândega	мытнік (м)	['mitnik]
contrabando (atividade)	кантрабанда (ж)	[kantra'banda]
contrabando (produtos)	кантрабанда (ж)	[kantra'banda]

109. Finanças

ação (f)	акцыя (ж)	['aktsiʲa]
obrigação (f)	аблігацыя (ж)	[abli'ɦatsiʲa]
nota (f) promissória	вэксаль (м)	['vɛksalʲ]

| bolsa (f) de valores | біржа (ж) | ['birʒa] |
| cotação (m) das ações | курс (м) акцый | ['kurs 'aktsij] |

| tornar-se mais barato | патаннець | [pata'nnetsʲ] |
| tornar-se mais caro | падаражэць | [padara'ʒɛtsʲ] |

parte (f)	доля (ж), пай (м)	['dolʲa], ['paj]
participação (f) majoritária	кантрольны пакет (м)	[kan'trolʲnʲ pa'ket]
investimento (m)	інвестыцыі (ж мн)	[inves'titsii]
investir (vt)	інвесціраваць	[inves'tsiravatsʲ]
porcentagem (f)	працэнт (м)	[pra'tsɛnt]
juros (m pl)	працэнты (м мн)	[pra'tsɛnti]

lucro (m)	прыбытак (м)	[pri'bitak]
lucrativo (adj)	прыбыткоВы	[pribit'kɔvi]
imposto (m)	падатак (м)	[pa'datak]

divisa (f)	валюта (ж)	[va'lʉta]
nacional (adj)	нацыянальны	[natsʲa'nalʲni]
câmbio (m)	абмен (м)	[ab'men]

contador (m)	бухгалтар (м)	[buh'ɦaltar]
contabilidade (f)	бухгалтэрыя (ж)	[buhɦal'tɛrʲa]

falência (f)	банкруцтва (н)	[bank'rutstva]
falência, quebra (f)	крах (м)	['krah]
ruína (f)	згаленне (н)	[zɦa'lenne]
estar quebrado	згалець	[zɦa'letsʲ]
inflação (f)	інфляцыя (ж)	[in'flʲatsʲa]
desvalorização (f)	дэвальвацыя (ж)	[dɛvalʲ'vatsʲa]

capital (m)	капітал (м)	[kapi'tal]
rendimento (m)	даход (м)	[da'hɔt]
volume (m) de negócios	абарот (м)	[aba'rɔt]
recursos (m pl)	рэсурсы (м мн)	[rɛ'sursi]
recursos (m pl) financeiros	грашовыя сродкі (м мн)	[ɦra'ʃɔvʲa 'srɔtki]
despesas (f pl) gerais	накладныя выдаткі (мн)	[naklad'nʲa vi'datki]
reduzir (vt)	скараціць	[skara'tsitsʲ]

110. Marketing

marketing (m)	маркетынг (м)	['marketinɦ]
mercado (m)	рынак (м)	['rinak]
segmento (m) do mercado	сегмент (м) рынку	[seɦ'ment 'rinku]

produto (m)	прадукт (м)	[pra'dukt]
mercadoria (f)	тавар (м)	[ta'var]

marca (f) registrada	гандлёвая марка (ж)	[ɦand'lʲɔvaʲa 'marka]
logotipo (m)	фірмовы знак (м)	[fir'mɔvi z'nak]
logo (m)	лагатып (м)	[laɦa'tip]

demanda (f)	попыт (м)	['pɔpit]
oferta (f)	прапанаванне (н)	[prapana'vanne]

necessidade (f)	патрэба (ж)	[pa'trɛba]
consumidor (m)	спажывец (м)	[spaʒi'vets]

análise (f)	аналіз (м)	[a'nalis]
analisar (vt)	аналізаваць	[analiza'vatsʲ]

posicionamento (m)	пазіцыянаванне (н)	[pazitsʲana'vanne]
posicionar (vt)	пазіцыянаваць	[pazitsʲana'vatsʲ]

preço (m)	цана (ж)	[tsa'na]
política (f) de preços	цэнавая палітыка (ж)	['tsɛnavaʲa pa'litika]
formação (f) de preços	цэнаўтварэнне (н)	[tsɛnawtva'rɛnne]

111. Publicidade

publicidade (f)	рэклама (ж)	[rɛk'lama]
fazer publicidade	рэкламаваць	[rɛklama'vatsʲ]
orçamento (m)	бюджэт (м)	[bʉ'dʒɛt]
anúncio (m)	рэклама (ж)	[rɛk'lama]
publicidade (f) na TV	тэлерэклама (ж)	[tɛlerɛk'lama]
publicidade (f) na rádio	рэклама (ж) на радыё	[rɛk'lama na 'radʲo]
publicidade (f) exterior	вонкавая рэклама (ж)	['vɔnkavaʲa rɛk'lama]
comunicação (f) de massa	сродкі (м мн) масавай інфармацыі	['srɔtki 'masavaj infar'matsʲi]
periódico (m)	перыядычнае выданне (н)	[periʲa'ditʃnae vɨ'danne]
imagem (f)	імідж (м)	['imitʃ]
slogan (m)	лозунг (м)	['lɔzunɦ]
mote (m), lema (f)	дэвіз (м)	[dɛ'vis]
campanha (f)	кампанія (ж)	[kam'paniʲa]
campanha (f) publicitária	рэкламная кампанія (ж)	[rɛk'lamnaʲa kam'paniʲa]
grupo (m) alvo	мэтавая аўдыторыя (ж)	['mɛtavaʲa awdi'toriʲa]
cartão (m) de visita	візітная картка (ж)	[vi'zitnaʲa 'kartka]
panfleto (m)	лістоўка (ж)	[lis'towka]
brochura (f)	брашура (ж)	[bra'ʃura]
folheto (m)	буклет (м)	[buk'let]
boletim (~ informativo)	бюлетэнь (м)	[bʉle'tɛnʲ]
letreiro (m)	шыльда (ж)	['ʃilʲda]
cartaz, pôster (m)	плакат (м)	[pla'kat]
painel (m) publicitário	рэкламны шчыт (м)	[rɛk'lamnɨ 'ʃɕit]

112. Banca

banco (m)	банк (м)	['bank]
balcão (f)	аддзяленне (н)	[adzʲa'lenne]
consultor (m) bancário	кансультант (м)	[kansulʲ'tant]
gerente (m)	загадчык (м)	[za'ɦatʃik]
conta (f)	рахунак (м)	[ra'hunak]
número (m) da conta	нумар (м) рахунку	['numar ra'hunku]
conta (f) corrente	бягучы рахунак (м)	[bʲa'hutʃi ra'hunak]
conta (f) poupança	назапашвальны рахунак (м)	[naza'paʃvalʲnɨ ra'hunak]
abrir uma conta	адкрыць рахунак	[atk'ritsʲ ra'hunak]
fechar uma conta	закрыць рахунак	[za'kritsʲ ra'hunak]
depositar na conta	пакласці на рахунак	[pa'klasʲtsi na ra'hunak]
sacar (vt)	зняць з рахунку	['znʲatsʲ z ra'hunku]
depósito (m)	уклад (м)	[u'klat]
fazer um depósito	зрабіць уклад	[zra'bitsʲ u'klat]

| transferência (f) bancária | перавод (м) | [pera'vɔt] |
| transferir (vt) | зрабіць перавод | [zra'bitsʲ pera'vɔt] |

| soma (f) | сума (ж) | ['suma] |
| Quanto? | Колькі? | ['kolʲki] |

| assinatura (f) | подпіс (м) | ['pɔtpis] |
| assinar (vt) | падпісаць | [patpi'satsʲ] |

cartão (m) de crédito	крэдытная картка (ж)	[krɛ'ditnaʲa 'kartka]
senha (f)	код (м)	['kɔt]
número (m) do cartão de crédito	нумар (м) крэдытнай карткі	['numar krɛ'ditnaj 'kartki]
caixa (m) eletrônico	банкамат (м)	[banka'mat]

cheque (m)	чэк (м)	['tʃɛk]
passar um cheque	выпісаць чэк	['vipisatsʲ 'tʃɛk]
talão (m) de cheques	чэкавая кніжка (ж)	['tʃɛkavaʲa 'kniʃka]

empréstimo (m)	крэдыт (м)	[krɛ'dit]
pedir um empréstimo	звяртацца па крэдыт	[zvʲar'tatsa pa krɛ'dit]
obter empréstimo	браць крэдыт	['bratsʲ krɛ'dit]
dar um empréstimo	даваць крэдыт	[da'vatsʲ krɛ'dit]
garantia (f)	гарантыя (ж)	[ɦa'rantʲʲa]

113. Telefone. Conversação telefônica

telefone (m)	тэлефон (м)	[tɛle'fɔn]
celular (m)	мабільны тэлефон (м)	[ma'bilʲni tɛle'fɔn]
secretária (f) eletrônica	аўтаадказчык (м)	[awtaat'kaʃɕik]

| fazer uma chamada | тэлефанаваць | [tɛlefana'vatsʲ] |
| chamada (f) | тэлефанаванне (н) | [tɛlefana'vanne] |

discar um número	набраць нумар	[nab'ratsʲ 'numar]
Alô!	алё!	[a'lʲo]
perguntar (vt)	спытаць	[spi'tatsʲ]
responder (vt)	адказаць	[atka'zatsʲ]

ouvir (vt)	чуць	['tʃutsʲ]
bem	добра	['dɔbra]
mal	дрэнна	['drɛnna]
ruído (m)	перашкоды (ж мн)	[pera'ʃkɔdi]

fone (m)	трубка (ж)	['trupka]
pegar o telefone	зняць трубку	['znʲatsʲ 'trupku]
desligar (vi)	пакласці трубку	[pa'klasʲtsi 'trupku]

ocupado (adj)	заняты	[za'nʲati]
tocar (vi)	званіць	[zva'nitsʲ]
lista (f) telefônica	тэлефонная кніга (ж)	[tɛle'fɔnnaʲa 'kniɦa]

| local (adj) | мясцовы | [mʲas'tsovi] |
| chamada (f) local | мясцовы званок (м) | [mʲas'tsovi zva'nok] |

de longa distância	міжгародні	[miʒɦa'rɔdni]
chamada (f) de longa distância	міжгародні званок (м)	[miʒɦa'rɔdni zva'nok]
internacional (adj)	міжнародны	[miʒna'rɔdni]
chamada (f) internacional	міжнародны званок (м)	[miʒna'rɔdnɨ zva'nok]

114. Telefone móvel

celular (m)	мабільны тэлефон (м)	[ma'bilʲnɨ tɛle'fɔn]
tela (f)	дысплей (м)	[dɨs'plej]
botão (m)	кнопка (ж)	['knɔpka]
cartão SIM (m)	SIM-картка (ж)	[sim'kartka]
bateria (f)	батарэя (ж)	[bata'rɛʲa]
descarregar-se (vr)	разрадзіцца	[razra'dzitsa]
carregador (m)	зарадная прылада (ж)	[za'radnaʲa pri'lada]
menu (m)	меню (н)	[me'nʉ]
configurações (f pl)	наладкі (ж мн)	[na'latki]
melodia (f)	мелодыя (ж)	[me'lɔdiʲa]
escolher (vt)	выбраць	['vibratsʲ]
calculadora (f)	калькулятар (м)	[kalʲku'lʲatar]
correio (m) de voz	галасавая пошта (ж)	[ɦalasa'vaja 'pɔʃta]
despertador (m)	будзільнік (м)	[bu'dzilʲnik]
contatos (m pl)	тэлефонная кніга (ж)	[tɛle'fɔnnaʲa 'kniɦa]
mensagem (f) de texto	SMS-паведамленне (н)	[ɛsɛ'mɛs pavedam'lenne]
assinante (m)	абанент (м)	[aba'nent]

115. Estacionário

caneta (f)	аўтаручка (ж)	[awta'rutʃka]
caneta (f) tinteiro	ручка (ж) пёравая	['rutʃka 'pʲoravaʲa]
lápis (m)	аловак (м)	[a'lɔvak]
marcador (m) de texto	маркёр (м)	[mar'kʲor]
caneta (f) hidrográfica	фламастэр (м)	[fla'mastɛr]
bloco (m) de notas	блакнот (м)	[blak'nɔt]
agenda (f)	штодзённік (м)	[ʃtɔ'dzʲonnik]
régua (f)	лінейка (ж)	[li'nejka]
calculadora (f)	калькулятар (м)	[kalʲku'lʲatar]
borracha (f)	сцірка (ж)	['stsirka]
alfinete (m)	кнопка (ж)	['knɔpka]
clipe (m)	сашчэпка (ж)	[sa'ʃɕɛpka]
cola (f)	клей (м)	['klej]
grampeador (m)	стэплер (м)	['stɛpler]
furador (m) de papel	дзіркакол (м)	[dzirka'kɔl]
apontador (m)	тачылка (ж)	[ta'tʃɨlka]

116. Vários tipos de documentos

relatório (m)	справаздача (ж)	[sprava'zdatʃa]
acordo (m)	пагадненне (н)	[paɦad'nenne]
ficha (f) de inscrição	заяўка (ж)	[za'ʲawka]
autêntico (adj)	сапраўдны	[sa'prawdnɨ]
crachá (m)	бэдж (м)	['bɛdʃ]
cartão (m) de visita	візітная картка (ж)	[vi'zitnaʲa 'kartka]

certificado (m)	сертыфікат (м)	[sertifi'kat]
cheque (m)	чэк (м)	['ʧɛk]
conta (f)	рахунак (м)	[ra'hunak]
constituição (f)	канстытуцыя (ж)	[kansti'tutsɨʲa]

contrato (m)	дамова (ж)	[da'mɔva]
cópia (f)	копія (ж)	['kɔpiʲa]
exemplar (~ assinado)	экземпляр (м)	[ɛgzem'plʲar]

declaração (f) alfandegária	дэкларацыя (ж)	[dɛkla'ratsɨʲa]
documento (m)	дакумент (м)	[daku'ment]
carteira (f) de motorista	вадзіцельскія правы (мн)	[va'dzitselʲskiʲa pra'vɨ]
adendo, anexo (m)	дадатак (м)	[da'datak]
questionário (m)	анкета (ж)	[an'keta]

carteira (f) de identidade	пасведчанне (н)	[pas'vetʃanne]
inquérito (m)	запыт (м)	['zapɨt]
convite (m)	запрашальны білет (м)	[zapra'ʃalʲnɨ bi'let]
fatura (f)	рахунак (м)	[ra'hunak]

lei (f)	закон (м)	[za'kɔn]
carta (correio)	ліст (м)	['list]
papel (m) timbrado	бланк (м)	['blank]
lista (f)	спіс (м)	['spis]
manuscrito (m)	рукапіс (м)	['rukapis]
boletim (~ informativo)	бюлетэнь (м)	[bʉle'tɛnʲ]
bilhete (mensagem breve)	запіска (ж)	[za'piska]

passe (m)	пропуск (м)	['prɔpusk]
passaporte (m)	пашпарт (м)	['paʃpart]
permissão (f)	дазвол (м)	[daz'vɔl]
currículo (m)	рэзюмэ (н)	[rɛzʉ'mɛ]
nota (f) promissória	распіска (ж)	[ras'piska]
recibo (m)	квітанцыя (ж)	[kvi'tantsɨʲa]
talão (f)	чэк (м)	['ʧɛk]
relatório (m)	рапарт (м)	['rapart]

mostrar (vt)	прад'яўляць	[prad'ʲaw'lʲatsʲ]
assinar (vt)	падпісаць	[patpi'satsʲ]
assinatura (f)	подпіс (м)	['potpis]
carimbo (m)	пячатка (ж)	[pʲa'ʧatka]
texto (m)	тэкст (м)	['tɛkst]
ingresso (m)	білет (м)	[bi'let]

riscar (vt)	закрэсліць	[za'krɛslitsʲ]
preencher (vt)	запоўніць	[za'pɔwnitsʲ]

| carta (f) de porte | накладная (ж) | [naklad'na^ja] |
| testamento (m) | завяшчанне (н) | [zav^ja'ɕanne] |

117. Tipos de negócios

serviços (m pl) de contabilidade	бухгалтарскія паслугі (ж мн)	[buh'ɦaltarski^ja pas'luɦi]
publicidade (f)	рэклама (ж)	[rɛk'lama]
agência (f) de publicidade	рэкламнае агенцтва (н)	[rɛk'lamnae a'ɦentstva]
ar (m) condicionado	кандыцыянеры (м мн)	[kandɨtsi^ja'neri]
companhia (f) aérea	авіякампанія (ж)	[avi^jakam'pani^ja]

bebidas (f pl) alcoólicas	спіртныя напіткі (м мн)	[spirt'ni^ja na'pitki]
comércio (m) de antiguidades	антыкварыят (м)	[antikvari^jat]
galeria (f) de arte	галерэя (ж)	[ɦale'rɛ^ja]
serviços (m pl) de auditoria	аўдытарскія паслугі (ж мн)	[aw'ditarski^ja pas'luɦi]

negócios (m pl) bancários	банкаўскі бізнэс (м)	['bankawski 'biznɛs]
bar (m)	бар (м)	['bar]
salão (m) de beleza	салон (м) прыгажосці	[sa'lɔn priɦa'ʒɔs^jtsi]
livraria (f)	кнігарня (ж)	[kni'ɦarn^ja]
cervejaria (f)	бровар (м)	['brɔvar]
centro (m) de escritórios	бізнэс-цэнтр (м)	['biznɛs 'tsɛntr]
escola (f) de negócios	бізнэс-школа (ж)	['biznɛs 'ʃkɔla]

cassino (m)	казіно (н)	[kazi'nɔ]
construção (f)	будаўніцтва (н)	[budaw'nitstva]
consultoria (f)	кансалтынг (м)	[kan'saltinɦ]

clínica (f) dentária	стаматалогія (н)	[stamata'lɔɦi^ja]
design (m)	дызайн (м)	[di'zajn]
drogaria (f)	аптэка (ж)	[ap'tɛka]
lavanderia (f)	хімчыстка (ж)	[him'tʃistka]
agência (f) de emprego	кадравае агенцтва (н)	['kadravae a'ɦentstva]

serviços (m pl) financeiros	фінансавыя паслугі (ж мн)	[fi'nansavɨ^ja pas'luɦi]
alimentos (m pl)	прадукты (м мн) харчаванння	[pra'dukti hartʃa'vann^ja]
funerária (f)	пахавальнае бюро (н)	[paha'val^jnae bʉ'rɔ]
mobiliário (m)	мэбля (ж)	['mɛbl^ja]
roupa (f)	адзенне (н)	[a'dzenne]
hotel (m)	гасцініца (ж)	[ɦas'tsinitsa]

sorvete (m)	марожанае (н)	[ma'rɔʒanae]
indústria (f)	прамысловасць (ж)	[pramɨ'slɔvasts^j]
seguro (~ de vida, etc.)	страхаванне (н)	[straha'vanne]
internet (f)	Інтэрнэт (м)	[intɛr'nɛt]
investimento (m)	інвестыцыі (ж мн)	[inves'titsii]

joalheiro (m)	ювелір (м)	[ʉve'lir]
joias (f pl)	ювелірныя вырабы (м мн)	[ʉve'lirni^ja 'virabi]
lavanderia (f)	пральня (ж)	['praln^ja]
assessorias (f pl) jurídicas	юрыдычныя паслугі (ж мн)	[ʉri'ditʃni^ja pas'luɦi]
indústria (f) ligeira	лёгкая прамысловасць (ж)	['l^johka^ja pramɨ'slɔvasts^j]
revista (f)	часопіс (м)	[tʃa'sɔpis]

vendas (f pl) por catálogo	гандаль (м) па каталозе	['ɦandalʲ pa kata'lɔze]
medicina (f)	медыцына (ж)	[medɨ'tsɨna]
cinema (m)	кінатэатр (м)	[kinatɛ'atr]
museu (m)	музей (м)	[mu'zej]
agência (f) de notícias	інфармацыйнае агенцтва (н)	[infarma'tsɨjnae a'ɦentstva]
jornal (m)	газета (ж)	[ɦa'zeta]
boate (casa noturna)	начны клуб (м)	[natʃ'nɨ 'klup]
petróleo (m)	нафта (ж)	['nafta]
serviços (m pl) de remessa	кур'ерская служба (ж)	[kur"erskaʲa 'sluʒba]
indústria (f) farmacêutica	фармацэўтыка (ж)	[farma'tsɛwtika]
tipografia (f)	паліграфія (ж)	[pali'ɦrafiʲa]
editora (f)	выдавецтва (н)	[vɨda'vetstva]
rádio (m)	радыё (н)	['radʲo]
imobiliário (m)	нерухомасць (ж)	[neru'ɦɔmastsʲ]
restaurante (m)	рэстаран (м)	[rɛsta'ran]
empresa (f) de segurança	ахоўнае агенцтва (н)	[a'ɦɔwnae a'ɦentstva]
esporte (m)	спорт (м)	['spɔrt]
bolsa (f) de valores	біржа (ж)	['birʒa]
loja (f)	крама (ж)	['krama]
supermercado (m)	супермаркет (м)	[super'market]
piscina (f)	басейн (м)	[ba'sejn]
alfaiataria (f)	атэлье (н)	[atɛ'lʲe]
televisão (f)	тэлебачанне (н)	[tɛle'batʃanne]
teatro (m)	тэатр (м)	[tɛ'atr]
comércio (m)	гандаль (м)	['ɦandalʲ]
serviços (m pl) de transporte	перавозкі (ж мн)	[pera'vɔski]
viagens (f pl)	турызм (м)	[tu'rizm]
veterinário (m)	ветэрынар (м)	[vetɛrɨ'nar]
armazém (m)	склад (м)	['sklat]
recolha (f) do lixo	вываз (м) смецця	['vɨvas 'smetsʲa]

Emprego. Negócios. Parte 2

118. Espetáculo. Feira

feira, exposição (f)	выстава (ж)	[vis'tava]
feira (f) comercial	гандлёвая выстава (ж)	[ɦand'lʲovaʲa vis'tava]
participação (f)	удзел (м)	[u'dzel]
participar (vi)	удзельнічаць	[u'dzelʲnitʃatsʲ]
participante (m)	удзельнік (м)	[u'dzelʲnik]
diretor (m)	дырэктар (м)	[di'rɛktar]
direção (f)	дырэкцыя (ж),	[di'rɛktsʲʲa],
	аргкамітэт (м)	[arɦkami'tɛt]
organizador (m)	арганізатар (м)	[arɦani'zatar]
organizar (vt)	арганізоўваць	[arɦani'zɔwvatsʲ]
ficha (f) de inscrição	заяўка (ж) на ўдзел	[za'ʲawka na u'dzel]
preencher (vt)	запоўніць	[za'pɔwnitsʲ]
detalhes (m pl)	дэталі (ж мн)	[dɛ'tali]
informação (f)	інфармацыя (ж)	[infar'matsʲʲa]
preço (m)	цана (ж)	[tsa'na]
incluindo	уключаючы	[uklʉ'tʃajutʃɨ]
incluir (vt)	уключаць	[uklʉ'tʃatsʲ]
pagar (vt)	плаціць	[pla'tsitsʲ]
taxa (f) de inscrição	рэгістрацыйны ўзнос (м)	[rɛɦistra'tsijnɨ 'wznɔs]
entrada (f)	уваход (м)	[uva'ɦɔt]
pavilhão (m), salão (f)	павільён (м)	[pavi'lʲjon]
inscrever (vt)	рэгістраваць	[rɛɦistra'vatsʲ]
crachá (m)	бэдж (м)	['bɛdʃ]
stand (m)	стэнд (м)	['stɛnt]
reservar (vt)	рэзерваваць	[rɛzerva'vatsʲ]
vitrine (f)	вітрына (ж)	[vit'rina]
lâmpada (f)	свяцільня (ж)	[svʲa'tsilʲnʲa]
design (m)	дызайн (м)	[di'zajn]
pôr (posicionar)	размяшчаць	[razmʲa'ʃɕatsʲ]
ser colocado, -a	размяшчацца	[razmʲa'ʃɕatsa]
distribuidor (m)	дыстрыб'ютар (м)	[distrib"ʉtar]
fornecedor (m)	пастаўшчык (м)	[pastaw'ʃɕik]
fornecer (vt)	пастаўляць	[pastaw'lʲatsʲ]
país (m)	краіна (ж)	[kra'ina]
estrangeiro (adj)	замежны	[za'meʒnɨ]
produto (m)	прадукт (м)	[pra'dukt]
associação (f)	асацыяцыя (ж)	[asatsʲ'atsʲʲa]
sala (f) de conferência	канферэнц-зала (ж)	[kanfe'rɛnts 'zala]

| congresso (m) | кангрэс (м) | [kanɦ'rɛs] |
| concurso (m) | конкурс (м) | ['kɔnkurs] |

visitante (m)	наведвальнік (м)	[na'vedvalʲnik]
visitar (vt)	наведваць	[na'vedvatsʲ]
cliente (m)	заказчык (м)	[za'kaʃɕik]

119. Media

jornal (m)	газета (ж)	[ɦa'zeta]
revista (f)	часопіс (м)	[tʃa'sɔpis]
imprensa (f)	прэса (ж)	['prɛsa]
rádio (m)	радыё (н)	['radʲo]
estação (f) de rádio	радыёстанцыя (ж)	['radʲo 'stantsʲʲa]
televisão (f)	тэлебачанне (н)	[tɛle'batʃanne]

apresentador (m)	вядучы (м)	[vʲa'dutʃi]
locutor (m)	дыктар (м)	['diktar]
comentarista (m)	каментатар (м)	[kamen'tatar]

jornalista (m)	журналіст (м)	[ʒurna'list]
correspondente (m)	карэспандэнт (м)	[karɛspan'dɛnt]
repórter (m) fotográfico	фотакарэспандэнт (м)	['fɔta karɛspan'dɛnt]
repórter (m)	рэпарцёр (м)	[rɛpar'tsʲor]

| redator (m) | рэдактар (м) | [rɛ'daktar] |
| redator-chefe (m) | галоўны рэдактар (м) | [ɦa'lɔwnɨ rɛ'daktar] |

assinar a ...	падпісацца	[patpi'satsa]
assinatura (f)	падпіска (ж)	[pat'piska]
assinante (m)	падпісчык (м)	[pat'piʃɕik]
ler (vt)	чытаць	[tʃi'tatsʲ]
leitor (m)	чытач (м)	[tʃi'tatʃ]

tiragem (f)	тыраж (м)	[ti'raʃ]
mensal (adj)	штомесячны	[ʃtɔ'mesʲatʃnɨ]
semanal (adj)	штотыднёвы	[ʃtɔtid'nʲovɨ]
número (jornal, revista)	нумар (м)	['numar]
recente, novo (adj)	свежы	['sveʒɨ]

manchete (f)	загаловак (м)	[zaɦa'lɔvak]
pequeno artigo (m)	нататка (ж)	[na'tatka]
coluna (~ semanal)	рубрыка (ж)	['rubrika]
artigo (m)	артыкул (м)	[ar'tikul]
página (f)	старонка (ж)	[sta'rɔnka]

reportagem (f)	рэпартаж (м)	[rɛpar'taʃ]
evento (festa, etc.)	падзея (ж)	[pa'dzeʲa]
sensação (f)	сенсацыя (ж)	[sen'satsʲʲa]
escândalo (m)	скандал (м)	[skan'dal]
escandaloso (adj)	скандальны	[skan'dalʲnɨ]
grande (adj)	гучны	['ɦutʃnɨ]
programa (m)	перадача (ж)	[pera'datʃa]
entrevista (f)	інтэрв'ю (н)	[intɛr'vʲʉ]

| transmissão (f) ao vivo | прамая трансляцыя (ж) | [pra'maˈa trans'lˈatsˈa] |
| canal (m) | канал (м) | [ka'nal] |

120. Agricultura

agricultura (f)	сельская гаспадарка (ж)	[selˈskaˈa ɦaspa'darka]
camponês (m)	селянін (м)	[selˈa'nin]
camponesa (f)	сялянка (ж)	[sˈa'lˈanka]
agricultor, fazendeiro (m)	фермер (м)	['fermer]

| trator (m) | трактар (м) | ['traktar] |
| colheitadeira (f) | камбайн (м) | [kam'bajn] |

arado (m)	плуг (м)	['pluɦ]
arar (vt)	араць	[a'ratsˈ]
campo (m) lavrado	ралля (ж)	[ra'lˈa]
sulco (m)	баразна (ж)	[baraz'na]

semear (vt)	сеяць	['seˈatsˈ]
plantadeira (f)	сеялка (ж)	['seˈalka]
semeadura (f)	сяўба (ж)	[sˈaw'ba]

| foice (m) | каса (ж) | [ka'sa] |
| cortar com foice | касіць | [ka'sitsˈ] |

| pá (f) | лапата (ж) | [la'pata] |
| cavar (vt) | капаць | [ka'patsˈ] |

enxada (f)	матыка (ж)	[ma'tika]
capinar (vt)	палоць	[pa'lotsˈ]
erva (f) daninha	пустазелле (н)	[pusta'zelle]

regador (m)	палівачка (ж)	[pali'vatʃka]
regar (plantas)	паліваць	[pali'vatsˈ]
rega (f)	паліванне (н)	[pali'vanne]

| forquilha (f) | вілы (мн) | ['vili] |
| ancinho (m) | граблі (мн) | ['ɦrabli] |

fertilizante (m)	угнаенне (н)	[uɦna'enne]
fertilizar (vt)	угнойваць	[u'ɦnojvatsˈ]
estrume, esterco (m)	гной (м)	['ɦnoj]

campo (m)	поле (н)	['pole]
prado (m)	луг (м)	['luɦ]
horta (f)	агарод (м)	[aɦa'rot]
pomar (m)	сад (м)	['sat]

pastar (vt)	пасвіць	['pasvitsˈ]
pastor (m)	пастух (м)	[pas'tuh]
pastagem (f)	паша (ж)	['paʃa]

| pecuária (f) | жывёлагадоўля (ж) | [ʒiˈwˈolaɦa'dowlˈa] |
| criação (f) de ovelhas | авечкагадоўля (ж) | [awetʃkaɦa'dowlˈa] |

plantação (f)	плантацыя (ж)	[plan'tatsiᵢa]
canteiro (m)	градка (ж)	['ɦratka]
estufa (f)	парнік (м)	[par'nik]

| seca (f) | засуха (ж) | ['zasuha] |
| seco (verão ~) | засушлівы | [za'suʃivi] |

grão (m)	зерне (н)	['zerne]
cereais (m pl)	зерневыя (н мн)	['zerneviᵢa]
colher (vt)	збіраць	[zᵢbi'ratsᵢ]

moleiro (m)	млынар (м)	[mlⁱ'nar]
moinho (m)	млын (м)	['mlin]
moer (vt)	малоць	[ma'lɔtsⁱ]
farinha (f)	мука (ж)	[mu'ka]
palha (f)	салома (ж)	[sa'lɔma]

121. Construção. Processo de construção

canteiro (m) de obras	будоўля (ж)	[bu'dɔwlⁱa]
construir (vt)	будаваць	[buda'vatsⁱ]
construtor (m)	будаўнік (м)	[budaw'nik]

projeto (m)	праект (м)	[pra'ekt]
arquiteto (m)	архітэктар (м)	[arhi'tɛktar]
operário (m)	рабочы (м)	[ra'bɔtʃi]

fundação (f)	падмурак (м)	[pad'murak]
telhado (m)	дах (м)	['dah]
estaca (f)	паля (ж)	['palⁱa]
parede (f)	сцяна (ж)	[stsⁱa'na]

| colunas (f pl) de sustentação | арматура (ж) | [arma'tura] |
| andaime (m) | будаўнічыя рыштаванні (н мн) | [budaw'nitʃiᵢa riʃta'vanni] |

concreto (m)	бетон (м)	[be'tɔn]
granito (m)	граніт (м)	[ɦra'nit]
pedra (f)	камень (м)	['kamenⁱ]
tijolo (m)	цэгла (ж)	['tsɛkla]

areia (f)	пясок (м)	[pⁱa'sɔk]
cimento (m)	цэмент (м)	[tsɛ'ment]
emboço, reboco (m)	тынк (м)	['tink]
emboçar, rebocar (vt)	тынкаваць	[tinka'vatsⁱ]

tinta (f)	фарба (ж)	['farba]
pintar (vt)	фарбаваць	[farba'vatsⁱ]
barril (m)	бочка (ж)	['bɔtʃka]

grua (f), guindaste (m)	кран (м)	['kran]
erguer (vt)	паднімаць	[padni'matsⁱ]
baixar (vt)	апускаць	[apus'katsⁱ]
buldózer (m)	бульдозер (м)	[bulⁱ'dɔzer]

escavadora (f)	экскаватар (м)	[ɛkska'vatar]
caçamba (f)	коўш (м)	['kɔwʃ]
escavar (vt)	капаць	[ka'patsʲ]
capacete (m) de proteção	каска (ж)	['kaska]

122. Ciência. Investigação. Cientistas

ciência (f)	навука (ж)	[na'vuka]
científico (adj)	навуковы	[navu'kɔvi]
cientista (m)	навуковец (м)	[navu'kɔvets]
teoria (f)	тэорыя (ж)	[tɛ'ɔrʲa]
axioma (m)	аксіёма (ж)	[aksi'ⁱoma]
análise (f)	аналіз (м)	[a'nalis]
analisar (vt)	аналізаваць	[analiza'vatsʲ]
argumento (m)	аргумент (м)	[arɦu'ment]
substância (f)	рэчыва (н)	['rɛtʃiva]
hipótese (f)	гіпотэза (ж)	[ɦi'pɔtɛza]
dilema (m)	дылема (ж)	[di'lema]
tese (f)	дысертацыя (ж)	[diser'tatsʲa]
dogma (m)	догма (ж)	['dɔɦma]
doutrina (f)	дактрына (ж)	[dak'trina]
pesquisa (f)	даследаванне (н)	[da'sledavanne]
pesquisar (vt)	даследаваць	[da'sledavatsʲ]
testes (m pl)	кантроль (м)	[kan'trɔlʲ]
laboratório (m)	лабараторыя (ж)	[labara'tɔrʲa]
método (m)	метад (м)	['metat]
molécula (f)	малекула (ж)	[ma'lekula]
monitoramento (m)	маніторынг (м)	[mani'tɔrinɦ]
descoberta (f)	адкрыццё (н)	[atkri'tsʲo]
postulado (m)	пастулат (м)	[pastu'lat]
princípio (m)	прынцып (м)	['printsip]
prognóstico (previsão)	прагноз (м)	[praɦ'nɔs]
prognosticar (vt)	прагназіраваць	[praɦna'ziravatsʲ]
síntese (f)	сінтэз (м)	['sintɛs]
tendência (f)	тэндэнцыя (ж)	[tɛn'dɛntsʲa]
teorema (m)	тэарэма (ж)	[tɛa'rɛma]
ensinamentos (m pl)	вучэнне (н)	[vu'tʃɛnne]
fato (m)	факт (м)	['fakt]
expedição (f)	экспедыцыя (ж)	[ɛkspe'ditsʲa]
experiência (f)	эксперымент (м)	[ɛksperi'ment]
acadêmico (m)	акадэмік (м)	[aka'dɛmik]
bacharel (m)	бакалаўр (м)	[baka'lawr]
doutor (m)	доктар (м)	['dɔktar]
professor (m) associado	дацэнт (м)	[da'tsɛnt]
mestrado (m)	магістр (м)	[ma'ɦistr]
professor (m)	прафесар (м)	[pra'fesar]

Profissões e ocupações

123. Procura de emprego. Demissão

trabalho (m)	праца (ж)	['pratsa]
equipe (f)	штат (м)	['ʃtat]
pessoal (m)	персанал (м)	[persa'nal]
carreira (f)	кар'ера (ж)	[kar''era]
perspectivas (f pl)	перспектыва (ж)	[perspek'tiva]
habilidades (f pl)	майстэрства (н)	[maj'stɛrstva]
seleção (f)	падбор (м)	[pad'bɔr]
agência (f) de emprego	кадравае агенцтва (н)	['kadravae a'ɦentstva]
currículo (m)	рэзюмэ (н)	[rɛzʉ'mɛ]
entrevista (f) de emprego	сумоўе (н)	[su'mɔwe]
vaga (f)	вакансія (ж)	[va'kansiʲa]
salário (m)	заробак (м)	[za'rɔbak]
salário (m) fixo	аклад (м)	[ak'lat]
pagamento (m)	аплата (ж)	[a'plata]
cargo (m)	пасада (ж)	[pa'sada]
dever (do empregado)	абавязак (м)	[aba'vʲazak]
gama (f) de deveres	кола (н)	['kɔla]
ocupado (adj)	заняты	[za'nʲatɨ]
despedir, demitir (vt)	звольніць	['zvɔlʲnitsʲ]
demissão (f)	звальненне (н)	[zvalʲ'nenne]
desemprego (m)	беспрацоўе (н)	[bespra'tsɔwe]
desempregado (m)	беспрацоўны (м)	[bespra'tsɔwnʲi]
aposentadoria (f)	пенсія (ж)	['pensiʲa]
aposentar-se (vr)	пайсці на пенсію	[pajs'tsi na 'pensiʉ]

124. Gente de negócios

diretor (m)	дырэктар (м)	[dɨ'rɛktar]
gerente (m)	загадчык (м)	[za'ɦatʃɨk]
patrão, chefe (m)	кіраўнік (м)	[kiraw'nik]
superior (m)	начальнік (м)	[na'tʃalʲnik]
superiores (m pl)	начальства (н)	[na'tʃalʲstva]
presidente (m)	прэзідэнт (м)	[prɛzi'dɛnt]
chairman (m)	старшыня (ж)	[starʃɨ'nʲa]
substituto (m)	намеснік (м)	[na'mesnik]
assistente (m)	памочнік (м)	[pa'mɔtʃnik]

secretário (m)	сакратар (м)	[sakra'tar]
secretário (m) pessoal	асабісты сакратар (м)	[asa'bisti sakra'tar]
homem (m) de negócios	бізнэсмен (м)	[biznɛs'men]
empreendedor (m)	прадпрымальнік (м)	[pratpri'malʲnik]
fundador (m)	заснавальнік (м)	[zasna'valʲnik]
fundar (vt)	заснаваць	[zasna'vatsʲ]
principiador (m)	заснавальнік (м)	[zasna'valʲnik]
parceiro, sócio (m)	партнёр (м)	[part'nʲor]
acionista (m)	акцыянер (м)	[aktsʲiʲa'ner]
milionário (m)	мільянер (м)	[milʲa'ner]
bilionário (m)	мільярдэр (м)	[milʲar'dɛr]
proprietário (m)	уладальнік (м)	[ula'dalʲnik]
proprietário (m) de terras	землеўладальнік (м)	[zemlewla'dalʲnik]
cliente (m)	кліент (м)	[kli'ent]
cliente (m) habitual	сталы кліент (м)	[stali kli'ent]
comprador (m)	пакупнік (м)	[pakup'nik]
visitante (m)	наведвальнік (м)	[na'vedvalʲnik]
profissional (m)	прафесіянал (м)	[prafesiʲa'nal]
perito (m)	эксперт (м)	[ɛks'pert]
especialista (m)	спецыяліст (м)	[spetsʲiʲa'list]
banqueiro (m)	банкір (м)	[ban'kir]
corretor (m)	брокер (м)	['brɔker]
caixa (m, f)	касір (м)	[ka'sir]
contador (m)	бухгалтар (м)	[buh'ɦaltar]
guarda (m)	ахоўнік (м)	[a'ɦownik]
investidor (m)	інвестар (м)	[in'vestar]
devedor (m)	даўжнік (м)	[dawʒ'nik]
credor (m)	крэдытор (м)	[krɛdi'tɔr]
mutuário (m)	пазычальнік (м)	[pazi'tʃalʲnik]
importador (m)	імпарцёр (м)	[impar'tsʲor]
exportador (m)	экспарцёр (м)	[ɛkspar'tsʲor]
produtor (m)	вытворца (м)	[vit'vortsa]
distribuidor (m)	дыстрыб'ютар (м)	[distrib"ʉtar]
intermediário (m)	пасярэднік (м)	[pasʲa'rɛdnik]
consultor (m)	кансультант (м)	[kansulʲ'tant]
representante comercial	прадстаўнік (м)	[pratsstaw'nik]
agente (m)	агент (м)	[a'ɦent]
agente (m) de seguros	страхавы агент (м)	[straha'vi a'ɦent]

125. Profissões de serviços

cozinheiro (m)	повар (м)	['pɔvar]
chefe (m) de cozinha	шэф-повар (м)	[ʃɛf'pɔvar]

padeiro (m)	пекар (м)	['pekar]
barman (m)	бармэн (м)	[bar'mɛn]
garçom (m)	афіцыянт (м)	[afitsiʲant]
garçonete (f)	афіцыянтка (ж)	[afitsiʲantka]

advogado (m)	адвакат (м)	[adva'kat]
jurista (m)	юрыст (м)	[u'rist]
notário (m)	натарыус (м)	[na'tarius]

eletricista (m)	электрык (м)	[ɛ'lektrik]
encanador (m)	сантэхнік (м)	[san'tɛhnik]
carpinteiro (m)	цясляр (м)	[tsʲas'lʲar]

massagista (m)	масажыст (м)	[masa'ʒist]
massagista (f)	масажыстка (ж)	[masa'ʒistka]
médico (m)	урач (м)	[u'ratʃ]

taxista (m)	таксіст (м)	[tak'sist]
condutor (automobilista)	шафёр (м)	[ʃa'fʲor]
entregador (m)	кур'ер (м)	[kur''er]

camareira (f)	пакаёўка (ж)	[pakaʲowka]
guarda (m)	ахоўнік (м)	[a'hownik]
aeromoça (f)	сцюардэса (ж)	[sʲtsuar'dɛsa]

professor (m)	настаўнік (м)	[na'stawnik]
bibliotecário (m)	бібліятэкар (м)	[bibliʲa'tɛkar]
tradutor (m)	перакладчык (м)	[pera'klatʃik]
intérprete (m)	перакладчык (м)	[pera'klatʃik]
guia (m)	гід, экскурсавод (м)	['hit], [ɛkskursa'vɔt]

cabeleireiro (m)	цырульнік (м)	[tsi'rulʲnik]
carteiro (m)	паштальён (м)	[paʃta'lʲɔn]
vendedor (m)	прадавец (м)	[prada'vets]

jardineiro (m)	садоўнік (м)	[sa'dɔwnik]
criado (m)	слуга (м, ж)	[slu'ha]
criada (f)	служанка (ж)	[slu'ʒanka]
empregada (f) de limpeza	прыбіральшчыца (ж)	[pribi'ralʲʃɕitsa]

126. Profissões militares e postos

soldado (m) raso	радавы (м)	[rada'vi]
sargento (m)	сяржант (м)	[sʲar'ʒant]
tenente (m)	лейтэнант (м)	[lejtɛ'nant]
capitão (m)	капітан (м)	[kapi'tan]

major (m)	маёр (м)	[ma'ʲor]
coronel (m)	палкоўнік (м)	[pal'kownik]
general (m)	генерал (м)	[ɦene'ral]
marechal (m)	маршал (м)	['marʃal]
almirante (m)	адмірал (м)	[admi'ral]
militar (m)	вайсковец (м)	[vajs'kɔvets]
soldado (m)	салдат (м)	[sal'dat]

| oficial (m) | афіцэр (м) | [afi'tsɛr] |
| comandante (m) | камандзір (м) | [kaman'dzir] |

guarda (m) de fronteira	пагранічнік (м)	[paɦra'nitʃnik]
operador (m) de rádio	радыст (м)	[ra'dist]
explorador (m)	разведчык (м)	[raz'vetʃik]
sapador-mineiro (m)	сапёр (м)	[sa'pʲor]
atirador (m)	стралок (м)	[stra'lɔk]
navegador (m)	штурман (м)	['ʃturman]

127. Oficiais. Padres

| rei (m) | кароль (м) | [ka'rɔlʲ] |
| rainha (f) | каралева (ж) | [kara'leva] |

| príncipe (m) | прынц (м) | ['prints] |
| princesa (f) | прынцэса (ж) | [prin'tsɛsa] |

| czar (m) | цар (м) | ['tsar] |
| czarina (f) | царыца (ж) | [tsa'ritsa] |

presidente (m)	Прэзідэнт (м)	[prɛzi'dɛnt]
ministro (m)	міністр (м)	[mi'nistr]
primeiro-ministro (m)	прэм'ер-міністр (м)	[prɛm'ʲer mi'nistr]
senador (m)	сенатар (м)	[se'natar]

diplomata (m)	дыпламат (м)	[dipla'mat]
cônsul (m)	консул (м)	['kɔnsul]
embaixador (m)	пасол (м)	[pa'sɔl]
conselheiro (m)	саветнік (м)	[sa'vetnik]

funcionário (m)	чыноўнік (м)	[tʃi'nɔwnik]
prefeito (m)	прэфект (м)	[prɛ'fekt]
Presidente (m) da Câmara	мэр (м)	['mɛr]

| juiz (m) | суддзя (м) | [su'dzʲa] |
| procurador (m) | пракурор (м) | [praku'rɔr] |

missionário (m)	місіянер (м)	[misiʲa'ner]
monge (m)	манах (м)	[ma'nah]
abade (m)	абат (м)	[a'bat]
rabino (m)	рабін (м)	[ra'bin]

vizir (m)	візір (м)	[vi'zir]
xá (m)	шах (м)	['ʃah]
xeique (m)	шэйх (м)	['ʃɛjh]

128. Profissões agrícolas

abelheiro (m)	пчаляр (м)	[ptʃa'lʲar]
pastor (m)	пастух (м)	[pas'tuh]
agrônomo (m)	аграном (м)	[aɦra'nɔm]

| criador (m) de gado | жывёлавод (м) | [ʒɨ'vʲola'vɔt] |
| veterinário (m) | ветэрынар (м) | [vetɛri'nar] |

agricultor, fazendeiro (m)	фермер (м)	['fermer]
vinicultor (m)	вінароб (м)	[vina'rɔp]
zoólogo (m)	заолаг (м)	[za'ɔlaɦ]
vaqueiro (m)	каўбой (м)	[kaw'bɔj]

129. Profissões artísticas

| ator (m) | акцёр (м) | [ak'tsʲor] |
| atriz (f) | актрыса (ж) | [akt'risa] |

| cantor (m) | спявак (м) | [spʲa'vak] |
| cantora (f) | спявачка (ж) | [spʲa'vatʃka] |

| bailarino (m) | танцор (м) | [tan'tsɔr] |
| bailarina (f) | танцоўшчыца (ж) | [tan'tsɔwʃɕitsa] |

| artista (m) | артыст (м) | [ar'tist] |
| artista (f) | артыстка (ж) | [ar'tistka] |

músico (m)	музыка (м)	[mu'zɨka]
pianista (m)	піяніст (м)	[piʲa'nist]
guitarrista (m)	гітарыст (м)	[ɦita'rist]

maestro (m)	дырыжор (м)	[dirɨ'ʒɔr]
compositor (m)	кампазітар (м)	[kampa'zitar]
empresário (m)	імпрэсарыо (м)	[imprɛ'sariɔ]

diretor (m) de cinema	рэжысёр (м)	[rɛʒi'sʲor]
produtor (m)	прадзюсер (м)	[pra'dzuser]
roteirista (m)	сцэнарыст (м)	[stsɛna'rist]
crítico (m)	крытык (м)	['kritɨk]

escritor (m)	пісьменнік (м)	[pisʲ'mennik]
poeta (m)	паэт (м)	[pa'ɛt]
escultor (m)	скульптар (м)	['skulʲptar]
pintor (m)	мастак (м)	[mas'tak]

malabarista (m)	жанглёр (м)	[ʒanɦ'lʲor]
palhaço (m)	клоун (м)	['klɔun]
acrobata (m)	акрабат (м)	[akra'bat]
ilusionista (m)	фокуснік (м)	['fɔkusnik]

130. Várias profissões

médico (m)	урач (м)	[u'ratʃ]
enfermeira (f)	медсястра (ж)	[metsʲas'tra]
psiquiatra (m)	псіхіятр (м)	[psihiʲatr]
dentista (m)	стаматолаг (м)	[stama'tɔlaɦ]
cirurgião (m)	хірург (м)	[hi'rurɦ]

astronauta (m)	астранаўт (м)	[astra'nawt]
astrônomo (m)	астраном (м)	[astra'nɔm]
piloto (m)	лётчык, пілот (м)	[lʲottʃik], [pi'lot]
motorista (m)	вадзіцель (м)	[va'dzitselʲ]
maquinista (m)	машыніст (м)	[maʃi'nist]
mecânico (m)	механік (м)	[me'hanik]
mineiro (m)	шахцёр (м)	[ʃah'tsʲor]
operário (m)	рабочы (м)	[ra'botʃi]
serralheiro (m)	слесар (м)	['slesar]
marceneiro (m)	сталяр (м)	[sta'lʲar]
torneiro (m)	токар (м)	['tɔkar]
construtor (m)	будаўнік (м)	[budaw'nik]
soldador (m)	зваршчык (м)	['zvarʃɕik]
professor (m)	прафесар (м)	[pra'fesar]
arquiteto (m)	архітэктар (м)	[arhi'tɛktar]
historiador (m)	гісторык (м)	[his'tɔrik]
cientista (m)	навуковец (м)	[navu'kovets]
físico (m)	фізік (м)	['fizik]
químico (m)	хімік (м)	['himik]
arqueólogo (m)	археолаг (м)	[arhe'ɔlaɦ]
geólogo (m)	геолаг (м)	[ɦe'ɔlaɦ]
pesquisador (cientista)	даследчык (м)	[da'sletʃik]
babysitter, babá (f)	нянька (ж)	['nʲanʲka]
professor (m)	педагог (м)	[peda'ɦɔɦ]
redator (m)	рэдактар (м)	[rɛ'daktar]
redator-chefe (m)	галоўны рэдактар (м)	[ɦa'lɔwni rɛ'daktar]
correspondente (m)	карэспандэнт (м)	[karɛspan'dɛnt]
datilógrafa (f)	машыністка (ж)	[maʃi'nistka]
designer (m)	дызайнер (м)	[diʲzajner]
especialista (m) em informática	камп'ютэршчык (м)	[kamp"ʉtɛrʃɕik]
programador (m)	праграміст (м)	[praɦra'mist]
engenheiro (m)	інжынер (м)	[inʒi'ner]
marujo (m)	марак (м)	[ma'rak]
marinheiro (m)	матрос (м)	[mat'rɔs]
socorrista (m)	ратавальнік (м)	[rata'valʲnik]
bombeiro (m)	пажарны (м)	[pa'ʒarni]
polícia (m)	паліцэйскі (м)	[pali'tsɛjski]
guarda-noturno (m)	вартаўнік (м)	[vartaw'nik]
detetive (m)	сышчык (м)	['siʃɕik]
funcionário (m) da alfândega	мытнік (м)	['mitnik]
guarda-costas (m)	целаахоўнік (м)	[tselaa'hownik]
guarda (m) prisional	наглядчык (м)	[na'ɦlʲatʃik]
inspetor (m)	інспектар (м)	[in'spektar]
esportista (m)	спартсмен (м)	[sparts'men]
treinador (m)	трэнер (м)	['trɛner]

açougueiro (m)	мяснік (м)	[mʲas'nik]
sapateiro (m)	шавец (м)	[ʃa'vets]
comerciante (m)	камерсант (м)	[kamer'sant]
carregador (m)	грузчык (м)	['ɦruʃɕik]
estilista (m)	мадэльер (м)	[madɛ'lʲer]
modelo (f)	мадэль (ж)	[ma'dɛlʲ]

131. Ocupações. Estatuto social

estudante (~ de escola)	школьнік (м)	['ʃkɔlʲnik]
estudante (~ universitária)	студэнт (м)	[stu'dɛnt]
filósofo (m)	філосаф (м)	[fi'lɔsaf]
economista (m)	эканаміст (м)	[ɛkana'mist]
inventor (m)	вынаходца (м)	[vina'hɔtsa]
desempregado (m)	беспрацоўны (м)	[bespra'tsɔwnɨ]
aposentado (m)	пенсіянер (м)	[pensʲa'ner]
espião (m)	шпіён (м)	['ʃpiʲon]
preso, prisioneiro (m)	зняволены (м)	[znʲa'vɔlenɨ]
grevista (m)	забастоўшчык (м)	[zaba'stɔwʃɕik]
burocrata (m)	бюракрат (м)	[bʉra'krat]
viajante (m)	падарожнік (м)	[pada'rɔʒnik]
homossexual (m)	гомасексуаліст (м)	[hɔmaseksua'list]
hacker (m)	хакер (м)	['haker]
bandido (m)	бандыт (м)	[ban'dɨt]
assassino (m)	наёмны забойца (м)	[na'ʲomnɨ za'bɔjtsa]
drogado (m)	наркаман (м)	[narka'man]
traficante (m)	наркагандляр (м)	[narkahand'lʲar]
prostituta (f)	прастытутка (ж)	[prasti'tutka]
cafetão (m)	сутэнёр (м)	[sutɛ'nʲor]
bruxo (m)	вядзьмак (м)	[vʲadzj'mak]
bruxa (f)	вядзьмарка (ж)	[vʲadzj'marka]
pirata (m)	пірат (м)	[pi'rat]
escravo (m)	раб (м)	['rap]
samurai (m)	самурай (м)	[samu'raj]
selvagem (m)	дзікун (м)	[dzi'kun]

Desportos

132. Tipos de desportos. Desportistas

esportista (m)	спартсмен (м)	[sparts'men]
tipo (m) de esporte	від (м) спорту	['vit 'sportu]
basquete (m)	баскетбол (м)	[basked'bɔl]
jogador (m) de basquete	баскетбаліст (м)	[baskedba'list]
beisebol (m)	бейсбол (м)	[bejz'bɔl]
jogador (m) de beisebol	бейсбаліст (м)	[bejzba'list]
futebol (m)	футбол (м)	[fud'bɔl]
jogador (m) de futebol	футбаліст (м)	[fudba'list]
goleiro (m)	варатар (м)	[vara'tar]
hóquei (m)	хакей (м)	[ha'kej]
jogador (m) de hóquei	хакеіст (м)	[hake'ist]
vôlei (m)	валейбол (м)	[valej'bɔl]
jogador (m) de vôlei	валейбаліст (м)	[valejba'list]
boxe (m)	бокс (м)	['bɔks]
boxeador (m)	баксёр (м)	[bak'sʲor]
luta (f)	барацьба (ж)	[baradʑʲ'ba]
lutador (m)	барэц (м)	[ba'rɛʦ]
caratê (m)	каратэ (н)	[kara'tɛ]
carateca (m)	каратыст (м)	[kara'tist]
judô (m)	дзюдо (н)	[dʑʉ'dɔ]
judoca (m)	дзюдаіст (м)	[dʑʉda'ist]
tênis (m)	тэніс (м)	['tɛnis]
tenista (m)	тэнісіст (м)	[tɛni'sist]
natação (f)	плаванне (н)	['plavanne]
nadador (m)	плывец (м)	[pli'veʦ]
esgrima (f)	фехтаванне (н)	[fehta'vanne]
esgrimista (m)	фехтавальшчык (м)	[fehta'valʲʃɕik]
xadrez (m)	шахматы (мн)	['ʃahmati]
jogador (m) de xadrez	шахматыст (м)	[ʃahma'tist]
alpinismo (m)	альпінізм (м)	[alʲpi'nizm]
alpinista (m)	альпініст (м)	[alʲpi'nist]
corrida (f)	бег (м)	['beɦ]

117

corredor (m)	бягун (м)	[bʲaˈɦun]
atletismo (m)	лёгкая атлетыка (ж)	[ˈlʲoɦkaʲa atˈletika]
atleta (m)	атлет (м)	[atˈlet]

hipismo (m)	конны спорт (м)	[ˈkɔnnɨ ˈspɔrt]
cavaleiro (m)	коннік (м)	[ˈkɔnnik]

patinação (f) artística	фігурнае катанне (н)	[fiˈɦurnae kaˈtanne]
patinador (m)	фігурыст (м)	[fiɦuˈrist]
patinadora (f)	фігурыстка (ж)	[fiɦuˈristka]

halterofilismo (m)	цяжкая атлетыка (ж)	[ˈtsʲaʃkaʲa atˈletika]
halterofilista (m)	цяжкаатлет, штангіст (м)	[tsʲaʒkaatˈlet], [ʃtanˈɦist]
corrida (f) de carros	аўтагонкі (ж мн)	[awtaˈɦɔnki]
piloto (m)	гоншчык (м)	[ˈɦɔnʃɕik]

ciclismo (m)	веласпорт (м)	[velaˈspɔrt]
ciclista (m)	веласіпедыст (м)	[velasipeˈdist]

salto (m) em distância	скачкі (м мн) ў даўжыню	[skaˈtʃki w dawʒiˈnʉ]
salto (m) com vara	скачкі (м мн) з шастом	[skatʃˈki s ʃasˈtɔm]
atleta (m) de saltos	скакун (м)	[skaˈkun]

133. Tipos de desportos. Diversos

futebol (m) americano	амерыканскі футбол (м)	[ameriˈkanski fudˈbɔl]
badminton (m)	бадмінтон (м)	[badminˈtɔn]
biatlo (m)	біятлон (м)	[biʲatˈlɔn]
bilhar (m)	більярд (м)	[biˈljart]

bobsled (m)	бобслей (м)	[ˈbɔpslej]
musculação (f)	бодыбілдынг (м)	[bɔdiˈbildinɦ]
polo (m) aquático	воднае пола (н)	[ˈvɔdnae ˈpɔla]
handebol (m)	гандбол (м)	[handˈbɔl]
golfe (m)	гольф (м)	[ˈɦɔlʲf]

remo (m)	веславанне (н)	[veslaˈvanne]
mergulho (m)	дайвінг (м)	[ˈdajvinɦ]
corrida (f) de esqui	лыжныя гонкі (ж мн)	[ˈlɨʒnʲʲa ˈɦɔnki]
tênis (m) de mesa	настольны тэніс (м)	[naˈstɔlʲnɨ ˈtɛnis]

vela (f)	парусны спорт (м)	[ˈparusnɨ ˈspɔrt]
rali (m)	ралі (н)	[ˈrali]
rúgbi (m)	рэгбі (н)	[ˈrɛɦbi]
snowboard (m)	снаўборд (м)	[snawˈbɔrt]
arco-e-flecha (m)	стральба (ж) з лука	[stralʲˈba z ˈluka]

134. Ginásio

barra (f)	штанга (ж)	[ˈʃtanɦa]
halteres (m pl)	гантэлі (ж мн)	[hanˈtɛli]
aparelho (m) de musculação	трэнажор (м)	[trɛnaˈʒɔr]

bicicleta (f) ergométrica	велатрэнажор (м)	[velatrɛna'ʒɔr]
esteira (f) de corrida	бегавая дарожка (ж)	[beɦa'vaʲa da'rɔʃka]
barra (f) fixa	перакладзіна (ж)	[pera'kladzina]
barras (f pl) paralelas	брусы (м мн)	[bru'si]
cavalo (m)	конь (м)	['kɔnʲ]
tapete (m) de ginástica	мат (м)	['mat]
corda (f) de saltar	скакалка (ж)	[ska'kalka]
aeróbica (f)	аэробіка (ж)	[aɛ'rɔbika]
ioga, yoga (f)	ёга (ж)	['ʲoɦa]

135. Hóquei

hóquei (m)	хакей (м)	[ha'kej]
jogador (m) de hóquei	хакеіст (м)	[hake'ist]
jogar hóquei	гуляць у хакей	[ɦu'lʲatsʲ u ha'kej]
gelo (m)	лёд (м)	['lʲot]
disco (m)	шайба (ж)	['ʃajba]
taco (m) de hóquei	клюшка (ж)	['klʉʃka]
patins (m pl) de gelo	канькі (м мн)	[kanʲ'ki]
muro (m)	борт (м)	['bɔrt]
tiro (m)	кідок (м)	[ki'dɔk]
goleiro (m)	варатар (м)	[vara'tar]
gol (m)	гол (м)	['ɦɔl]
marcar um gol	забіць гол	[za'bitsʲ 'ɦɔl]
tempo (m)	перыяд (м)	[pe'rʲiat]
segundo tempo (m)	другі перыяд (м)	[dru'ɦi pe'rʲiat]
banco (m) de reservas	лаўка (ж) запасных	['lawka zapas'nih]

136. Futebol

futebol (m)	футбол (м)	[fud'bɔl]
jogador (m) de futebol	футбаліст (м)	[fudba'list]
jogar futebol	гуляць у футбол	[ɦu'lʲatsʲ u fud'bɔl]
Time (m) Principal	найвышэйшая ліга (ж)	[najvi'ʃɛjʃaʲa 'liɦa]
time (m) de futebol	футбольны клуб (м)	[fud'bɔlʲni 'klup]
treinador (m)	трэнер (м)	['trɛner]
proprietário (m)	уладальнік (м)	[ula'dalʲnik]
equipe (f)	каманда (ж)	[ka'manda]
capitão (m)	капітан (м) каманды	[kapi'tan ka'mandi]
jogador (m)	гулец (м)	[ɦu'lets]
jogador (m) reserva	запасны гулец (м)	[zapas'ni ɦu'lets]
atacante (m)	нападаючы (м)	[napa'daʉtʃi]
centroavante (m)	цэнтральны нападаючы (м)	[tsɛn'tralʲni napa'daʉtʃi]

marcador (m)	бамбардзір (м)	[bambar'dzir]
defesa (f)	абаронца (м)	[aba'rɔnʦa]
meio-campo (m)	паўабаронца (м)	[pawaba'rɔnʦa]

jogo (m), partida (f)	матч (м)	['matʃ]
encontrar-se (vr)	сустракацца	[sustra'kaʦa]
final (m)	фінал (м)	[fi'nal]
semifinal (f)	паўфінал (м)	[pawfi'nal]
campeonato (m)	чэмпіянат (м)	[ʧɛmpiʲa'nat]

tempo (m)	тайм (м)	['tajm]
primeiro tempo (m)	першы тайм (м)	[perʃɨ 'tajm]
intervalo (m)	перапынак (м)	[pera'pɨnak]

goleira (f)	вароты (мн)	[va'rɔti]
goleiro (m)	варатар (м)	[vara'tar]
trave (f)	штанга (ж)	['ʃtanɦa]
travessão (m)	перакладзіна (ж)	[pera'kladzina]
rede (f)	сетка (ж)	['setka]
tomar um gol	прапусціць гол	[prapus'ʦiʦʲ 'ɦɔl]

bola (f)	мяч (м)	['mʲaʧ]
passe (m)	пас (м)	['pas]
chute (m)	удар (м)	[u'dar]
chutar (vt)	нанесці ўдар	[na'nesʲʦi u'dar]
pontapé (m)	штрафны ўдар (м)	[ʃtraf'nɨ u'dar]
escanteio (m)	вуглавы ўдар (м)	[vuɦla'vɨ u'dar]

ataque (m)	атака (ж)	[a'taka]
contra-ataque (m)	контратака (ж)	[kɔntra'taka]
combinação (f)	камбінацыя (ж)	[kambi'naʦɨʲa]

árbitro (m)	арбітр (м)	[ar'bitr]
apitar (vi)	свістаць	[svis'taʦʲ]
apito (m)	свісток (м)	[svis'tɔk]
falta (f)	парушэнне (н)	[paru'ʃɛnne]
cometer a falta	парушыць	[pa'ruʃɨʦʲ]
expulsar (vt)	выдаліць з поля	['vɨdaliʦʲ s 'pɔlʲa]

cartão (m) amarelo	жоўтая картка (ж)	['ʒɔwtaʲa 'kartka]
cartão (m) vermelho	чырвоная картка (ж)	[ʧɨr'vɔnaʲa 'kartka]
desqualificação (f)	дыскваліфікацыя (ж)	[diskvalifi'kaʦɨʲa]
desqualificar (vt)	дыскваліфікаваць	[diskvalifika'vaʦʲ]

pênalti (m)	пенальці (н)	[pe'nalʲʦi]
barreira (f)	сценка (ж)	['sʲʦenka]
marcar (vt)	забіць	[za'biʦʲ]
gol (m)	гол (м)	['ɦɔl]
marcar um gol	забіць гол	[za'biʦʲ 'ɦɔl]

substituição (f)	замена (ж)	[za'mena]
substituir (vt)	замяніць	[zamʲa'niʦʲ]
regras (f pl)	правілы (н мн)	['pravili]
tática (f)	тактыка (ж)	['taktika]
estádio (m)	стадыён (м)	[stadɨ'ʲɔn]
arquibancadas (f pl)	трыбуна (ж)	[tri'buna]

| fã, torcedor (m) | заўзятар (м) | [zaw'z'atar] |
| gritar (vi) | крычаць | [kri'tʃatsʲ] |

| placar (m) | табло (н) | [tab'lɔ] |
| resultado (m) | лік (м) | ['lik] |

derrota (f)	паражэнне (н)	[para'ʒɛnne]
perder (vt)	прайграць	[praj'firatsʲ]
empate (m)	нічыя (ж)	[nitʃiˈʲa]
empatar (vi)	згуляць унічыю	[zɦu'lʲatsʲ unitʃi'ʉ]

| vitória (f) | перамога (ж) | [pera'mɔɦa] |
| vencer (vi, vt) | перамагчы | [peramaɦ'tʃi] |

campeão (m)	чэмпіён (м)	[tʃɛmpi'ʲon]
melhor (adj)	найлепшы	[naj'lepʃi]
felicitar (vt)	віншаваць	[vinʃa'vatsʲ]

comentarista (m)	каментатар (м)	[kamen'tatar]
comentar (vt)	каменціраваць	[kamen'tsiravatsʲ]
transmissão (f)	трансляцыя (ж)	[trans'lʲatsɨˈa]

137. Esqui alpino

esqui (m)	лыжы (ж мн)	['lɨʒɨ]
esquiar (vi)	катацца на лыжах	[ka'tatsa na 'lɨʒah]
estação (f) de esqui	гарналыжны курорт (м)	[ɦarna'lɨʒni ku'rɔrt]
teleférico (m)	пад'ёмнік (м)	[pa'dʲʲomnik]

bastões (m pl) de esqui	палкі (ж мн)	['palki]
declive (m)	схіл (м)	['shil]
slalom (m)	слалам (м)	['slalam]

138. Tênis. Golfe

golfe (m)	гольф (м)	['ɦɔlʲf]
clube (m) de golfe	гольф-клуб (м)	['ɦɔlʲf 'klup]
jogador (m) de golfe	гулец (м) у гольф	[ɦu'lets u 'ɦɔlʲf]

buraco (m)	лунка (ж)	['lunka]
taco (m)	клюшка (ж)	['klʉʃka]
trolley (m)	каляска (ж) для клюшак	[ka'lʲaska dlʲa 'klʉʃak]

| tênis (m) | тэніс (м) | ['tɛnis] |
| quadra (f) de tênis | тэнісны корт (м) | ['tɛnisnɨ 'kɔrt] |

| saque (m) | падача (ж) | [pa'datʃa] |
| sacar (vi) | падаваць | [pada'vatsʲ] |

raquete (f)	ракетка (ж)	[ra'ketka]
rede (f)	сетка (ж)	['setka]
bola (f)	мяч (м)	['mʲatʃ]

139. Xadrez

xadrez (m)	шахматы (мн)	['ʃahmatɨ]
peças (f pl) de xadrez	шахматы (мн)	['ʃahmatɨ]
jogador (m) de xadrez	шахматыст (м)	[ʃahma'tist]
tabuleiro (m) de xadrez	шахматная дошка (ж)	[ʃahmatnaʲa 'dɔʃka]
peça (f)	фігура (ж)	[fi'ɦura]
brancas (f pl)	белыя (мн)	['belʲa]
pretas (f pl)	чорныя (мн)	['tʃɔrnʲa]
peão (m)	пешка (ж)	['peʃka]
bispo (m)	слон (м)	['slɔn]
cavalo (m)	конь (м)	['kɔnʲ]
torre (f)	тура (ж)	[tu'ra]
dama (f)	каралева (ж)	[kara'leva]
rei (m)	кароль (м)	[ka'rɔlʲ]
vez (f)	ход (м)	['hɔt]
mover (vt)	хадзіць	[ha'dzitsʲ]
sacrificar (vt)	ахвяраваць	[ahvʲara'vatsʲ]
roque (m)	ракіроўка (ж)	[raki'rɔwka]
xeque (m)	шах (м)	['ʃah]
xeque-mate (m)	мат (м)	['mat]
torneio (m) de xadrez	шахматны турнір (м)	['ʃahmatnɨ tur'nir]
grão-mestre (m)	гросмайстар (м)	[ɦrɔs'majstar]
combinação (f)	камбінацыя (ж)	[kambi'natsʲa]
partida (f)	партыя (ж)	['partʲa]
jogo (m) de damas	шашкі (ж мн)	['ʃaʃki]

140. Boxe

boxe (m)	бокс (м)	['bɔks]
combate (m)	бой (м)	['bɔj]
luta (f) de boxe	паядынак (м)	[paʲa'dɨnak]
round (m)	раунд (м)	['raunt]
ringue (m)	рынг (м)	['rinɦ]
gongo (m)	гонг (м)	['ɦɔnɦ]
murro, soco (m)	удар (м)	[u'dar]
derrubada (f)	накдаўн (м)	[naɦ'dawn]
nocaute (m)	накаўт (м)	[na'kawt]
nocautear (vt)	накаўтаваць	[nakawta'vatsʲ]
luva (f) de boxe	баксёрская пальчатка (ж)	[bak'sʲorskaʲa palʲ'tʃatka]
juiz (m)	рэферы (м)	['rɛferi]
peso-pena (m)	лёгкая вага (ж)	['lʲoɦkaʲa va'ɦa]
peso-médio (m)	сярэдняя вага (ж)	[sʲa'rɛdnæʲa va'ɦa]
peso-pesado (m)	цяжкая вага (ж)	['tsʲaʃkaʲa va'ɦa]

141. Desportos. Diversos

Jogos (m pl) Olímpicos	Алімпійскія гульні (ж мн)	[alim'pijski'a 'hul'ni]
vencedor (m)	пераможца (м)	[pera'moʃsa]
vencer (vi)	перамагаць	[perama'hats']
vencer (vi, vt)	выйграць	['vijhrats']
líder (m)	лідэр (м)	['lidɛr]
liderar (vt)	лідзіраваць	[li'dziravats']
primeiro lugar (m)	першае месца (н)	['perʃae 'mestsa]
segundo lugar (m)	другое месца (н)	[dru'hoe 'mestsa]
terceiro lugar (m)	трэцяе месца (н)	['trɛts'ae 'mestsa]
medalha (f)	медаль (м)	[me'dal']
troféu (m)	трафей (м)	[tra'fej]
taça (f)	кубак (м)	['kubak]
prêmio (m)	прыз (м)	['pris]
prêmio (m) principal	галоўны прыз (м)	[ha'lowni 'pris]
recorde (m)	рэкорд (м)	[rɛ'kort]
estabelecer um recorde	ставіць рэкорд	['stavits' rɛ'kort]
final (m)	фінал (м)	[fi'nal]
final (adj)	фінальны	[fi'nal'ni]
campeão (m)	чэмпіён (м)	[tʃɛmpi'ion]
campeonato (m)	чэмпіянат (м)	[tʃɛmpi'a'nat]
estádio (m)	стадыён (м)	[stadi'ion]
arquibancadas (f pl)	трыбуна (ж)	[tri'buna]
fã, torcedor (m)	заўзятар (м)	[zaw'z'atar]
adversário (m)	праціўнік (м)	[pra'tsiwnik]
partida (f)	старт (м)	['start]
linha (f) de chegada	фініш (м)	['finiʃ]
derrota (f)	паражэнне (н)	[para'ʒɛnne]
perder (vt)	прайграць	[praj'hrats']
árbitro, juiz (m)	суддзя (м)	[su'dz'a]
júri (m)	журы (н)	[ʒu'ri]
resultado (m)	лік (м)	['lik]
empate (m)	нічыя (ж)	[nitʃi'ia]
empatar (vi)	згуляць унічыю	[zhu'l'ats' unitʃi'u]
ponto (m)	ачко (н)	[atʃ'ko]
resultado (m) final	вынік (м)	['vinik]
tempo (m)	тайм, перыяд (м)	['tajm], [pe'ri'at]
intervalo (m)	перапынак (м)	[pera'pinak]
doping (m)	допінг (м)	['dopinh]
penalizar (vt)	штрафаваць	[ʃtrafa'vats']
desqualificar (vt)	дыскваліфікаваць	[diskvalifika'vats']
aparelho, aparato (m)	прылада (ж)	[pri'lada]
dardo (m)	кап'ё (н)	[ka'p'io]

peso (m)	ядро (н)	[ˈad'rɔ]
bola (f)	шар (м)	[ˈʃar]
alvo, objetivo (m)	цэль (ж)	[ˈtsɛlʲ]
alvo (~ de papel)	мішэнь (ж)	[miˈʃɛnʲ]
disparar, atirar (vi)	страляць	[straˈlʲatsʲ]
preciso (tiro ~)	дакладны	[daˈkladni]
treinador (m)	трэнер (м)	[ˈtrɛner]
treinar (vt)	трэніраваць	[trɛniraˈvatsʲ]
treinar-se (vr)	трэніравацца	[trɛniraˈvatsa]
treino (m)	трэніроўка (ж)	[trɛniˈrɔwka]
academia (f) de ginástica	спартзала (ж)	[sparˈdzala]
exercício (m)	практыкаванне (н)	[praktikaˈvanne]
aquecimento (m)	размінка (ж)	[razˈminka]

Educação

142. Escola

escola (f)	школа (ж)	['ʃkɔla]
diretor (m) de escola	дырэктар (м) школы	[di'rɛktar 'ʃkɔli]
aluno (m)	вучань (м)	['vutʃanʲ]
aluna (f)	вучаніца (ж)	[vutʃa'nitsa]
estudante (m)	школьнік (м)	['ʃkɔlʲnik]
estudante (f)	школьніца (ж)	['ʃkɔlʲnitsa]
ensinar (vt)	навучаць	[navu'tʃatsʲ]
aprender (vt)	вучыць	[vu'tʃitsʲ]
decorar (vt)	вучыць напамяць	[vu'tʃits na'pamʲatsʲ]
estudar (vi)	вучыцца	[vu'tʃitsa]
estar na escola	вучыцца	[vu'tʃitsa]
ir à escola	ісці ў школу	[is'tsi w 'ʃkɔlu]
alfabeto (m)	алфавіт (м)	[alfa'vit]
disciplina (f)	прадмет (м)	[prad'met]
sala (f) de aula	клас (м)	['klas]
lição, aula (f)	урок (м)	[u'rɔk]
recreio (m)	перапынак (м)	[pera'pinak]
toque (m)	званок (м)	[zva'nɔk]
classe (f)	парта (ж)	['parta]
quadro (m) negro	дошка (ж)	['dɔʃka]
nota (f)	адзнака (ж)	[ad'znaka]
boa nota (f)	добрая адзнака (ж)	['dɔbraʲa ad'znaka]
nota (f) baixa	дрэнная адзнака (ж)	['drɛnnaʲa ad'znaka]
dar uma nota	ставіць адзнаку	[stavitsʲ ad'znaku]
erro (m)	памылка (ж)	[pa'milka]
errar (vi)	рабіць памылкі	[ra'bitsʲ pa'milki]
corrigir (~ um erro)	выпраўляць	[vipraw'lʲatsʲ]
cola (f)	шпаргалка (ж)	[ʃpar'halka]
dever (m) de casa	дамашняе заданне (н)	[da'maʃnʲae za'danne]
exercício (m)	практыкаванне (н)	[praktika'vanne]
estar presente	прысутнічаць	[pri'sutnitʃatsʲ]
estar ausente	адсутнічаць	[a'tsutnitʃatsʲ]
faltar às aulas	прапускаць урокі	[prapus'katsʲ u'roki]
punir (vt)	караць	[ka'ratsʲ]
punição (f)	пакаранне (н)	[paka'ranne]
comportamento (m)	паводзіны (мн)	[pa'vɔʣini]

boletim (m) escolar	дзённік (м)	['dzʲonnik]
lápis (m)	аловак (м)	[a'lɔvak]
borracha (f)	сцірка (ж)	['stsirka]
giz (m)	крэйда (ж)	['krɛjda]
porta-lápis (m)	пенал (м)	[pe'nal]

mala, pasta, mochila (f)	партфель (м)	[part'felʲ]
caneta (f)	ручка (ж)	['rutʃka]
caderno (m)	сшытак (м)	['ʃitak]
livro (m) didático	падручнік (м)	[pad'rutʃnik]
compasso (m)	цыркуль (м)	['tsirkulʲ]

traçar (vt)	чарціць	[tʃar'tsitsʲ]
desenho (m) técnico	чарцёж (м)	[tʃar'tsʲoʃ]

poesia (f)	верш (м)	['verʃ]
de cor	напамяць	[na'pamʲatsʲ]
decorar (vt)	вучыць напамяць	[vu'tʃits na'pamʲatsʲ]

férias (f pl)	канікулы (мн)	[ka'nikulɨ]
estar de férias	быць на канікулах	[bitsʲ na ka'nikulah]
passar as férias	правесці канікулы	[pra'vestsi ka'nikulɨ]

teste (m), prova (f)	кантрольная работа (ж)	[kan'trɔlʲnaʲa ra'bɔta]
redação (f)	сачыненне (н)	[satʃi'nenne]
ditado (m)	дыктоўка (ж)	[dik'tɔwka]
exame (m), prova (f)	экзамен (м)	[ɛg'zamen]
fazer prova	здаваць экзамены	[zda'vatsʲ ɛɦ'zamenɨ]
experiência (~ química)	дослед (м)	['dɔslet]

143. Colégio. Universidade

academia (f)	акадэмія (ж)	[aka'dɛmiʲa]
universidade (f)	універсітэт (м)	[universi'tɛt]
faculdade (f)	факультэт (м)	[fakulʲ'tɛt]

estudante (m)	студэнт (м)	[stu'dɛnt]
estudante (f)	студэнтка (ж)	[stu'dɛntka]
professor (m)	выкладчык (м)	[vik'latʃik]

auditório (m)	аўдыторыя (ж)	[awdɨ'tɔriʲa]
graduado (m)	выпускнік (м)	[vɨpusk'nik]

diploma (m)	дыплом (м)	[dip'lɔm]
tese (f)	дысертацыя (ж)	[diser'tatsɨʲa]

estudo (obra)	даследаванне (н)	[da'sledavanne]
laboratório (m)	лабараторыя (ж)	[labara'tɔriʲa]

palestra (f)	лекцыя (ж)	['lektsiʲa]
colega (m) de curso	аднакурснік (м)	[adna'kursnik]

bolsa (f) de estudos	стыпендыя (ж)	[sti'pendiʲa]
grau (m) acadêmico	навуковая ступень (ж)	[navu'kɔvaʲa stu'penʲ]

144. Ciências. Disciplinas

matemática (f)	матэматыка (ж)	[matɛˈmatika]
álgebra (f)	алгебра (ж)	[ˈalɦebra]
geometria (f)	геаметрыя (ж)	[ɦeaˈmetrⁱˈa]
astronomia (f)	астраномія (ж)	[astraˈnɔmiⁱa]
biologia (f)	біялогія (ж)	[biⁱaˈlɔɦiⁱa]
geografia (f)	геаграфія (ж)	[ɦeaˈɦrafiⁱa]
geologia (f)	геалогія (ж)	[ɦeaˈlɔɦiⁱa]
história (f)	гісторыя (ж)	[ɦisˈtɔriⁱa]
medicina (f)	медыцына (ж)	[mediˈtsina]
pedagogia (f)	педагогіка (ж)	[pedaˈɦɔɦika]
direito (m)	права (н)	[ˈprava]
física (f)	фізіка (ж)	[ˈfizika]
química (f)	хімія (ж)	[ˈhimiⁱa]
filosofia (f)	філасофія (ж)	[filaˈsɔfiⁱa]
psicologia (f)	псіхалогія (ж)	[psihaˈlɔɦiⁱa]

145. Sistema de escrita. Ortografia

gramática (f)	граматыка (ж)	[ɦraˈmatika]
vocabulário (m)	лексіка (ж)	[ˈleksika]
fonética (f)	фанетыка (ж)	[faˈnetika]
substantivo (m)	назоўнік (м)	[naˈzɔwnik]
adjetivo (m)	прыметнік (м)	[priˈmetnik]
verbo (m)	дзеяслоў (м)	[dzeⁱaˈslɔw]
advérbio (m)	прыслоўе (н)	[priˈslɔwe]
pronome (m)	займеннік (м)	[zajˈmennik]
interjeição (f)	выклічнік (м)	[vikˈlitʃnik]
preposição (f)	прыназоўнік (м)	[prinaˈzɔwnik]
raiz (f)	корань (м) слова	[ˈkɔranⁱ ˈslɔva]
terminação (f)	канчатак (м)	[kanˈtʃatak]
prefixo (m)	прыстаўка (ж)	[priˈstawka]
sílaba (f)	склад (м)	[ˈsklat]
sufixo (m)	суфікс (м)	[ˈsufiks]
acento (m)	націск (м)	[ˈnatsisk]
apóstrofo (f)	апостраф (м)	[aˈpɔstraf]
ponto (m)	кропка (ж)	[ˈkrɔpka]
vírgula (f)	коска (ж)	[ˈkɔska]
ponto e vírgula (m)	кропка (ж) з коскай	[ˈkrɔpka s ˈkɔskaj]
dois pontos (m pl)	двукроп'е (н)	[dvuˈkrɔpⁱe]
reticências (f pl)	шматкроп'е (н)	[ʃmatˈkrɔpⁱe]
ponto (m) de interrogação	пытальнік (м)	[piˈtalⁱnik]
ponto (m) de exclamação	клічнік (м)	[ˈklitʃnik]

aspas (f pl)	двукоссе (н)	[dvu'kɔsse]
entre aspas	у двукоссі	[u dvu'kɔssi]
parênteses (m pl)	дужкі (ж мн)	['duʃki]
entre parênteses	у дужках	[u 'duʃkah]

hífen (m)	дэфіс (м)	[dɛ'fis]
travessão (m)	працяжнік (м)	[pra'tsʲaʒnik]
espaço (m)	прабел (м)	[pra'bel]

| letra (f) | літара (ж) | ['litara] |
| letra (f) maiúscula | вялікая літара (ж) | [vʲa'likaʲa 'litara] |

| vogal (f) | галосны гук (м) | [ha'lɔsnʲ 'ɦuk] |
| consoante (f) | зычны гук (м) | [zitʃnʲ 'ɦuk] |

frase (f)	сказ (м)	['skas]
sujeito (m)	дзейнік (м)	['dzejnik]
predicado (m)	выказнік (м)	[vʲ'kazʲnik]

linha (f)	радок (м)	[ra'dɔk]
em uma nova linha	з новага радка	[z 'nɔvaɦa rat'ka]
parágrafo (m)	абзац (м)	[ab'zats]

palavra (f)	слова (н)	['slɔva]
grupo (m) de palavras	словазлучэнне (н)	[slɔvazlu'tʃɛnne]
expressão (f)	выраз (м)	['viras]
sinônimo (m)	сіноним (м)	[si'nɔnim]
antônimo (m)	антонім (м)	[an'tɔnim]

regra (f)	правіла (н)	['pravila]
exceção (f)	выключэнне (н)	[viklʉ'tʃɛnne]
correto (adj)	правільны	['pravilʲnʲ]

conjugação (f)	спражэнне (н)	[spra'ʒɛnne]
declinação (f)	скланенне (н)	[skla'nenne]
caso (m)	склон (м)	['sklɔn]
pergunta (f)	пытанне (н)	[pi'tanne]
sublinhar (vt)	падкрэсліць	[pat'krɛslitsʲ]
linha (f) pontilhada	пунктір (м)	[punk'tsir]

146. Línguas estrangeiras

língua (f)	мова (ж)	['mɔva]
estrangeiro (adj)	замежны	[za'meʒnʲ]
língua (f) estrangeira	замежная мова (ж)	[za'meʒnaʲa 'mɔva]
estudar (vt)	вывучаць	[vivu'tʃatsʲ]
aprender (vt)	вучыць	[vu'tʃitsʲ]

ler (vt)	чытаць	[tʃi'tatsʲ]
falar (vi)	гаварыць	[ɦava'ritsʲ]
entender (vt)	разумець	[razu'metsʲ]
escrever (vt)	пісаць	[pi'satsʲ]
rapidamente	хутка	['hutka]
devagar, lentamente	павольна	[pa'vɔlʲna]

fluentemente	лёгка	['lʲoɦka]
regras (f pl)	правілы (н мн)	['pravilɨ]
gramática (f)	граматыка (ж)	[ɦra'matɨka]
vocabulário (m)	лексіка (ж)	['leksika]
fonética (f)	фанетыка (ж)	[fa'netika]

livro (m) didático	падручнік (м)	[pad'rutʃnik]
dicionário (m)	слоўнік (м)	['slɔwnik]
manual (m) autodidático	самавучыцель (м)	[samavu'tʃɨtselʲ]
guia (m) de conversação	размоўнік (м)	[raz'mɔwnik]

fita (f) cassete	касета (ж)	[ka'seta]
videoteipe (m)	відэакасета (ж)	['vidɛa ka'seta]
CD (m)	кампакт-дыск (м)	[kam'pakt 'disk]
DVD (m)	DVD (м)	[dʑiwi'dʑi]

alfabeto (m)	алфавіт (м)	[alfa'vit]
soletrar (vt)	гаварыць па літарах	[ɦava'ritsʲ pa 'litarah]
pronúncia (f)	вымаўленне (н)	[vimaw'lenne]

sotaque (m)	акцэнт (м)	[ak'tsɛnt]
com sotaque	з акцэнтам	[z ak'tsɛntam]
sem sotaque	без акцэнту	[bez ak'tsɛntu]

palavra (f)	слова (н)	['slɔva]
sentido (m)	сэнс (м)	['sɛns]

curso (m)	курсы (м мн)	['kursɨ]
inscrever-se (vr)	запісацца	[zapi'satsa]
professor (m)	выкладчык (м)	[vik'latʃik]

tradução (processo)	пераклад (м)	[pera'klat]
tradução (texto)	пераклад (м)	[pera'klat]
tradutor (m)	перакладчык (м)	[pera'klatʃik]
intérprete (m)	перакладчык (м)	[pera'klatʃik]

poliglota (m)	паліглот (м)	[pali'ɦlɔt]
memória (f)	памяць (ж)	['pamʲatsʲ]

147. Personagens de contos de fadas

Papai Noel (m)	Санта Клаўс (м)	['santa 'klaws]
Cinderela (f)	Папялушка (ж)	[papʲa'luʃka]
sereia (f)	русалка (ж)	[ru'salka]
Netuno (m)	Нептун (м)	[nep'tun]

bruxo, feiticeiro (m)	чараўнік (м)	[tʃaraw'nik]
fada (f)	чараўніца (ж)	[tʃaraw'nitsa]
mágico (adj)	чароўны	[tʃa'rɔwnɨ]
varinha (f) mágica	чарадзейная палачка (ж)	[tʃara'dʑejnaʲa 'palatʃka]

conto (m) de fadas	казка (ж)	['kaska]
milagre (m)	цуд (м)	['tsut]
anão (m)	гном (м)	['ɦnɔm]

transformar-se em ...	ператварыцца ў ...	[peratva'ritsa w ...]
fantasma (m)	прывід (м)	['privit]
fantasma (m)	здань (ж)	['zdanʲ]
monstro (m)	пачвара (ж)	[patʃʲ'vara]
dragão (m)	цмок (м)	['tsmɔk]
gigante (m)	волат (м)	['vɔlat]

148. Signos do Zodíaco

Áries (f)	Авен (м)	[a'ven]
Touro (m)	Цялец (м)	[tsʲa'lets]
Gêmeos (m pl)	Блізняты (мн)	[bliz'nʲatʲi]
Câncer (m)	Рак (м)	['rak]
Leão (m)	Леў (м)	['lew]
Virgem (f)	Дзева (ж)	['dzeva]
Libra (f)	Шалі (мн)	['ʃali]
Escorpião (m)	Скарпіён (м)	[skarpiʲon]
Sagitário (m)	Стралец (м)	[stra'lets]
Capricórnio (m)	Казярог (м)	[kazʲa'rɔɦ]
Aquário (m)	Вадалей (м)	[vada'lej]
Peixes (pl)	Рыбы (мн)	['rɨbɨ]
caráter (m)	характар (м)	[ha'raktar]
traços (m pl) do caráter	рысы (ж мн) характару	['rɨsɨ ha'raktaru]
comportamento (m)	паводзіны (мн)	[pa'vɔdzinɨ]
prever a sorte	варажыць	[vara'ʒɨtsʲ]
adivinha (f)	варажбітка (ж)	[varaʒ'bitka]
horóscopo (m)	гараскоп (м)	[hara'skɔp]

Artes

149. Teatro

teatro (m)	тэатр (м)	[tɛ'atr]
ópera (f)	опера (ж)	['ɔpera]
opereta (f)	аперэта (ж)	[ape'rɛta]
balé (m)	балет (м)	[ba'let]
cartaz (m)	афіша (ж)	[a'fiʃa]
companhia (f) de teatro	трупа (ж)	['trupa]
turnê (f)	гастролі (ж мн)	[ɦas'trɔli]
estar em turnê	гастраліраваць	[ɦastra'liravatsʲ]
ensaiar (vt)	рэпеціраваць	[rɛpe'tsiravatsʲ]
ensaio (m)	рэпетыцыя (ж)	[rɛpe'titsiʲa]
repertório (m)	рэпертуар (м)	[rɛpertu'ar]
apresentação (f)	паказ (м)	[pa'kas]
espetáculo (m)	спектакль (м)	[spek'taklʲ]
peça (f)	п'еса (ж)	['p'esa]
entrada (m)	білет (м)	[bi'let]
bilheteira (f)	білетная каса (ж)	[bi'letnaʲa 'kasa]
hall (m)	хол (м)	['hɔl]
vestiário (m)	гардэроб (м)	[ɦardɛ'rɔp]
senha (f) numerada	нумарок (м)	[numa'rɔk]
binóculo (m)	бінокль (м)	[bi'nɔklʲ]
lanterninha (m)	кантралёр (м)	[kantra'lʲor]
plateia (f)	партэр (м)	[par'tɛr]
balcão (m)	балкон (м)	[bal'kɔn]
primeiro balcão (m)	бельэтаж (м)	[belʲɛ'taʃ]
camarote (m)	ложа (н)	['lɔʒa]
fila (f)	рад (м)	['rat]
assento (m)	месца (н)	['mesʲtsa]
público (m)	публіка (ж)	['publika]
espectador (m)	глядач (м)	[ɦlʲa'datʃ]
aplaudir (vt)	пляскаць	['plʲaskatsʲ]
aplauso (m)	апладысменты (мн)	[apladis'menti]
ovação (f)	авацыі (ж мн)	[a'vatsii]
palco (m)	сцэна (ж)	['stsɛna]
cortina (f)	заслона (ж)	[za'slɔna]
cenário (m)	дэкарацыя (ж)	[dɛka'ratsiʲa]
bastidores (m pl)	кулісы (ж мн)	[ku'lisi]
cena (f)	сцэна (ж)	['stsɛna]
ato (m)	дзея (ж)	['dzeʲa]
intervalo (m)	антракт (м)	[an'trakt]

150. Cinema

ator (m)	акцёр (м)	[ak'tsʲor]
atriz (f)	актрыса (ж)	[akt'risa]
cinema (m)	кіно (н)	[ki'nɔ]
filme (m)	кіно (н)	[ki'nɔ]
episódio (m)	серыя (ж)	['serʲa]
filme (m) policial	дэтэктыў (м)	[dɛtɛk'tiw]
filme (m) de ação	баявік (м)	[baʲa'vik]
filme (m) de aventuras	прыгодніцкі фільм (м)	[pri'ɦɔdnitski 'filʲm]
filme (m) de ficção científica	фантастычны фільм (м)	[fantas'titʃnɨ 'filʲm]
filme (m) de horror	фільм (м) жахаў	['filʲm 'ʒahaw]
comédia (f)	кінакамедыя (ж)	[kinaka'medʲa]
melodrama (m)	меладрама (ж)	[mela'drama]
drama (m)	драма (ж)	['drama]
filme (m) de ficção	мастацкі фільм (м)	[mas'tatski filʲm]
documentário (m)	дакументальны фільм (м)	[dakumen'talʲnɨ filʲm]
desenho (m) animado	мультфільм (м)	[mulʲt'filʲm]
cinema (m) mudo	нямое кіно (н)	[nʲa'mɔe ki'nɔ]
papel (m)	роля (ж)	['rɔlʲa]
papel (m) principal	галоўная роля (ж)	[ɦa'lɔwnaʲa 'rɔlʲa]
representar (vt)	іграць	[iɦ'ratsʲ]
estrela (f) de cinema	кіназорка (ж)	[kina'zɔrka]
conhecido (adj)	вядомы	[vʲa'dɔmɨ]
famoso (adj)	славуты	[sla'vuti]
popular (adj)	папулярны	[papu'lʲarnɨ]
roteiro (m)	сцэнарый (м)	[stsɛ'narɨj]
roteirista (m)	сцэнарыст (м)	[stsɛna'rist]
diretor (m) de cinema	рэжысёр (м)	[rɛʒɨ'sʲor]
produtor (m)	прадзюсер (м)	[pra'dzuser]
assistente (m)	асістэнт (м)	[asis'tɛnt]
diretor (m) de fotografia	аператар (м)	[ape'ratar]
dublê (m)	каскадзёр (м)	[kaska'dzʲor]
dublê (m) de corpo	дублёр (м)	[dub'lʲor]
filmar (vt)	здымаць фільм	[zdɨ'matsʲ 'filʲm]
audição (f)	пробы (ж мн)	['prɔbɨ]
filmagem (f)	здымкі (ж мн)	['zdɨmki]
equipe (f) de filmagem	здымачная група (ж)	[zdɨmatʃnaʲa 'ɦrupa]
set (m) de filmagem	здымачная пляцоўка (ж)	[zdɨmatʃnaʲa plʲa'tsɔwka]
câmera (f)	кінакамера (ж)	[kina'kamera]
cinema (m)	кінатэатр (м)	[kinatɛ'atr]
tela (f)	экран (м)	[ɛk'ran]
exibir um filme	паказваць фільм	[pa'kazvatsʲ 'filʲm]
trilha (f) sonora	гукавая дарожка (ж)	[ɦuka'vaʲa da'rɔʃka]
efeitos (m pl) especiais	спецыяльныя эфекты (м мн)	[spɛtsɨʲalʲnʲa ɛ'fekti]

legendas (f pl)	субтытры (м мн)	[sup'titri]
crédito (m)	тытры (м мн)	['titri]
tradução (f)	пераклад (м)	[pera'klat]

151. Pintura

arte (f)	мастацтва (н)	[mas'tatstva]
belas-artes (f pl)	прыгожыя мастацтвы (н мн)	[pri'hɔʒʲa mas'tatstvi]
galeria (f) de arte	галерэя (ж)	[ɦale'rɛʲa]
exibição (f) de arte	выстава (ж) карцін	[vɪs'tava kar'tsɪn]

pintura (f)	жывапіс (м)	['ʒɪvapis]
arte (f) gráfica	графіка (ж)	['ɦrafika]
arte (f) abstrata	абстракцыянізм (м)	[apstraktsʲa'nizm]
impressionismo (m)	імпрэсіянізм (м)	[imprɛsʲa'nizm]

pintura (f), quadro (m)	карціна (ж)	[kar'tsina]
desenho (m)	рысунак (м)	[ri'sunak]
cartaz, pôster (m)	плакат (м)	[pla'kat]

ilustração (f)	ілюстрацыя (ж)	[ilu'stratsʲa]
miniatura (f)	мініяцюра (ж)	[miniʲa'tsura]
cópia (f)	копія (ж)	['kɔpiʲa]
reprodução (f)	рэпрадукцыя (ж)	[rɛpra'duktsʲa]

mosaico (m)	мазаіка (ж)	[ma'zaika]
vitral (m)	вітраж (м)	[vit'raʃ]
afresco (m)	фрэска (ж)	['frɛska]
gravura (f)	гравюра (ж)	[ɦra'vura]

busto (m)	бюст (м)	['bust]
escultura (f)	скульптура (ж)	[skulʲp'tura]
estátua (f)	статуя (ж)	['statuʲa]
gesso (m)	гіпс (м)	['ɦips]
em gesso (adj)	з гіпсу	[z 'ɦipsu]

retrato (m)	партрэт (м)	[par'trɛt]
autorretrato (m)	аўтапартрэт (м)	[awtapar'trɛt]
paisagem (f)	краявід (м)	[kraʲa'vit]
natureza (f) morta	нацюрморт (м)	[natsur'mɔrt]
caricatura (f)	карыкатура (ж)	[karika'tura]
esboço (m)	накід (м)	['nakit]

tinta (f)	фарба (ж)	['farba]
aquarela (f)	акварэль (ж)	[akva'rɛlʲ]
tinta (f) a óleo	алей (м)	[a'lej]
lápis (m)	аловак (м)	[a'lɔvak]
tinta (f) nanquim	туш (ж)	['tuʃ]
carvão (m)	вугаль (м)	['vuɦalʲ]

desenhar (vt)	рысаваць	[risa'vatsʲ]
pintar (vt)	маляваць	[malʲa'vatsʲ]
posar (vi)	пазіраваць	[pa'ziravatsʲ]
modelo (m)	натуршчык (м)	[na'turʃɕik]

133

modelo (f)	натуршчыца (ж)	[na'turʃɕitsa]
pintor (m)	мастак (м)	[mas'tak]
obra (f)	твор (м)	['tvɔr]
obra-prima (f)	шэдэўр (м)	[ʃɛ'dɛwr]
estúdio (m)	майстэрня (ж)	[maj'stɛrnʲa]

tela (f)	палатно (н)	[palat'nɔ]
cavalete (m)	мальберт (м)	[malʲ'bert]
paleta (f)	палітра (ж)	[pa'litra]

moldura (f)	рама (ж)	['rama]
restauração (f)	рэстаўрацыя (ж)	[rɛstaw'ratsʲia]
restaurar (vt)	рэстаўрыраваць	[rɛstaw'riravatsʲ]

152. Literatura & Poesia

literatura (f)	літаратура (ж)	[litara'tura]
autor (m)	аўтар (м)	['awtar]
pseudônimo (m)	псеўданім (м)	[psewda'nim]

livro (m)	кніга (ж)	['kniɦa]
volume (m)	том (м)	['tɔm]
índice (m)	змест (м)	['zʲmest]
página (f)	старонка (ж)	[sta'rɔnka]
protagonista (m)	галоўны герой (м)	[ɦa'lɔwnɪ ɦe'rɔj]
autógrafo (m)	аўтограф (м)	[aw'tɔɦraf]

conto (m)	апавяданне (н)	[apavʲa'danne]
novela (f)	аповесць (ж)	[a'pɔvestsʲ]
romance (m)	раман (м)	[ra'man]
obra (f)	твор (м)	['tvɔr]
fábula (m)	байка (ж)	['bajka]
romance (m) policial	дэтэктыў (м)	[dɛtɛk'tiw]

verso (m)	верш (м)	['verʃ]
poesia (f)	паэзія (ж)	[pa'ɛzʲia]
poema (m)	паэма (ж)	[pa'ɛma]
poeta (m)	паэт (м)	[pa'ɛt]

ficção (f)	белетрыстыка (ж)	[belet'ristika]
ficção (f) científica	навуковая фантастыка (ж)	[navu'kɔvaʲa fan'tastika]
aventuras (f pl)	прыгоды (ж мн)	[pri'ɦɔdɪ]
literatura (f) didática	навучальная літаратура (ж)	[navu'tʃalʲnaʲa litara'tura]
literatura (f) infantil	дзіцячая літаратура (ж)	[dzi'tsʲatʃaʲa litara'tura]

153. Circo

circo (m)	цырк (м)	['tsirk]
circo (m) ambulante	цырк-шапіто (м)	[tsirk ʃapi'tɔ]
programa (m)	праграма (ж)	[praɦ'rama]
apresentação (f)	паказ (м)	[pa'kas]

número (m)	нумар (м)	['numar]
picadeiro (f)	арэна (ж)	[a'rɛna]
pantomima (f)	пантаміма (ж)	[panta'mima]
palhaço (m)	клоун (м)	['klɔun]
acrobata (m)	акрабат (м)	[akra'bat]
acrobacia (f)	акрабатыка (ж)	[akra'batika]
ginasta (m)	гімнаст (м)	[ɦim'nast]
ginástica (f)	гімнастыка (ж)	[ɦim'nastika]
salto (m) mortal	сальта (н)	['salʲta]
homem (m) forte	атлет (м)	[at'let]
domador (m)	утаймавальнік (м)	[utajma'valʲnik]
cavaleiro (m) equilibrista	коннік (м)	['kɔnnik]
assistente (m)	асістэнт (м)	[asis'tɛnt]
truque (m)	трук (м)	['truk]
truque (m) de mágica	фокус (м)	['fɔkus]
ilusionista (m)	фокуснік (м)	['fɔkusnik]
malabarista (m)	жанглёр (м)	[ʒanɦ'lʲor]
fazer malabarismos	жангліраваць	[ʒanɦ'liravatsʲ]
adestrador (m)	дрэсіроўшчык (м)	[drɛsi'rɔwʃɕik]
adestramento (m)	дрэсіроўка (ж)	[drɛsi'rɔwka]
adestrar (vt)	дрэсіраваць	[drɛsira'vatsʲ]

154. Música. Música popular

música (f)	музыка (ж)	['muzika]
músico (m)	музыка (м)	[mu'zika]
instrumento (m) musical	музычны інструмент (м)	[mu'zitʃnɨ instru'ment]
tocar ...	іграць на ...	[iɦ'ratsʲ na ...]
guitarra (f)	гітара (ж)	[ɦi'tara]
violino (m)	скрыпка (ж)	['skripka]
violoncelo (m)	віяланчэль (ж)	[viʲalan'tʃɛlʲ]
contrabaixo (m)	кантрабас (м)	[kantra'bas]
harpa (f)	арфа (ж)	['arfa]
piano (m)	піяніна (н)	[piʲa'nina]
piano (m) de cauda	раяль (м)	[ra'ʲalʲ]
órgão (m)	арган (м)	[ar'ɦan]
instrumentos (m pl) de sopro	духавыя інструменты (м мн)	[duha'vɨʲa instru'menti]
oboé (m)	габой (м)	[ɦa'bɔj]
saxofone (m)	саксафон (м)	[saksa'fɔn]
clarinete (m)	кларнет (м)	[klar'net]
flauta (f)	флейта (ж)	['flejta]
trompete (m)	труба (ж)	[tru'ba]
acordeão (m)	акардэон (м)	[akardɛ'ɔn]
tambor (m)	барабан (м)	[bara'ban]

dueto (m)	дуэт (м)	[du'ɛt]
trio (m)	трыо (н)	['trio]
quarteto (m)	квартэт (м)	[kvar'tɛt]
coro (m)	хор (м)	['hɔr]
orquestra (f)	аркестр (м)	[ar'kestr]
música (f) pop	поп-музыка (м)	[pɔp 'muzɨka]
música (f) rock	рок-музыка (м)	[rɔk 'muzɨka]
grupo (m) de rock	рок-гурт (м)	[rɔk 'ɦurt]
jazz (m)	джаз (м)	['dʒas]
ídolo (m)	кумір (м)	[ku'mir]
fã, admirador (m)	прыхільнік (м)	[pri'hilʲnik]
concerto (m)	канцэрт (м)	[kan'tsɛrt]
sinfonia (f)	сімфонія (ж)	[sim'fɔniʲa]
composição (f)	твор (м)	['tvɔr]
compor (vt)	напісаць	[napi'satsʲ]
canto (m)	спевы (м мн)	['spevi]
canção (f)	песня (ж)	['pesʲnʲa]
melodia (f)	мелодыя (ж)	[me'lɔdiʲa]
ritmo (m)	рытм (м)	['ritm]
blues (m)	блюз (м)	['blʉs]
notas (f pl)	ноты (ж мн)	['nɔti]
batuta (f)	палачка (ж)	['palatʃka]
arco (m)	смык (м)	['smik]
corda (f)	струна (ж)	[stru'na]
estojo (m)	футарал (м)	[futa'ral]

Descanso. Entretenimento. Viagens

155. Viagens

turismo (m)	турызм (м)	[tu'rizm]
turista (m)	турыст (м)	[tu'rist]
viagem (f)	падарожжа (н)	[pada'roʒa]
aventura (f)	прыгода (ж)	[pri'ɦɔda]
percurso (curta viagem)	паездка (ж)	[pa'estka]
férias (f pl)	водпуск (м)	['vɔtpusk]
estar de férias	быць у водпуску	['bitsʲ u 'vɔtpusku]
descanso (m)	адпачынак (м)	[atpa'tʃinak]
trem (m)	цягнік (м)	[tsʲaɦ'nik]
de trem (chegar ~)	цягніком	[tsʲaɦni'kɔm]
avião (m)	самалёт (м)	[sama'lʲot]
de avião	самалётам	[sama'lʲotam]
de carro	на аўтамабілі	[na awtama'bili]
de navio	на караблі	[na karab'li]
bagagem (f)	багаж (м)	[ba'ɦaʃ]
mala (f)	чамадан (м)	[tʃama'dan]
carrinho (m)	каляска (ж) для багажу	[ka'lʲaska dlʲa baɦaʒu]
passaporte (m)	пашпарт (м)	['paʃpart]
visto (m)	віза (ж)	['viza]
passagem (f)	білет (м)	[bi'let]
passagem (f) aérea	авіябілет (м)	[avilabi'let]
guia (m) de viagem	даведнік (м)	[da'vednik]
mapa (m)	карта (ж)	['karta]
área (f)	мясцовасць (ж)	[mʲas'tsɔvastsʲ]
lugar (m)	месца (н)	['mesʲtsa]
exotismo (m)	экзотыка (ж)	[ɛg'zɔtika]
exótico (adj)	экзатычны	[ɛgza'titʃni]
surpreendente (adj)	дзівосны	[dzi'vɔsni]
grupo (m)	група (ж)	['ɦrupa]
excursão (f)	экскурсія (ж)	[ɛks'kursila]
guia (m)	гід, экскурсавод (м)	['ɦit], [ɛkskursa'vɔt]

156. Hotel

hotel (m)	гасцініца (ж)	[ɦas'tsinitsa]
hospedaria (f)	гатэль (м)	[ɦa'tɛl]
motel (m)	матэль (м)	[ma'tɛlʲ]

três estrelas	тры зоркі	[tri 'zɔrki]
cinco estrelas	пяць зорак	[pʲatsʲ 'zɔrak]
ficar (vi, vt)	спыніцца	[spi'nitsa]

quarto (m)	нумар (м)	['numar]
quarto (m) individual	аднамесны нумар (м)	[adna'mesni 'numar]
quarto (m) duplo	двухмесны нумар (м)	[dvuh'mesni 'numar]
reservar um quarto	браніраваць нумар	[bra'niravatsʲ 'numar]

| meia pensão (f) | паўпансіён (м) | [pawpansiʲon] |
| pensão (f) completa | поўны пансіён (м) | ['powni pansiʲon] |

com banheira	з ваннай	[z 'vannaj]
com chuveiro	з душам	[z 'duʃam]
televisão (m) por satélite	спадарожнікавае тэлебачанне (н)	[spada'rɔʒnikavae tɛle'batʃanne]
ar (m) condicionado	кандыцыянер (м)	[kanditsiʲa'ner]
toalha (f)	ручнік (м)	[rutʃ'nik]
chave (f)	ключ (м)	['klutʃ]

administrador (m)	адміністратар (м)	[admini'stratar]
camareira (f)	пакаёўка (ж)	[paka'ʲowka]
bagageiro (m)	насільшчык (м)	[na'silʲʃcik]
porteiro (m)	парцье (м)	[par'tsʲe]

restaurante (m)	рэстаран (м)	[rɛsta'ran]
bar (m)	бар (м)	['bar]
café (m) da manhã	сняданак (м)	[snʲa'danak]
jantar (m)	вячэра (ж)	[vʲa'tʃɛra]
bufê (m)	шведскі стол (м)	['ʃvetski 'stɔl]

| saguão (m) | вестыбюль (м) | [vesti'bulʲ] |
| elevador (m) | ліфт (м) | ['lift] |

| NÃO PERTURBE | НЕ ТУРБАВАЦЬ | [ne turba'vatsʲ] |
| PROIBIDO FUMAR! | НЕ КУРЫЦЬ! | [ne ku'ritsʲ] |

157. Livros. Leitura

livro (m)	кніга (ж)	['kniɦa]
autor (m)	аўтар (м)	['awtar]
escritor (m)	пісьменнік (м)	[pisʲ'mennik]
escrever (~ um livro)	напісаць	[napi'satsʲ]

leitor (m)	чытач (м)	[tʃi'tatʃ]
ler (vt)	чытаць	[tʃi'tatsʲ]
leitura (f)	чытанне (н)	[tʃi'tanne]

| para si | сам сабе | [sam sa'be] |
| em voz alta | углас | [u'ɦɔlas] |

publicar (vt)	выдаваць	[vida'vatsʲ]
publicação (f)	выданне (н)	[vi'danne]
editor (m)	выдавец (м)	[vida'vets]

editora (f)	выдавецтва (н)	[vida'vetstva]
sair (vi)	выйсці	['vijs'tsi]
lançamento (m)	выхад (м)	['vihat]
tiragem (f)	тыраж (м)	[ti'raʃ]

livraria (f)	кнігарня (ж)	[kni'harnʲa]
biblioteca (f)	бібліятэка (ж)	[bibliʲa'tɛka]

novela (f)	аповесць (ж)	[a'povestsʲ]
conto (m)	апавяданне (н)	[apavʲa'danne]
romance (m)	раман (м)	[ra'man]
romance (m) policial	дэтэктыў (м)	[dɛtɛk'tiw]

memórias (f pl)	мемуары (мн)	[memu'ari]
lenda (f)	легенда (ж)	[le'henda]
mito (m)	міф (м)	['mif]

poesia (f)	вершы (м мн)	['verʃi]
autobiografia (f)	аўтабіяграфія (ж)	[awtabiʲah'rafiʲa]
obras (f pl) escolhidas	выбранае (н)	['vibranae]
ficção (f) científica	фантастыка (ж)	[fan'tastika]

título (m)	назва (ж)	['nazva]
introdução (f)	уводзіны (мн)	[u'vodzini]
folha (f) de rosto	тытульны ліст (м)	['titulʲni 'list]

capítulo (m)	раздзел (м)	[raz'dzel]
excerto (m)	урывак (м)	[u'rivak]
episódio (m)	эпізод (м)	[ɛpi'zot]

enredo (m)	сюжэт (м)	[sʉ'ʒɛt]
conteúdo (m)	змест (м)	['zʲmest]
índice (m)	змест (м)	['zʲmest]
protagonista (m)	галоўны герой (м)	[ha'lowni he'rɔj]

volume (m)	том (м)	['tɔm]
capa (f)	вокладка (ж)	['vɔklatka]
encadernação (f)	пераплёт (м)	[perap'lʲot]
marcador (m) de página	закладка (ж)	[za'klatka]

página (f)	старонка (ж)	[sta'rɔnka]
folhear (vt)	гартаць	[har'tatsʲ]
margem (f)	палі (н мн)	[pa'li]
anotação (f)	пазнака (ж)	[pa'znaka]
nota (f) de rodapé	заўвага (ж)	[zaw'vaha]

texto (m)	тэкст (м)	['tɛkst]
fonte (f)	шрыфт (м)	['ʃrift]
falha (f) de impressão	памылка (ж) друку	[pa'milka 'druku]

tradução (f)	пераклад (м)	[pera'klat]
traduzir (vt)	перакладаць	[perakla'datsʲ]
original (m)	аўтэнтык (м)	[aw'tɛntik]

famoso (adj)	славуты	[sla'vuti]
desconhecido (adj)	невядомы	[nevʲa'domi]

| interessante (adj) | цікавы | [tsi'kavi] |
| best-seller (m) | бестселер (м) | [best'seler] |

dicionário (m)	слоўнік (м)	['slownik]
livro (m) didático	падручнік (м)	[pad'rutʃnik]
enciclopédia (f)	энцыклапедыя (ж)	[ɛntsikla'pediʲa]

158. Caça. Pesca

caça (f)	паляванне (н)	[palʲa'vanne]
caçar (vi)	паляваць	[palʲa'vatsʲ]
caçador (m)	паляўнічы (м)	[palʲaw'nitʃi]

disparar, atirar (vi)	страляць	[stra'lʲatsʲ]
rifle (m)	стрэльба (ж)	['strɛlʲba]
cartucho (m)	патрон (м)	[pat'ron]
chumbo (m) de caça	шрот (м)	['ʃrot]

armadilha (f)	пастка (ж)	['pastka]
armadilha (com corda)	пастка (ж)	['pastka]
cair na armadilha	трапіць у пастку	['trapitsʲ u 'pastku]
pôr a armadilha	ставіць пастку	['stavitsʲ 'pastku]

caçador (m) furtivo	браканьер (м)	[braka'njer]
caça (animais)	дзічына (ж)	[dzi'tʃina]
cão (m) de caça	паляўнічы сабака (м)	[palʲaw'nitʃi sa'baka]
safári (m)	сафары (н)	[sa'fari]
animal (m) empalhado	чучала (н)	['tʃutʃala]

pescador (m)	рыбак (м)	[ri'bak]
pesca (f)	рыбалка (ж)	[ri'balka]
pescar (vt)	лавіць рыбу	[la'vitsʲ 'ribu]

vara (f) de pesca	вуда (ж)	['vuda]
linha (f) de pesca	лёска (ж)	['lʲoska]
anzol (m)	кручок (м)	[kru'tʃok]
boia (f), flutuador (m)	паплавок (м)	[papla'vok]
isca (f)	прынада (ж)	[pri'nada]

lançar a linha	закінуць вуду	[za'kinutsʲ 'vudu]
morder (peixe)	кляваць	[klʲa'vatsʲ]
pesca (f)	улоў (м)	[u'low]
buraco (m) no gelo	палонка (ж)	[pa'lonka]

rede (f)	сетка (ж)	['setka]
barco (m)	лодка (ж)	['lotka]
pescar com rede	лавіць сеткай	[la'vitsʲ 'setkaj]
lançar a rede	закідваць сетку	[za'kidvatsʲ 'setku]
puxar a rede	выцягваць сетку	[vi'tsʲaɦvatsʲ 'setku]
cair na rede	трапіць у сетку	['trapitsʲ u 'setku]

baleeiro (m)	кітабой (м)	[kita'boj]
baleeira (f)	кітабойнае судна (н)	[kita'bojnae 'sudna]
arpão (m)	гарпун (м)	[ɦar'pun]

159. Jogos. Bilhar

bilhar (m)	більярд (м)	[bi'ljart]
sala (f) de bilhar	більярдная (ж)	[bi'lʲardnaʲa]
bola (f) de bilhar	більярдны шар (м)	[bi'lʲardnɨ 'ʃar]
embolsar uma bola	загнаць шар	[zaɦ'natsʲ 'ʃar]
taco (m)	кій (м)	['kij]
caçapa (f)	луза (ж)	['luza]

160. Jogos. Jogar cartas

ouros (m pl)	звонкі (ж мн)	['zvɔnki]
espadas (f pl)	віны (ж мн)	['vinɨ]
copas (f pl)	чырвы (ж мн)	['tʲɕirvɨ]
paus (m pl)	трэфы (м мн)	['trɛfɨ]
ás (m)	туз (м)	['tus]
rei (m)	кароль (м)	[ka'rɔlʲ]
dama (f), rainha (f)	дама (ж)	['dama]
valete (m)	ніжнік (м)	['niʒnik]
carta (f) de jogar	карта (ж)	['karta]
cartas (f pl)	карты (ж мн)	['kartɨ]
trunfo (m)	козыр (м)	['kɔzir]
baralho (m)	калода (ж)	[ka'lɔda]
ponto (m)	ачко (н)	[atʲ'kɔ]
dar, distribuir (vt)	здаваць	[zda'vatsʲ]
embaralhar (vt)	тасаваць	[tasa'vatsʲ]
vez, jogada (f)	ход (м)	['hɔt]
trapaceiro (m)	шулер (м)	['ʃuler]

161. Casino. Roleta

cassino (m)	казіно (н)	[kazi'nɔ]
roleta (f)	рулетка (ж)	[ru'letka]
aposta (f)	стаўка (ж)	['stawka]
apostar (vt)	рабіць стаўкі	[ra'bitsʲ 'stawki]
vermelho (m)	чырвонае (н)	[tʲɕir'vɔnae]
preto (m)	чорнае (н)	['tʲɔrnae]
apostar no vermelho	ставіць на чырвонае	['stavitsʲ na tʲɕir'vɔnae]
apostar no preto	ставіць на чорнае	['stavitsʲ na 'tʲɔrnae]
croupier (m, f)	круп'е (м)	[krup"e]
girar da roleta	круціць барабан	[kru'tsitsʲ bara'ban]
regras (f pl) do jogo	правілы (н мн) гульні	[pravilɨ ɦulʲ'ni]
ficha (f)	фішка (ж)	['fiʃka]
ganhar (vi, vt)	выйграць	['vijɦratsʲ]
ganho (m)	выйгрыш (м)	['vijɦriʃ]

| perder (dinheiro) | прайграць | [praj'ɦratsʲ] |
| perda (f) | пройгрыш (м) | ['prɔjɦriʃ] |

jogador (m)	гулец (м)	[ɦu'lets]
blackjack, vinte-e-um (m)	блэк-джэк (м)	[blɛk'dʒɛk]
jogo (m) de dados	гульня (ж) ў косці	[ɦulʲ'nʲa w 'kɔsʲtsi]
dados (m pl)	косці (мн)	['kosʲtsi]
caça-níqueis (m)	гульнявы аўтамат (м)	[ɦulʲnʲa'vɨ awta'mat]

162. Descanso. Jogos. Diversos

passear (vi)	гуляць	[ɦu'lʲatsʲ]
passeio (m)	шпацыр (м)	['ʃpatsɨr]
viagem (f) de carro	прагулянка (ж)	[praɦu'lʲanka]
aventura (f)	прыгода (ж)	[pri'ɦɔda]
piquenique (m)	пікнік (м)	[pik'nik]

jogo (m)	гульня (ж)	[ɦulʲ'nʲa]
jogador (m)	гулец (м)	[ɦu'lets]
partida (f)	партыя (ж)	['partiʲa]

colecionador (m)	калекцыянер (м)	[kalektsiʲa'ner]
colecionar (vt)	калекцыяніраваць	[kalektsiʲa'niravatsʲ]
coleção (f)	калекцыя (ж)	[ka'lektsiʲa]

palavras (f pl) cruzadas	крыжаванка (ж)	[kriʐa'vanka]
hipódromo (m)	іпадром (м)	[ipa'drɔm]
discoteca (f)	дыскатэка (ж)	[diska'tɛka]

| sauna (f) | саўна (ж) | ['sauna] |
| loteria (f) | латарэя (ж) | [lata'rɛʲa] |

campismo (m)	вандроўка (ж)	[van'drɔwka]
acampamento (m)	лагер (м)	['laɦer]
barraca (f)	палатка (ж)	[pa'latka]
bússola (f)	компас (м)	['kɔmpas]
campista (m)	турыст (м)	[tu'rist]

ver (vt), assistir à ...	глядзець	[ɦlʲa'dzetsʲ]
telespectador (m)	тэлеглядач (м)	[tɛleɦlʲa'datʃ]
programa (m) de TV	тэлеперадача (ж)	[tɛlepera'datʃa]

163. Fotografia

| máquina (f) fotográfica | фотаапарат (м) | [fɔtaapa'rat] |
| foto, fotografia (f) | фота (н) | ['fɔta] |

fotógrafo (m)	фатограф (м)	[fa'tɔɦraf]
estúdio (m) fotográfico	фотастудыя (ж)	[fɔta'studiʲa]
álbum (m) de fotografias	фотаальбом (м)	[fɔtaalʲ'bɔm]
lente (f) fotográfica	аб'ектыў (м)	[ab'ektiw]
lente (f) teleobjetiva	тэлеаб'ектыў (м)	[tɛleab'ektiw]

| filtro (m) | фільтр (м) | ['fil'tr] |
| lente (f) | лінза (ж) | ['linza] |

ótica (f)	оптыка (ж)	['ɔptika]
abertura (f)	дыяфрагма (ж)	[dʲaˈfraɦma]
exposição (f)	вытрымка (ж)	['vitrimka]
visor (m)	відашукальнік (м)	[vidaʃuˈkalʲnik]

câmera (f) digital	лічбавая камера (ж)	[liʤbavaʲa 'kamera]
tripé (m)	штатыў (м)	[ʃtaˈtiw]
flash (m)	успышка (ж)	[usˈpiʃka]

fotografar (vt)	фатаграфаваць	[fataɦrafaˈvatsʲ]
tirar fotos	здымаць	[zdiˈmatsʲ]
fotografar-se (vr)	фатаграфавацца	[fataɦrafaˈvatsa]

foco (m)	рэзкасць (ж)	['rɛskastsʲ]
focar (vt)	наводзіць на рэзкасць	[naˈvɔdzits na 'rɛskastsʲ]
nítido (adj)	рэзкі	['rɛski]
nitidez (f)	рэзкасць (ж)	['rɛskastsʲ]

| contraste (m) | кантраст (м) | [kanˈtrast] |
| contrastante (adj) | кантрастны | [kanˈtrasni] |

retrato (m)	здымак (м)	['zdimak]
negativo (m)	негатыў (м)	[neɦaˈtiw]
filme (m)	фотаплёнка (ж)	[fɔtaˈplʲonka]
fotograma (m)	кадр (м)	['kadr]
imprimir (vt)	пячатаць	[pʲaˈtʃatatsʲ]

164. Praia. Natação

praia (f)	пляж (м)	['plʲaʃ]
areia (f)	пясок (м)	[pʲaˈsɔk]
deserto (adj)	пустэльны	[pusˈtɛlʲni]

bronzeado (m)	загар (м)	[zaˈɦar]
bronzear-se (vr)	загараць	[zaɦaˈratsʲ]
bronzeado (adj)	загарэлы	[zaɦaˈrɛli]
protetor (m) solar	крэм (м) для загару	['krɛm dlʲa zaˈɦaru]

biquíni (m)	бікіні (н)	[biˈkini]
maiô (m)	купальнік (м)	[kuˈpalʲnik]
calção (m) de banho	плаўкі (мн)	['plawki]

piscina (f)	басейн (м)	[baˈsejn]
nadar (vi)	плаваць	['plavatsʲ]
chuveiro (m), ducha (f)	душ (м)	['duʃ]
mudar, trocar (vt)	пераадзявацца	[peraadzʲaˈvatsa]
toalha (f)	ручнік (м)	[rutʃˈnik]

barco (m)	лодка (ж)	['lɔtka]
lancha (f)	катэр (м)	['katɛr]
esqui (m) aquático	водныя лыжы (ж мн)	[vɔdnʲa ˈliʒi]

barco (m) de pedais	водны веласіпед (м)	[vɔdnɨ velasi'pet]
surf, surfe (m)	сёрфінг (м)	['sʲorfinɦ]
surfista (m)	сёрфінгіст (м)	[sʲorfin'ɦist]

equipamento (m) de mergulho	акваланг (м)	[akva'lanɦ]
pé (m pl) de pato	ласты (м мн)	['lastɨ]
máscara (f)	маска (ж)	['maska]
mergulhador (m)	нырэц (м)	[nɨ'rɛts]
mergulhar (vi)	ныраць	[nɨ'ratsʲ]
debaixo d'água	пад вадой	[pad va'dɔj]

guarda-sol (m)	парасон (м)	[para'sɔn]
espreguiçadeira (f)	шэзлонг (м)	[ʃɛz'lɔnɦ]
óculos (m pl) de sol	акуляры (мн)	[aku'lʲarɨ]
colchão (m) de ar	плавальны матрац (м)	[plavalʲnɨ mat'rats]

brincar (vi)	гуляць	[ɦu'lʲatsʲ]
ir nadar	купацца	[ku'patsa]

bola (f) de praia	мяч (м)	['mʲatʃ]
encher (vt)	надзімаць	[nadzi'matsʲ]
inflável (adj)	надзіманы	[nadzi'manɨ]

onda (f)	хваля (ж)	['hvalʲa]
boia (f)	буй (м)	['buj]
afogar-se (vr)	тануць	[ta'nutsʲ]

salvar (vt)	ратаваць	[rata'vatsʲ]
colete (m) salva-vidas	выратавальная камізэлька (ж)	[vɨrata'valʲnaʲa kami'zɛlʲka]
observar (vt)	назіраць	[nazi'ratsʲ]
salva-vidas (pessoa)	ратавальнік (м)	[rata'valʲnik]

EQUIPAMENTO TÉCNICO. TRANSPORTES

Equipamento técnico. Transportes

165. Computador

computador (m)	камп'ютэр (м)	[kampʼʸutɛr]
computador (m) portátil	ноўтбук (м)	[ˈnɔwdbuk]
ligar (vt)	уключыць	[ukluˈʧitsʲ]
desligar (vt)	выключыць	[ˈviklutʃitsʲ]
teclado (m)	клавіятура (ж)	[klaviʲaˈtura]
tecla (f)	клавіша (ж)	[ˈklaviʃa]
mouse (m)	мыш (ж)	[ˈmiʃ]
tapete (m) para mouse	дыванок (м)	[divaˈnɔk]
botão (m)	кнопка (ж)	[ˈknɔpka]
cursor (m)	курсор (м)	[kurˈsɔr]
monitor (m)	манітор (м)	[maniˈtɔr]
tela (f)	экран (м)	[ɛkˈran]
disco (m) rígido	цвёрды дыск (м)	[tsvʲordɨ ˈdisk]
capacidade (f) do disco rígido	аб'ём (м) цвёрдага дыска	[aˈbʲʲom ˈtsvʲordaɦa ˈdiska]
memória (f)	памяць (ж)	[ˈpamʲatsʲ]
memória RAM (f)	аператыўная памяць (ж)	[aperaˈtiwnaʲa ˈpamʲatsʲ]
arquivo (m)	файл (м)	[ˈfajl]
pasta (f)	папка (ж)	[ˈpapka]
abrir (vt)	адкрыць	[atkˈritsʲ]
fechar (vt)	закрыць	[zaˈkritsʲ]
salvar (vt)	захаваць	[zahaˈvatsʲ]
deletar (vt)	выдаліць	[ˈvidalitsʲ]
copiar (vt)	скапіраваць	[skaˈpiravatsʲ]
ordenar (vt)	сартаваць	[sartaˈvatsʲ]
copiar (vt)	перапісаць	[perapiˈsatsʲ]
programa (m)	праграма (ж)	[praɦˈrama]
software (m)	праграмнае забеспячэнне (н)	[praɦˈramnae zabespʲaˈʧɛnne]
programador (m)	праграміст (м)	[praɦraˈmist]
programar (vt)	праграміраваць	[praɦraˈmiravatsʲ]
hacker (m)	хакер (м)	[ˈhaker]
senha (f)	пароль (м)	[paˈrɔlʲ]
vírus (m)	вірус (м)	[ˈvirus]
detectar (vt)	знайсці	[znajsˈtsi]

byte (m)	байт (м)	['bajt]
megabyte (m)	мегабайт (м)	[meħa'bajt]
dados (m pl)	даныя (мн)	['daniʲa]
base (f) de dados	база (ж) даных	['baza 'danіħ]
cabo (m)	кабель (м)	['kabelʲ]
desconectar (vt)	адлучыць	[adlu'ʧitsʲ]
conectar (vt)	далучыць	[dalu'ʧitsʲ]

166. Internet. E-mail

internet (f)	Інтэрнэт (м)	[intɛr'nɛt]
browser (m)	браўзер (м)	['brawzer]
motor (m) de busca	пошукавы рэсурс (м)	[pɔʃukavі rɛ'surs]
provedor (m)	правайдэр (м)	[pra'vajdɛr]
webmaster (m)	вэб-майстар (м)	[wɛp'majstar]
website (m)	вэб-сайт (м)	[wɛp'sajt]
web page (f)	вэб-старонка (ж)	['wɛp sta'rɔnka]
endereço (m)	адрас (м)	['adras]
livro (m) de endereços	адрасная кніга (ж)	[adrasnaʲa 'kniħa]
caixa (f) de correio	паштовая скрынка (ж)	[paʃ'tɔvaʲa 'skrіnka]
correio (m)	пошта (ж)	['pɔʃta]
cheia (caixa de correio)	перапоўненая	[pera'pownenaʲa]
mensagem (f)	паведамленне (н)	[pavedam'lenne]
mensagens (f pl) recebidas	уваходныя паведамленні	[uva'hodniʲa pavedam'lenni]
mensagens (f pl) enviadas	выходныя паведамленні	[vi'hodniʲa pavedam'lenni]
remetente (m)	адпраўшчык (м)	[at'prawʃɕik]
enviar (vt)	адправіць	[at'pravitsʲ]
envio (m)	адпраўка (ж)	[at'prawka]
destinatário (m)	атрымальнік (м)	[atri'malʲnik]
receber (vt)	атрымаць	[atri'matsʲ]
correspondência (f)	перапіска (ж)	[pera'piska]
corresponder-se (vr)	перапісвацца	[pera'pisvatsa]
arquivo (m)	файл (м)	['fajl]
fazer download, baixar (vt)	спампаваць	[spampa'vatsʲ]
criar (vt)	стварыць	[stva'ritsʲ]
deletar (vt)	выдаліць	['vidalitsʲ]
deletado (adj)	выдалены	['vidaleni]
conexão (f)	сувязь (ж)	['suvʲasʲ]
velocidade (f)	хуткасць (ж)	['hutkastsʲ]
modem (m)	мадэм (м)	[ma'dɛm]
acesso (m)	доступ (м)	['dɔstup]
porta (f)	порт (м)	['pɔrt]
conexão (f)	падключэнне (н)	[patklʉ'ʧɛnne]
conectar (vi)	падключыцца да ...	[patklʉ'ʧitsa da ...]

| escolher (vt) | выбраць | ['vibratsʲ] |
| buscar (vt) | шукаць | [ʃuˈkatsʲ] |

167. Eletricidade

eletricidade (f)	электрычнасць (ж)	[ɛlektˈritʃnastsʲ]
elétrico (adj)	электрычны	[ɛlektˈritʃni]
planta (f) elétrica	электрастанцыя (ж)	[ɛˈlektra ˈstantsʲia]
energia (f)	энергія (ж)	[ɛˈnerɦiʲa]
energia (f) elétrica	электраэнергія (ж)	[ɛˈlektra ɛˈnerɦiʲa]

lâmpada (f)	лямпачка (ж)	[ˈlʲampatʃka]
lanterna (f)	ліхтар (м)	[lihˈtar]
poste (m) de iluminação	ліхтар (м)	[lihˈtar]

luz (f)	святло (н)	[svʲatˈlɔ]
ligar (vt)	уключаць	[uklʉˈtʃatsʲ]
desligar (vt)	выключаць	[viklʉˈtʃatsʲ]
apagar a luz	пагасіць святло	[paɦaˈsitsʲ svʲatˈlɔ]

queimar (vi)	перагарэць	[peraɦaˈrɛtsʲ]
curto-circuito (m)	кароткае замыканне (н)	[kaˈrɔtkae zamiˈkanne]
ruptura (f)	абрыў (м)	[abˈriw]
contato (m)	кантакт (м)	[kanˈtakt]

interruptor (m)	выключальнік (м)	[viklʉˈtʃalʲnik]
tomada (de parede)	разетка (ж)	[raˈzetka]
plugue (m)	вілка (ж)	[ˈvilka]
extensão (f)	падаўжальнік (м)	[padawˈʒalʲnik]

fusível (m)	засцерагальнік (м)	[zasʲtseraˈɦalʲnik]
fio, cabo (m)	провад (м)	[ˈprɔvat]
instalação (f) elétrica	праводка (ж)	[praˈvɔtka]

ampère (m)	ампер (м)	[amˈper]
amperagem (f)	сіла (ж) току	[sila ˈtɔku]
volt (m)	вольт (м)	[ˈvɔlʲt]
voltagem (f)	напружанне (н)	[naˈpruʒanne]

| aparelho (m) elétrico | электрапрыбор (м) | [ɛˈlektra priˈbɔr] |
| indicador (m) | індыкатар (м) | [indiˈkatar] |

eletricista (m)	электрык (м)	[ɛˈlektrik]
soldar (vt)	паяць	[paˈʲatsʲ]
soldador (m)	паяльнік (м)	[paˈʲalʲnik]
corrente (f) elétrica	ток (м)	[ˈtɔk]

168. Ferramentas

ferramenta (f)	інструмент (м)	[instruˈment]
ferramentas (f pl)	інструменты (м мн)	[instruˈmenti]
equipamento (m)	абсталяванне (н)	[apstalʲaˈvanne]

martelo (m)	малаток (м)	[mala'tɔk]
chave (f) de fenda	адвёртка (ж)	[at'vʲortka]
machado (m)	сякера (ж)	[sʲa'kera]

serra (f)	піла (ж)	[pi'la]
serrar (vt)	пілаваць	[pila'vatsʲ]
plaina (f)	гэбель (м)	['ɦɛbelʲ]
aplainar (vt)	габляваць	[ɦablʲa'vatsʲ]
soldador (m)	паяльнік (м)	[pa'ʲalʲnik]
soldar (vt)	паяць	[pa'ʲatsʲ]

lima (f)	напільнік (м)	[na'pilʲnik]
tenaz (f)	абцугі (мн)	[aptsu'ɦi]
alicate (m)	пласкагубцы (мн)	[plaska'ɦuptsi]
formão (m)	стамеска (ж)	[sta'meska]

broca (f)	свердзел (м)	['sverdzel]
furadeira (f) elétrica	дрыль (м)	['drilʲ]
furar (vt)	свідраваць	[svidra'vatsʲ]

faca (f)	нож (м)	['nɔʃ]
lâmina (f)	лязо (н)	[lʲa'zɔ]

afiado (adj)	востры	['vɔstri]
cego (adj)	тупы	[tu'pi]
embotar-se (vr)	затупіцца	[zatu'pitsa]
afiar, amolar (vt)	вастрыць	[vast'ritsʲ]

parafuso (m)	болт (м)	['bɔlt]
porca (f)	гайка (ж)	['ɦajka]
rosca (f)	разьба (ж)	[razʲ'ba]
parafuso (para madeira)	шруба (ж)	['ʃruba]

prego (m)	цвік (м)	['tsʲvik]
cabeça (f) do prego	плешка (ж)	['pleʃka]

régua (f)	лінейка (ж)	[li'nejka]
fita (f) métrica	рулетка (ж)	[ru'letka]
nível (m)	ватэрпас (м)	[vatɛr'pas]
lupa (f)	лупа (ж)	['lupa]

medidor (m)	вымяральны прыбор (м)	[vimʲa'ralʲni pri'bɔr]
medir (vt)	вымяраць	[vimʲa'ratsʲ]
escala (f)	шкала (ж)	[ʃka'la]
indicação (f), registro (m)	паказанне (н)	[paka'zanne]

compressor (m)	кампрэсар (м)	[kam'prɛsar]
microscópio (m)	мікраскоп (м)	[mikra'skɔp]

bomba (f)	помпа (ж)	['pɔmpa]
robô (m)	робат (м)	['rɔbat]
laser (m)	лазер (м)	['lazer]

chave (f) de boca	гаечны ключ (м)	['ɦaetʃni 'klʉtʃ]
fita (f) adesiva	стужка-скотч (ж)	[stuʃka 'skɔtʃ]
cola (f)	клей (м)	['klej]

lixa (f)	**нажда́чная папера** (ж)	[naʒ'datʃnaʲa pa'pera]
mola (f)	**спружы́на** (ж)	[spru'ʒina]
ímã (m)	**магні́т** (м)	[maɦ'nit]
luva (f)	**пальчаткі** (ж мн)	[palʲ'tʃatki]
corda (f)	**вяро́ўка** (ж)	[vʲa'rɔwka]
cabo (~ de nylon, etc.)	**шнур** (м)	['ʃnur]
fio (m)	**прова́д** (м)	['prɔvat]
cabo (~ elétrico)	**ка́бель** (м)	['kabelʲ]
marreta (f)	**кува́лда** (ж)	[ku'valda]
pé de cabra (m)	**лом** (м)	['lɔm]
escada (f) de mão	**ле́скі** (мн)	['leski]
escada (m)	**драбі́ны** (ж мн)	[dra'bini]
enroscar (vt)	**закру́чваць**	[za'krutʃvatsʲ]
desenroscar (vt)	**адкру́чваць**	[at'krutʃvatsʲ]
apertar (vt)	**заці́скаць**	[zatsis'katsʲ]
colar (vt)	**прыклейваць**	[prik'lejvatsʲ]
cortar (vt)	**рэ́заць**	['rɛzatsʲ]
falha (f)	**няспра́ўнасць** (ж)	[nʲas'prawnastsʲ]
conserto (m)	**папра́ўка** (ж)	[pa'prawka]
consertar, reparar (vt)	**раманта́ваць**	[ramanta'vatsʲ]
regular, ajustar (vt)	**рэгуля́ваць**	[rɛɦulʲa'vatsʲ]
verificar (vt)	**правяра́ць**	[pravʲa'ratsʲ]
verificação (f)	**пра́верка** (ж)	[pra'verka]
indicação (f), registro (m)	**паказа́нне** (н)	[paka'zanne]
seguro (adj)	**надзе́йны**	[na'dzejni]
complicado (adj)	**складаны**	[skla'dani]
enferrujar (vi)	**іржа́вець**	[irʒa'vetsʲ]
enferrujado (adj)	**іржа́вы**	[ir'ʒavi]
ferrugem (f)	**іржа́** (ж)	[ir'ʒa]

Transportes

169. Avião

avião (m)	самалёт (м)	[sama'lʲot]
passagem (f) aérea	авіябілет (м)	[aviʲabi'let]
companhia (f) aérea	авіякампанія (ж)	[aviʲakam'paniʲa]
aeroporto (m)	аэрапорт (м)	[aɛra'pɔrt]
supersônico (adj)	звышгукавы	[zvɨʒɦuka'vɨ]
comandante (m) do avião	камандзір (м) карабля	[kaman'dzir karab'lʲa]
tripulação (f)	экіпаж (м)	[ɛki'paʃ]
piloto (m)	пілот (м)	[pi'lɔt]
aeromoça (f)	сцюардэса (ж)	[sʲtsʉar'dɛsa]
copiloto (m)	штурман (м)	['ʃturman]
asas (f pl)	крылы (н мн)	['krɨlʲi]
cauda (f)	хвост (м)	['hvɔst]
cabine (f)	кабіна (ж)	[ka'bina]
motor (m)	рухавік (м)	[ruha'vik]
trem (m) de pouso	шасі (н)	[ʃa'si]
turbina (f)	турбіна (ж)	[tur'bina]
hélice (f)	прапелер (м)	[pra'peler]
caixa-preta (f)	чорная скрынка (ж)	['ʧɔrnaʲa 'skrɨnka]
coluna (f) de controle	штурвал (м)	[ʃtur'val]
combustível (m)	гаручае (н)	[ɦaru'ʧae]
instruções (f pl) de segurança	інструкцыя (ж)	[in'struktsɨʲa]
máscara (f) de oxigênio	кіслародная маска (ж)	[kisla'rɔdnaʲa 'maska]
uniforme (m)	уніформа (ж)	[uni'fɔrma]
colete (m) salva-vidas	выратавальная камізэлька (ж)	[vɨrata'valʲnaʲa kami'zɛlʲka]
paraquedas (m)	парашут (м)	[para'ʃut]
decolagem (f)	узлёт (м)	[uz'lʲot]
descolar (vi)	узлятаць	[uzlʲa'tatsʲ]
pista (f) de decolagem	узлётная паласа (ж)	[uz'lʲotnaʲa pala'sa]
visibilidade (f)	бачнасць (ж)	['baʧnastsʲ]
voo (m)	палёт (м)	[pa'lʲot]
altura (f)	вышыня (ж)	[vɨʃɨ'nʲa]
poço (m) de ar	паветраная яма (ж)	[pa'vetranaʲa 'ʲama]
assento (m)	месца (н)	['mesʲtsa]
fone (m) de ouvido	навушнікі (м мн)	[na'vuʃniki]
mesa (f) retrátil	адкідны столік (м)	[atkid'nɨ 'stɔlik]
janela (f)	ілюмінатар (м)	[ilʉmi'natar]
corredor (m)	праход (м)	[pra'hɔt]

170. Comboio

trem (m)	цягнік (м)	[tsʲaɦ'nik]
trem (m) elétrico	электрацягнік (м)	[ɛ'lektra tsʲaɦ'nik]
trem (m)	хуткі цягнік (м)	[hutki tsʲaɦ'nik]
locomotiva (f) diesel	цеплавоз (м)	[tsepla'vɔs]
locomotiva (f) a vapor	паравоз (м)	[para'vɔs]
vagão (f) de passageiros	вагон (м)	[va'ɦɔn]
vagão-restaurante (m)	вагон-рэстаран (м)	[va'ɦɔn rɛsta'ran]
carris (m pl)	рэйкі (ж мн)	['rɛjki]
estrada (f) de ferro	чыгунка (ж)	[tʃi'ɦunka]
travessa (f)	шпала (ж)	['ʃpala]
plataforma (f)	платформа (ж)	[plat'fɔrma]
linha (f)	пуць (м)	['putsʲ]
semáforo (m)	семафор (м)	[sema'fɔr]
estação (f)	станцыя (ж)	['stantsʲʲa]
maquinista (m)	машыніст (м)	[maʃi'nist]
bagageiro (m)	насільшчык (м)	[na'silʲʃɕik]
hospedeiro, -a (m, f)	праваднік (м)	[pravad'nik]
passageiro (m)	пасажыр (м)	[pasa'ʒir]
revisor (m)	кантралёр (м)	[kantra'lʲor]
corredor (m)	калідор (м)	[kali'dɔr]
freio (m) de emergência	стоп-кран (м)	[stɔp'kran]
compartimento (m)	купэ (н)	[ku'pɛ]
cama (f)	лаўка (ж)	['lawka]
cama (f) de cima	лаўка (ж) верхняя	[lawka 'verhnæʲa]
cama (f) de baixo	лаўка (ж) ніжняя	[lawka 'niʒnæʲa]
roupa (f) de cama	пасцельная бялізна (ж)	[pas'tselʲnaʲa bʲa'lizna]
passagem (f)	білет (м)	[bi'let]
horário (m)	расклад (м)	[ras'klat]
painel (m) de informação	табло (н)	[tab'lɔ]
partir (vt)	адыходзіць	[adi'hɔdzitsʲ]
partida (f)	адпраўленне (н)	[atpraw'lenne]
chegar (vi)	прыбываць	[pribi'vatsʲ]
chegada (f)	прыбыццё (н)	[pribi'tsʲo]
chegar de trem	прыехаць цягніком	[pri'ehatsʲ tsʲaɦni'kɔm]
pegar o trem	сесці на цягнік	['sesʲtsi na tsʲaɦ'nik]
descer de trem	сысці з цягніка	[sis'tsi z tsʲaɦni'ka]
acidente (m) ferroviário	крушэнне (н)	[kru'ʃɛnne]
descarrilar (vi)	сысці з рэек	[sis'tsi z 'rɛek]
locomotiva (f) a vapor	паравоз (м)	[para'vɔs]
foguista (m)	качагар (м)	[katʃa'ɦar]
fornalha (f)	топка (ж)	['tɔpka]
carvão (m)	вугаль (м)	['vuɦalʲ]

171. Barco

navio (m)	карабель (м)	[kara'belʲ]
embarcação (f)	судна (н)	['sudna]
barco (m) a vapor	параход (м)	[para'hɔt]
barco (m) fluvial	цеплаход (м)	[tsepla'hɔt]
transatlântico (m)	лайнер (м)	['lajner]
cruzeiro (m)	крэйсер (м)	['krɛjser]
iate (m)	яхта (ж)	['ʲahta]
rebocador (m)	буксір (м)	[buk'sir]
barcaça (f)	баржа (ж)	['barʒa]
ferry (m)	паром (м)	[pa'rɔm]
veleiro (m)	паруснік (м)	['parusnik]
bergantim (m)	брыганціна (ж)	[briɦan'tsina]
quebra-gelo (m)	ледакол (м)	[leda'kɔl]
submarino (m)	падводная лодка (ж)	[pad'vɔdnaʲa 'lɔtka]
bote, barco (m)	лодка (ж)	['lɔtka]
baleeira (bote salva-vidas)	шлюпка (ж)	['ʃlʉpka]
bote (m) salva-vidas	шлюпка (ж) выратавальная	ʃlʉpka virata'valʲnaʲa]
lancha (f)	катэр (м)	['katɛr]
capitão (m)	капітан (м)	[kapi'tan]
marinheiro (m)	матрос (м)	[mat'rɔs]
marujo (m)	марак (м)	[ma'rak]
tripulação (f)	экіпаж (м)	[ɛki'paʃ]
contramestre (m)	боцман (м)	['bɔtsman]
grumete (m)	юнга (м)	['ʉnɦa]
cozinheiro (m) de bordo	кок (м)	['kɔk]
médico (m) de bordo	суднавы ўрач (м)	['sudnavɨ 'wratʃ]
convés (m)	палуба (ж)	['paluba]
mastro (m)	мачта (ж)	['matʃta]
vela (f)	парус (м)	['parus]
porão (m)	трум (м)	['trum]
proa (f)	нос (м)	['nɔs]
popa (f)	карма (ж)	[kar'ma]
remo (m)	вясло (н)	[vʲas'lɔ]
hélice (f)	вінт (м)	['vint]
cabine (m)	каюта (ж)	[ka'ʉta]
sala (f) dos oficiais	кают-кампанія (ж)	[ka'ʉt kam'paniʲa]
sala (f) das máquinas	машыннае аддзяленне (н)	[ma'ʃinnae adzʲa'lenne]
ponte (m) de comando	капітанскі мосцік (м)	[kapi'tanski 'mɔsʲtsik]
sala (f) de comunicações	радыёрубка (ж)	[radiʲɔ'rupka]
onda (f)	хваля (ж)	['hvalʲa]
diário (m) de bordo	суднавы журнал (м)	['sudnavɨ ʒur'nal]
luneta (f)	падзорная труба (ж)	[pa'dzornaʲa tru'ba]

| sino (m) | звон (м) | ['zvɔn] |
| bandeira (f) | сцяг (м) | ['stsʲaɦ] |

| cabo (m) | канат (м) | [ka'nat] |
| nó (m) | вузел (м) | ['vuzel] |

| corrimão (m) | поручань (м) | ['pɔrutʃanʲ] |
| prancha (f) de embarque | трап (м) | ['trap] |

âncora (f)	якар (м)	['ʲakar]
recolher a âncora	падняць якар	[pad'nʲatsʲ ʲakar]
jogar a âncora	кінуць якар	['kinutsʲ ʲakar]
amarra (corrente de âncora)	якарны ланцуг (м)	[ʲakarnɨ lan'tsuɦ]

porto (m)	порт (м)	['pɔrt]
cais, amarradouro (m)	прычал (м)	[pri'tʃal]
atracar (vi)	прычальваць	[pri'tʃalʲvatsʲ]
desatracar (vi)	адчальваць	[a'tʃalʲvatsʲ]

viagem (f)	падарожжа (н)	[pada'rɔʐa]
cruzeiro (m)	круіз (м)	[kru'is]
rumo (m)	курс (м)	['kurs]
itinerário (m)	маршрут (м)	[marʃ'rut]

canal (m) de navegação	фарватэр (м)	[far'vatɛr]
banco (m) de areia	мель (ж)	['melʲ]
encalhar (vt)	сесці на мель	[sesʲtsi na 'melʲ]

tempestade (f)	бура (ж)	['bura]
sinal (m)	сігнал (м)	[siɦ'nal]
afundar-se (vr)	тануць	[ta'nutsʲ]
Homem ao mar!	Чалавек за бортам!	[tʃala'vek za 'bortam!]
SOS	SOS	['sɔs]
boia (f) salva-vidas	выратавальны круг (м)	[vɨrata'valʲnɨ kruɦ]

172. Aeroporto

aeroporto (m)	аэрапорт (м)	[aɛra'pɔrt]
avião (m)	самалёт (м)	[sama'lʲot]
companhia (f) aérea	авіякампанія (ж)	[aviʲakam'paniʲa]
controlador (m) de tráfego aéreo	дыспетчар (м)	[dis'petʃar]

partida (f)	вылет (м)	['vɨlet]
chegada (f)	прылёт (м)	[pri'lʲot]
chegar (vi)	прыляцець	[prilʲa'tsetsʲ]

| hora (f) de partida | час (м) вылету | [tʃas 'vɨletu] |
| hora (f) de chegada | час (м) прылёту | [tʃas pri'lʲotu] |

estar atrasado	затрымлівацца	[za'trimlivatsa]
atraso (m) de voo	затрымка (ж) вылету	[za'trimka 'vɨletu]
painel (m) de informação	інфармацыйнае табло (н)	[infarma'tsijnae tab'lɔ]
informação (f)	інфармацыя (ж)	[infar'matsɨʲa]

153

anunciar (vt)	абвяшчаць	[abvʲaˈʃcatsʲ]
voo (m)	рэйс (м)	[ˈrɛjs]

alfândega (f)	мытня (ж)	[ˈmitnʲa]
funcionário (m) da alfândega	мытнік (м)	[ˈmitnik]

declaração (f) alfandegária	дэкларацыя (ж)	[dɛklaˈratsʲia]
preencher (vt)	запоўніць	[zaˈpownitsʲ]
preencher a declaração	запоўніць дэкларацыю	[zaˈpownitsʲ dɛklaˈratsiu]
controle (m) de passaporte	пашпартны кантроль (м)	[ˈpaʃpartni kanˈtrolʲ]

bagagem (f)	багаж (м)	[baˈhaʃ]
bagagem (f) de mão	ручная паклажа (ж)	[rutʃˈnaʲa pakˈlaʒa]
carrinho (m)	каляска (ж) для багажу	[kaˈlʲaska dlʲa baˈhaʒu]

pouso (m)	пасадка (ж)	[paˈsatka]
pista (f) de pouso	пасадачная паласа (ж)	[paˈsadatʃnaʲa palaˈsa]
aterrissar (vi)	садзіцца	[saˈdzitsa]
escada (f) de avião	трап (м)	[ˈtrap]

check-in (m)	рэгістрацыя (ж)	[rɛhiˈstratsʲia]
balcão (m) do check-in	стойка (ж) рэгістрацыі	[stɔjka rɛhistˈratsii]
fazer o check-in	зарэгістравацца	[zarɛhistraˈvatsa]
cartão (m) de embarque	пасадачны талон (м)	[paˈsadatʃni taˈlɔn]
portão (m) de embarque	выхад (м)	[ˈvihat]

trânsito (m)	транзіт (м)	[tranˈzit]
esperar (vi, vt)	чакаць	[tʃaˈkatsʲ]
sala (f) de espera	зала (ж) чакання	[ˈzala tʃaˈkannʲa]
despedir-se (acompanhar)	праводзіць	[praˈvodzitsʲ]
despedir-se (dizer adeus)	развітвацца	[razˈvitvatsa]

173. Bicicleta. Motocicleta

bicicleta (f)	веласіпед (м)	[velasiˈpet]
lambreta (f)	матаролер (м)	[mɔtaˈrɔler]
moto (f)	матацыкл (м)	[mataˈtsikl]

ir de bicicleta	ехаць на веласіпедзе	[ˈehatsʲ na velasiˈpedze]
guidão (m)	руль (м)	[ˈrulʲ]
pedal (m)	педаль (ж)	[peˈdalʲ]
freios (m pl)	тармазы (м мн)	[tarmaˈzi]
banco, selim (m)	сядло (н)	[sʲadˈlɔ]

bomba (f)	помпа (ж)	[ˈpɔmpa]
bagageiro (m) de teto	багажнік (м)	[baˈhaʒnik]

lanterna (f)	ліхтар (м)	[lihˈtar]
capacete (m)	шлем (м)	[ˈʃlem]

roda (f)	кола (н)	[ˈkɔla]
para-choque (m)	крыло (н)	[kriˈlɔ]
aro (m)	вобад (м)	[ˈvɔbat]
raio (m)	спіца (ж)	[ˈspitsa]

Carros

174. Tipos de carros

carro, automóvel (m)	аўтамабіль (м)	[awtama'bilʲ]
carro (m) esportivo	спартыўны аўтамабіль (м)	[spar'tiwnɨ awtama'bilʲ]
limusine (f)	лімузін (м)	[limu'zin]
todo o terreno (m)	пазадарожнік (м)	[pazada'roʒnik]
conversível (m)	кабрыялет (м)	[kabrɨʲa'let]
minibus (m)	мікрааўтобус (м)	['mikra aw'tɔbus]
ambulância (f)	хуткая дапамога (ж)	[hutkaʲa dapa'mɔɦa]
limpa-neve (m)	снегаўборачная машына (ж)	['sneɦa w'bɔratʃnaʲa ma'ʃɨna]
caminhão (m)	грузавік (м)	[ɦruza'vik]
caminhão-tanque (m)	бензавоз (м)	[benza'vɔs]
perua, van (f)	фургон (м)	[fur'ɦɔn]
caminhão-trator (m)	цягач (м)	[tsʲa'hatʃ]
reboque (m)	прычэп (м)	[pri'tʃɛp]
confortável (adj)	камфартабельны	[kamfar'tabelʲnɨ]
usado (adj)	ужываны	[uʒɨ'vanɨ]

175. Carros. Carroçaria

capô (m)	капот (м)	[ka'pɔt]
para-choque (m)	крыло (н)	[kri'lɔ]
teto (m)	дах (м)	['dah]
para-brisa (m)	ветравое шкло (н)	[vetra'vɔe 'ʃklɔ]
retrovisor (m)	люстэрка (н) задняга агляду	[lʉs'tɛrka 'zadnʲaɦa aɦ'lʲadu]
esguicho (m)	абмывальнік (м)	[abmɨ'valʲnik]
limpadores (m) de para-brisas	шклоачышчальнікі (м мн)	[ʃklɔ atʃɨ'ʃalʲniki]
vidro (m) lateral	бакавое шкло (н)	[baka'vɔe ʃk'lɔ]
elevador (m) do vidro	шклопад'ёмнік (м)	[ʃklɔ pa'dʲʲomnik]
antena (f)	антэна (ж)	[an'tɛna]
teto (m) solar	люк (м)	['lʉk]
para-choque (m)	бампер (м)	['bamper]
porta-malas (f)	багажнік (м)	[ba'ɦaʒnik]
bagageira (f)	багажнік (м)	[ba'ɦaʒnik]
porta (f)	дзверцы (мн)	[dzʲ'vertsɨ]
maçaneta (f)	ручка (ж)	['rutʃka]
fechadura (f)	замок (м)	[za'mɔk]

placa (f)	нумар (м)	['numar]
silenciador (m)	глушыцель (м)	[ɦluˈʃitselʲ]
tanque (m) de gasolina	бензабак (м)	[benzaˈbak]
tubo (m) de exaustão	выхлапная труба (ж)	[viɦlapˈnaʲa truˈba]

acelerador (m)	газ (м)	['ɦas]
pedal (m)	педаль (ж)	[peˈdalʲ]
pedal (m) do acelerador	педаль (ж) газу	[peˈdalʲ ˈɦazu]

freio (m)	тормаз (м)	['tormas]
pedal (m) do freio	педаль (ж) тормазу	[peˈdalʲ ˈtormazu]
frear (vt)	тармазіць	[tarmaˈzitsʲ]
freio (m) de mão	стаянкавы тормаз (м)	[staˈʲankavi ˈtormas]

embreagem (f)	счапленне (н)	[ʃʨapˈlenne]
pedal (m) da embreagem	педаль (ж) счаплення	[peˈdalʲ ʃʨapˈlennʲa]
disco (m) de embreagem	дыск (м) счаплення	['disk ʃʨapˈlennʲa]
amortecedor (m)	амартызатар (м)	[amartiˈzatar]

roda (f)	кола (н)	['kola]
pneu (m) estepe	запасное кола (н)	[zapasˈnɔe ˈkola]
pneu (m)	пакрышка, шына (ж)	[paˈkriʃka], [ˈʃina]
calota (f)	каўпак (м)	[kawˈpak]

rodas (f pl) motrizes	вядучыя колы (н мн)	[vʲaˈdutʃʲʲa ˈkoli]
de tração dianteira	пярэднепрывадны	[pʲaˈrɛdne privadˈni]
de tração traseira	заднепрывадны	['zadne privadˈni]
de tração às 4 rodas	поўнапрывадны	['powna privadˈni]

caixa (f) de mudanças	каробка (ж) перадач	[kaˈrɔpka peraˈdatʃ]
automático (adj)	аўтаматычны	[awtamaˈtitʃni]
mecânico (adj)	механічны	[mehaˈnitʃni]
alavanca (f) de câmbio	рычаг (м) каробкі перадач	[riˈtʃaɦ kaˈrɔpki peraˈdatʃ]

| farol (m) | фара (ж) | ['fara] |
| faróis (m pl) | фары (ж мн) | ['fari] |

farol (m) baixo	блізкае святло (н)	['bliskae svʲatˈlɔ]
farol (m) alto	далёкае святло (н)	[daˈlʲokae svʲatˈlɔ]
luzes (f pl) de parada	стоп-сігнал (м)	[stɔp siɦˈnal]

luzes (f pl) de posição	габарытныя агні (м мн)	[ɦabaˈritnʲʲa aɦˈni]
luzes (f pl) de emergência	аварыйныя агні (м мн)	[avaˈrijnʲʲa aɦˈni]
faróis (m pl) de neblina	супрацьтуманныя фары (ж мн)	[supratsʲ tuˈmannʲʲa ˈfari]

| pisca-pisca (m) | паваротнік (м) | [pavaˈrɔtnik] |
| luz (f) de marcha ré | задні ход (м) | ['zadni ˈhɔt] |

176. Carros. Habitáculo

interior (do carro)	салон (м)	[saˈlɔn]
de couro	скураны	[skuraˈni]
de veludo	велюравы	[veˈlʲuravi]
estofamento (m)	абіўка (ж)	[aˈbiwka]

indicador (m)	прыбор (м)	[pri'bɔr]
painel (m)	прыборны шчыток (м)	[pri'bɔrni ɕɕi'tɔk]
velocímetro (m)	спідометр (м)	[spi'dɔmetr]
ponteiro (m)	стрэлка (ж)	['strɛlka]
hodômetro, odômetro (m)	лічыльнік (м)	[li'ʧilʲnik]
indicador (m)	датчык (м)	['datʧik]
nível (m)	узровень (м)	[uz'rɔvenʲ]
luz (f) de aviso	лямпачка (ж)	['lʲampaʧka]
volante (m)	руль (м)	['rulʲ]
buzina (f)	сігнал (м)	[siɦ'nal]
botão (m)	кнопка (ж)	['knɔpka]
interruptor (m)	пераключальнік (м)	[peraklʉ'ʧalʲnik]
assento (m)	сядзенне (н)	[sʲa'dzenne]
costas (f pl) do assento	спінка (ж)	['spinka]
cabeceira (f)	падгалоўнік (м)	[padɦa'lɔwnik]
cinto (m) de segurança	рэмень (м) бяспекі	['rɛmenʲ bʲas'peki]
apertar o cinto	прышпіліць рэмень	[priʃpi'litsʲ 'rɛmenʲ]
ajuste (m)	рэгуляванне (н)	[rɛɦulʲa'vanne]
airbag (m)	паветраная падушка (ж)	[pa'vetranaʲa pa'duʃka]
ar (m) condicionado	кандыцыянер (м)	[kanditsiʲa'ner]
rádio (m)	радыё (н)	['radiʲo]
leitor (m) de CD	CD-прайгравальнік (м)	[si'dzi prajɦra'valʲnik]
ligar (vt)	уключыць	[uklʉ'ʧitsʲ]
antena (f)	антэна (ж)	[an'tɛna]
porta-luvas (m)	бардачок (м)	[barda'ʧɔk]
cinzeiro (m)	попельніца (ж)	['pɔpelʲnitsa]

177. Carros. Motor

motor (m)	рухавік (м)	[ruha'vik]
motor (m)	матор (м)	[ma'tɔr]
a diesel	дызельны	['dizelʲni]
a gasolina	бензінавы	[ben'zinavi]
cilindrada (f)	аб'ём (м) рухавіка	[a'bʲʲom ruhavi'ka]
potência (f)	магутнасць (ж)	[ma'ɦutnastsʲ]
cavalo (m) de potência	конская сіла (ж)	[kɔnskaʲa 'sila]
pistão (m)	поршань (м)	['pɔrʃanʲ]
cilindro (m)	цыліндр (м)	[tsi'lindr]
válvula (f)	клапан (м)	['klapan]
injetor (m)	інжэктар (м)	[in'ʒɛktar]
gerador (m)	генератар (м)	[ɦene'ratar]
carburador (m)	карбюратар (м)	[karbʉ'ratar]
óleo (m) de motor	аліва (ж) маторная	[a'liva ma'tɔrnaʲa]
radiador (m)	радыятар (м)	[radiʲ'atar]
líquido (m) de arrefecimento	ахаладжальная вадкасць (ж)	[ahala'dʒalʲnaʲa 'vatkastsʲ]

ventilador (m)	вентылятар (м)	[venti'lʲatar]
bateria (f)	акумулятар (м)	[akumu'lʲatar]
dispositivo (m) de arranque	стартэр (м)	['startɛr]
ignição (f)	запальванне (н)	[za'palʲvanne]
vela (f) de ignição	свечка (ж) запальвання	['svetʃka za'palʲvannʲa]

terminal (m)	клема (ж)	['klema]
terminal (m) positivo	плюс (м)	['plʉs]
terminal (m) negativo	мінус (м)	['minus]
fusível (m)	засцерагальнік (м)	[zasʲtsera'halʲnik]

filtro (m) de ar	паветраны фільтр (м)	[pa'vetranɨ 'filʲtr]
filtro (m) de óleo	алівавы фільтр (м)	[a'livavɨ 'filʲtr]
filtro (m) de combustível	паліўны фільтр (м)	['paliwnɨ 'filʲtr]

178. Carros. Batidas. Reparação

acidente (m) de carro	аварыя (ж)	[a'varɨʲa]
acidente (m) rodoviário	дарожнае здарэнне (н)	[da'rɔʒnae zda'rɛnne]
bater (~ num muro)	уразацца	[ura'zatsa]
sofrer um acidente	разбіцца	[raz'bitsa]
dano (m)	пашкоджанне (н)	[paʃ'kɔdʒanne]
intato	цэлы	['tsɛlɨ]

pane (f)	аварыя, паломка (ж)	[a'varɨʲa], [pa'lomka]
avariar (vi)	зламацца	[zla'matsa]
cabo (m) de reboque	буксіровачны трос (м)	[buksi'rɔvatʃnɨ 'trɔs]

furo (m)	пракол (м)	[pra'kɔl]
estar furado	спусціць	[spus'tsitsʲ]
encher (vt)	напампоўваць	[napam'powvatsʲ]
pressão (f)	ціск (м)	['tsisk]
verificar (vt)	праверыць	[pra'verɨtsʲ]

reparo (m)	рамонт (м)	[ra'mɔnt]
oficina (f) automotiva	аўтасэрвіс (м)	[awta'sɛrvis]
peça (f) de reposição	запчастка (ж)	[zap'tʃastka]
peça (f)	дэталь (ж)	[dɛ'talʲ]

parafuso (com porca)	болт (м)	['bɔlt]
parafuso (m)	шруба (ж)	['ʃruba]
porca (f)	гайка (ж)	['hajka]
arruela (f)	шайба (ж)	['ʃajba]
rolamento (m)	падшыпнік (м)	[pat'ʃɨpnik]

tubo (m)	трубка (ж)	['trupka]
junta, gaxeta (f)	пракладка (ж)	[prak'latka]
fio, cabo (m)	провад (м)	['prɔvat]

macaco (m)	дамкрат (м)	[dam'krat]
chave (f) de boca	гаечны ключ (м)	['haetʃnɨ 'klʉtʃ]
martelo (m)	малаток (м)	[mala'tɔk]
bomba (f)	помпа (ж)	['pɔmpa]
chave (f) de fenda	адвёртка (ж)	[at'vʲortka]

extintor (m)	вогнетушыцель (м)	[vɔɦnetu'ʃitsel']
triângulo (m) de emergência	аварыйны трохвугольнік (м)	[ava'rijnɨ trɔhvu'ɦɔl'nik]

morrer (motor)	глухнуць	['ɦluhnutsʲ]
paragem, "morte" (f)	спыненне (н)	[spɨ'nenne]
estar quebrado	быць зламаным	['bitsʲ zla'manɨm]

superaquecer-se (vr)	перагрэцца	[pera'ɦrɛtsa]
entupir-se (vr)	засмеціцца	[zas'metsitsa]
congelar-se (vr)	замерзнуць	[za'merznutsʲ]
rebentar (vi)	лопнуць	['lɔpnutsʲ]

pressão (f)	ціск (м)	['tsisk]
nível (m)	узровень (м)	[uz'rɔvenʲ]
frouxo (adj)	слабы	['slabɨ]

batida (f)	увагнутасць (ж)	[uva'ɦnutastsʲ]
ruído (m)	стук (м)	['stuk]
fissura (f)	трэшчына (ж)	['trɛʃçɨna]
arranhão (m)	драпіна (ж)	['drapina]

179. Carros. Estrada

estrada (f)	дарога (ж)	[da'rɔɦa]
autoestrada (f)	аўтамагістраль (ж)	[awtamaɦi'stralʲ]
rodovia (f)	шаша (ж)	[ʃa'ʃa]
direção (f)	кірунак (м)	[ki'runak]
distância (f)	адлегласць (ж)	[ad'leɦlastsʲ]

ponte (f)	мост (м)	['mɔst]
parque (m) de estacionamento	паркінг (м)	['parkinɦ]
praça (f)	плошча (ж)	['plɔʃça]
nó (m) rodoviário	развязка (ж)	[raz'vʲaska]
túnel (m)	тунэль (м)	[tu'nɛlʲ]

posto (m) de gasolina	аўтазапраўка (ж)	[awtaza'prawka]
parque (m) de estacionamento	аўтастаянка (ж)	[awtasta'ʲanka]
bomba (f) de gasolina	бензакалонка (ж)	[benzaka'lɔnka]
oficina (f) automotiva	аўтасэрвіс (м)	[awta'sɛrvis]
abastecer (vt)	заправіць	[za'pravitsʲ]
combustível (m)	паліва, гаручае (н)	['paliva], [ɦaru'ʧae]
galão (m) de gasolina	каністра (ж)	[ka'nistra]

asfalto (m)	асфальт (м)	[as'falʲt]
marcação (f) de estradas	разметка (ж)	[raz'metka]
meio-fio (m)	бардзюр (м)	[bar'dzʉr]
guard-rail (m)	агароджа (ж)	[aɦa'rɔdʒa]
valeta (f)	кювет (м)	[kʉ'vet]
acostamento (m)	узбочына (ж)	[uz'bɔʧina]
poste (m) de luz	слуп (м)	['slup]

dirigir (vt)	весці	['vesʲtsi]
virar (~ para a direita)	паварочваць	[pava'rɔʧvatsʲ]

dar retorno	разварочвацца	[razva'rotʃvatsa]
ré (f)	задні ход (м)	['zadni 'hot]
buzinar (vi)	сігналіць	[siɦ'nalitsʲ]
buzina (f)	гукавы сігнал (м)	[ɦuka'vɨ siɦ'nal]
atolar-se (vr)	захраснуць	[zah'rasnutsʲ]
patinar (na lama)	буксаваць	[buksa'vatsʲ]
desligar (vt)	глушыць	[ɦlu'ʃɨtsʲ]
velocidade (f)	хуткасць (ж)	['hutkastsʲ]
exceder a velocidade	перавысіць хуткасць	[pera'visitsʲ 'hutkastsʲ]
multar (vt)	штрафаваць	[ʃtrafa'vatsʲ]
semáforo (m)	святлафор (м)	[svʲatla'for]
carteira (f) de motorista	вадзіцельскія правы (мн)	[va'dzitselʲskiʲa pra'vɨ]
passagem (f) de nível	пераезд (м)	[pera'est]
cruzamento (m)	скрыжаванне (н)	[skriʒa'vanne]
faixa (f)	пешаходны пераход (м)	[peʃa'hodni pera'hot]
curva (f)	паварот (м)	[pava'rot]
zona (f) de pedestres	пешаходная зона (ж)	[peʃa'hodnaʲa 'zona]

180. Sinais de trânsito

código (m) de trânsito	правілы (н мн) дарожнага руху	[pravili da'roʒnaɦa 'ruhu]
sinal (m) de trânsito	знак (м)	['znak]
ultrapassagem (f)	абгон (м)	[ab'ɦon]
curva (f)	паварот (м)	[pava'rot]
retorno (m)	разварот (м)	[razva'rot]
rotatória (f)	кругавы рух (м)	[kruɦa'vɨ ruh]
sentido proibido	уезд забаронены	[u'ezd zaba'roneni]
trânsito proibido	рух забаронены	['ruh zaba'roneni]
proibido de ultrapassar	абгон забаронены	[ab'ɦon zaba'roneni]
estacionamento proibido	стаянка забаронена	[sta'ʲanka zaba'ronena]
paragem proibida	спынненне забаронена	[spi'nenne zaba'ronena]
curva (f) perigosa	круты паварот (м)	[kru'tɨ pava'rot]
descida (f) perigosa	стромкі спуск (м)	['stromki s'pusk]
trânsito de sentido único	аднабаковы рух (м)	[adnaba'kovi 'ruh]
faixa (f)	пешаходны пераход (м)	[peʃa'hodni pera'hot]
pavimento (m) escorregadio	коўзкая дарога (ж)	['kowskaʲa da'roɦa]
conceder passagem	саступіць дарогу	[sastu'pitsʲ da'roɦu]

PESSOAS. EVENTOS

Eventos

181. Férias. Evento

festa (f)	свята (н)	['sviata]
feriado (m) nacional	нацыянальнае свята (н)	[natsiia'naliʲnae 'sviata]
feriado (m)	сьвяточны дзень (м)	[svia'totʃni 'dzeni]
festejar (vt)	сьвяткаваць	[sviatka'vatsi]
evento (festa, etc.)	падзея (ж)	[pa'dzeia]
evento (banquete, etc.)	мерапрыемства (н)	[merapri'emstva]
banquete (m)	банкет (м)	[ban'ket]
recepção (f)	прыём (м)	['priiom]
festim (m)	бяседа (ж)	[bia'seda]
aniversário (m)	гадавіна (ж)	[ɦada'vina]
jubileu (m)	юбілей (м)	[ubi'lej]
celebrar (vt)	адзначыць	[adz'natʃitsi]
Ano (m) Novo	Новы год (м)	['novi 'ɦot]
Feliz Ano Novo!	З Новым годам!	[z 'novim 'ɦodam]
Papai Noel (m)	Дзед Мароз, Санта Клаўс	[dziet ma'roz], ['santa 'klaws]
Natal (m)	Каляды (ж мн)	[ka'liʲadi]
Feliz Natal!	Вясёлых Каляд!	[viʲa'siolih ka'liʲat]
árvore (f) de Natal	Навагодняя ёлка (ж)	[nava'ɦodnæiʲa 'jolka]
fogos (m pl) de artifício	салют (м)	[sa'lʉt]
casamento (m)	вяселле (н)	[viʲa'selle]
noivo (m)	жаніх (м)	[ʒa'nih]
noiva (f)	нявеста (ж)	[niʲa'vesta]
convidar (vt)	запрашаць	[zapra'ʃatsi]
convite (m)	запрашэнне (н)	[zapra'ʃɛnne]
convidado (m)	госьць (м)	['ɦostsi]
visitar (vt)	ісці ў госці	[is'tsi w 'ɦositsi]
receber os convidados	сустракаць гасцей	[sustra'katsi ɦas'tsej]
presente (m)	падарунак (м)	[pada'runak]
oferecer, dar (vt)	дарыць	[da'ritsi]
receber presentes	атрымоўваць падарункі	[atri'mowvatsi pada'runki]
buquê (m) de flores	букет (м)	[bu'ket]
felicitações (f pl)	віншаванне (н)	[vinʃa'vanne]
felicitar (vt)	віншаваць	[vinʃa'vatsi]
cartão (m) de parabéns	віншавальная паштоўка (ж)	[winʃa'valinaiʲa paʃ'towka]

enviar um cartão postal	адправіць паштоўку	[at'prawits^j pa'ʃtɔwku]
receber um cartão postal	атрымаць паштоўку	[atri'mats^j pa'ʃtɔwku]

brinde (m)	тост (м)	['tɔst]
oferecer (vt)	частаваць	[tʃasta'vats^j]
champanhe (m)	шампанскае (н)	[ʃam'panskae]

divertir-se (vr)	весяліцца	[ves^ja'liʦa]
diversão (f)	весялосць (ж)	[ves^ja'lɔsts^j]
alegria (f)	радасць (ж)	['radasts^j]

dança (f)	танец (м)	['taneʦ]
dançar (vi)	танцаваць	[tanʦa'vats^j]

valsa (f)	вальс (м)	['val^js]
tango (m)	танга (н)	['tanɦa]

182. Funerais. Enterro

cemitério (m)	могілкі (мн)	['mɔɦilki]
sepultura (f), túmulo (m)	магіла (ж)	[ma'ɦila]
cruz (f)	крыж (м)	['kriʃ]
lápide (f)	надмагільны помнік (м)	[nadma'ɦil^jnɨ 'pɔmnik]
cerca (f)	агароджа (ж)	[aɦa'rɔdʒa]
capela (f)	капліца (ж)	[kap'liʦa]

morte (f)	смерць (ж)	['smerts^j]
morrer (vi)	памерці	[pa'merʦi]
defunto (m)	нябожчык (м)	[n^ja'bɔʃʨik]
luto (m)	жалоба (ж)	[ʒa'lɔba]

enterrar, sepultar (vt)	хаваць	[ha'vats^j]
funerária (f)	пахавальнае бюро (н)	[paha'val^jnae bʉ'rɔ]
funeral (m)	пахаванне (н)	[paha'vanne]

coroa (f) de flores	вянок (м)	[v^ja'nɔk]
caixão (m)	труна (ж)	[tru'na]
carro (m) funerário	катафалк (м)	[kata'falk]
mortalha (f)	саван (м)	['savan]

procissão (f) funerária	жалобная працэсія	[ʒa'lobna^ja pra'tsɛsi^ja]
urna (f) funerária	урна (ж)	['urna]
crematório (m)	крэматорый (м)	[krɛma'tɔrij]

obituário (m), necrologia (f)	некралог (м)	[nekra'lɔɦ]
chorar (vi)	плакаць	['plakats^j]
soluçar (vi)	рыдаць	[ri'dats^j]

183. Guerra. Soldados

pelotão (m)	узвод (м)	[uz'vɔt]
companhia (f)	рота (ж)	['rɔta]

regimento (m)	полк (м)	['pɔlk]
exército (m)	армія (ж)	['armiʲa]
divisão (f)	дывізія (ж)	[di'viziʲa]

esquadrão (m)	атрад (м)	[at'rat]
hoste (f)	войска (н)	['vɔjska]

soldado (m)	салдат (м)	[sal'dat]
oficial (m)	афіцэр (м)	[afi'tsɛr]

soldado (m) raso	радавы (м)	[rada'vɨ]
sargento (m)	сяржант (м)	[sʲar'ʒant]
tenente (m)	лейтэнант (м)	[lejtɛ'nant]
capitão (m)	капітан (м)	[kapi'tan]
major (m)	маёр (м)	[ma'ʲor]
coronel (m)	палкоўнік (м)	[pal'kɔwnik]
general (m)	генерал (м)	[ɦene'ral]

marujo (m)	марак (м)	[ma'rak]
capitão (m)	капітан (м)	[kapi'tan]
contramestre (m)	боцман (м)	['bɔtsman]

artilheiro (m)	артылерыст (м)	[artile'rist]
soldado (m) paraquedista	дэсантнік (м)	[dɛ'santnik]
piloto (m)	лётчык (м)	['ʲlotʃik]
navegador (m)	штурман (м)	['ʃturman]
mecânico (m)	механік (м)	[me'hanik]

sapador-mineiro (m)	сапёр (м)	[sa'pʲor]
paraquedista (m)	парашутыст (м)	[paraʃu'tist]
explorador (m)	разведчык (м)	[raz'vetʃik]
atirador (m) de tocaia	снайпер (м)	['snajper]

patrulha (f)	патруль (м)	[pat'rulʲ]
patrulhar (vt)	патрулявaць	[patrulʲa'vatsʲ]
sentinela (f)	вартавы (м)	[varta'vɨ]

guerreiro (m)	воін (м)	['vɔin]
patriota (m)	патрыёт (м)	['patriʲot]

herói (m)	герой (м)	[ɦe'rɔj]
heroína (f)	гераіня (ж)	[ɦera'iniʲa]

traidor (m)	здраднік (м)	['zdradnik]
trair (vt)	здрадзіць	['zdradzitsʲ]

desertor (m)	дэзерцір (м)	[dɛzer'tsir]
desertar (vt)	дэзерціраваць	[dɛzer'tsiravatsʲ]

mercenário (m)	наймiт (м)	['najmit]
recruta (m)	навабранец (м)	[nava'branets]
voluntário (m)	добраахвотнік (м)	[dɔbraah'vɔtnik]

morto (m)	забіты (м)	[za'bitɨ]
ferido (m)	паранены (м)	[pa'ranenɨ]
prisioneiro (m) de guerra	палонны (м)	[pa'lɔnnɨ]

184. Guerra. Ações militares. Parte 1

guerra (f)	вайна (ж)	[vaj'na]
guerrear (vt)	ваяваць	[vaⁱa'vatsⁱ]
guerra (f) civil	грамадзянская вайна (ж)	[ɦrama'dzⁱanskaⁱa vaj'na]
perfidamente	вераломна	[vera'lɔmna]
declaração (f) de guerra	абвяшчэнне (н)	[abvⁱa'ʃɕɛnne]
declarar guerra	абвясціць	[abvⁱas'tsitsⁱ]
agressão (f)	агрэсія (ж)	[aɦ'rɛsiⁱa]
atacar (vt)	нападаць	[napa'datsⁱ]
invadir (vt)	захопліваць	[za'ɦɔplivatsⁱ]
invasor (m)	захопнік (м)	[za'ɦɔpnik]
conquistador (m)	заваёўнік (м)	[zava'ⁱɔwnik]
defesa (f)	абарона (ж)	[aba'rɔna]
defender (vt)	абараняць	[abara'nⁱatsⁱ]
defender-se (vr)	абараняцца	[abara'nⁱatsa]
inimigo (m)	вораг (м)	['vɔraɦ]
adversário (m)	супраціўнік (м)	[supra'tsiwnik]
inimigo (adj)	варожы	[va'rɔʒɨ]
estratégia (f)	стратэгія (ж)	[stra'tɛɦiⁱa]
tática (f)	тактыка (ж)	['taktika]
ordem (f)	загад (м)	[za'ɦat]
comando (m)	каманда (ж)	[ka'manda]
ordenar (vt)	загадваць	[za'ɦadvatsⁱ]
missão (f)	заданне (н)	[za'danne]
secreto (adj)	сакрэтны	[sak'rɛtnɨ]
batalha (f)	бітва (ж)	['bitva]
combate (m)	бой (м)	['bɔj]
ataque (m)	атака (ж)	[a'taka]
assalto (m)	штурм (м)	['ʃturm]
assaltar (vt)	штурмаваць	[ʃturma'vatsⁱ]
assédio, sítio (m)	аблога (ж)	[ab'lɔɦa]
ofensiva (f)	наступ (м)	['nastup]
tomar à ofensiva	наступаць	[nastu'patsⁱ]
retirada (f)	адступленне (н)	[atstup'lenne]
retirar-se (vr)	адступаць	[atstu'patsⁱ]
cerco (m)	акружэнне (н)	[akru'ʒɛnne]
cercar (vt)	акружаць	[akru'ʒatsⁱ]
bombardeio (m)	бамбёжка (ж)	[bam'bⁱɔʃka]
lançar uma bomba	скінуць бомбу	['skinutsⁱ 'bɔmbu]
bombardear (vt)	бамбіць	[bam'bitsⁱ]
explosão (f)	выбух (м)	['vɨbuh]
tiro (m)	стрэл (м)	['strɛl]

| dar um tiro | стрэліць | ['strɛlitsʲ] |
| tiroteio (m) | стральба (ж) | [stralʲ'ba] |

apontar para ...	цэліцца	['tsɛlitsa]
apontar (vt)	навесці	[na'vesʲtsi]
acertar (vt)	трапіць	['trapitsʲ]

afundar (~ um navio, etc.)	патапіць	[pata'pitsʲ]
brecha (f)	прабоіна (ж)	[pra'boina]
afundar-se (vr)	ісці на дно	[is'tsi na 'dnɔ]

frente (m)	фронт (м)	['frɔnt]
evacuação (f)	эвакуацыя (ж)	[ɛvaku'atsʲia]
evacuar (vt)	эвакуіраваць	[ɛvaku'iravatsʲ]

trincheira (f)	акоп (м), траншэя (ж)	[a'kop], [tran'ʃɛʲa]
arame (m) enfarpado	калючы дрот (м)	[ka'lʉtʃi 'drɔt]
barreira (f) anti-tanque	загарода (ж)	[zaɦa'rɔda]
torre (f) de vigia	вышка (ж)	['viʃka]

hospital (m) militar	шпіталь (м)	[ʃpi'talʲ]
ferir (vt)	раніць	['ranitsʲ]
ferida (f)	рана (ж)	['rana]
ferido (m)	паранены (м)	[pa'raneni]
ficar ferido	атрымаць раненне	[atri'matsʲ ra'nenne]
grave (ferida ~)	цяжкі	['tsʲaʃki]

185. Guerra. Ações militares. Parte 2

cativeiro (m)	палон (м)	[pa'lɔn]
capturar (vt)	узяць у палон	[u'zʲatsʲ u pa'lɔn]
estar em cativeiro	быць у палоне	['bitsʲ u pa'lɔne]
ser aprisionado	трапіць у палон	['trapitsʲ u pa'lɔn]

campo (m) de concentração	канцлагер (м)	[kants'laɦer]
prisioneiro (m) de guerra	палонны (м)	[pa'lɔnni]
escapar (vi)	уцячы	[utsʲa'tʃi]

trair (vt)	здрадзіць	['zdradzitsʲ]
traidor (m)	здраднік (м)	['zdradnik]
traição (f)	здрада (ж)	['zdrada]

| fuzilar, executar (vt) | расстраляць | [rastra'lʲatsʲ] |
| fuzilamento (m) | расстрэл (м) | [ras'trɛl] |

equipamento (m)	абмундзіраванне (н)	[abmundzira'vanne]
insígnia (f) de ombro	пагон (м)	[pa'ɦɔn]
máscara (f) de gás	процівагаз (м)	[prɔtsiva'ɦas]

rádio (m)	рацыя (ж)	['ratsʲia]
cifra (f), código (m)	шыфр (м)	['ʃifr]
conspiração (f)	канспірацыя (ж)	[kanspi'ratsʲia]
senha (f)	пароль (м)	[pa'rɔlʲ]
mina (f)	міна (ж)	['mina]

| minar (vt) | замініраваць | [zami'niravats'] |
| campo (m) minado | мінae поле (н) | [minnae 'pɔle] |

alarme (m) aéreo	паветраная трывога (ж)	[pa'vetranaʲa tri'vɔɦa]
alarme (m)	трывога (ж)	[tri'vɔɦa]
sinal (m)	сігнал (м)	[siɦ'nal]
sinalizador (m)	сігнальная ракета (ж)	[siɦ'nalʲnaʲa ra'keta]

quartel-general (m)	штаб (м)	['ʃtap]
reconhecimento (m)	разведка (ж)	[raz'vetka]
situação (f)	становішча (н)	[sta'nɔviʃʨa]
relatório (m)	рапарт (м)	['rapart]
emboscada (f)	засада (ж)	[za'sada]
reforço (m)	падмацаванне (н)	[padmatsa'vanne]

alvo (m)	мішэнь (ж)	[mi'ʃɛnʲ]
campo (m) de tiro	палігон (м)	[pali'ɦɔn]
manobras (f pl)	манеўры (м мн)	[ma'newri]

pânico (m)	паніка (ж)	['panika]
devastação (f)	развал (м)	[raz'val]
ruínas (f pl)	разбурэнні (н мн)	[razbu'rɛnni]
destruir (vt)	разбураць	[razbu'rats']

sobreviver (vi)	выжыць	['viʒits']
desarmar (vt)	абяззброіць	[abʲaz'zbrɔits']
manusear (vt)	абыходзіцца	[abi'hɔdzitsa]

| Sentido! | Смірна! | ['smirna] |
| Descansar! | Вольна! | ['vɔlʲna] |

façanha (f)	подзвіг (м)	['pɔdzʲviɦ]
juramento (m)	клятва (ж)	['klʲatva]
jurar (vi)	клясціся	['klʲastsisʲa]

condecoração (f)	узнагарода (ж)	[uznaɦa'rɔda]
condecorar (vt)	узнагароджваць	[uznaɦa'rɔdʒvats']
medalha (f)	медаль (м)	[me'dalʲ]
ordem (f)	ордэн (м)	['ɔrdɛn]

vitória (f)	перамога (ж)	[pera'mɔɦa]
derrota (f)	паражэнне (н)	[para'ʒɛnne]
armistício (m)	перамір'е (н)	[pera'mirʲe]

bandeira (f)	сцяг (м)	['stsʲaɦ]
glória (f)	слава (ж)	['slava]
parada (f)	парад (м)	[pa'rat]
marchar (vi)	маршыраваць	[marʃira'vats']

186. Armas

arma (f)	зброя (ж)	['zbrɔʲa]
arma (f) de fogo	агнястрэльная зброя (ж)	[aɦnʲaʲ'strɛlʲnaʲa 'zbrɔʲa]
arma (f) branca	халодная зброя (ж)	[ɦa'lɔdnaʲa 'zbrɔʲa]

arma (f) química	хімічная зброя (ж)	[hi'mitʃnaʲa 'zbrɔʲa]
nuclear (adj)	ядзерны	['ʲadzerni]
arma (f) nuclear	ядзерная зброя (ж)	['ʲadzernaʲa 'zbrɔʲa]

| bomba (f) | бомба (ж) | ['bɔmba] |
| bomba (f) atômica | атамная бомба (ж) | [atamnaʲa 'bɔmba] |

pistola (f)	пісталет (м)	[pista'let]
rifle (m)	стрэльба (ж)	['strɛlʲba]
semi-automática (f)	аўтамат (м)	[awta'mat]
metralhadora (f)	кулямёт (м)	[kulʲa'mʲot]

boca (f)	руля (ж)	['rulʲa]
cano (m)	ствол (м)	['stvɔl]
calibre (m)	калібр (м)	[ka'libr]

gatilho (m)	курок (м)	[ku'rɔk]
mira (f)	прыцэл (м)	[pri'tsɛl]
carregador (m)	магазін (м)	[maɦa'zin]
coronha (f)	прыклад (м)	[prik'lat]

| granada (f) de mão | граната (ж) | [ɦra'nata] |
| explosivo (m) | узрыўчатка (ж) | [uzriw'tʃatka] |

bala (f)	куля (ж)	['kulʲa]
cartucho (m)	патрон (м)	[pat'rɔn]
carga (f)	зарад (м)	[za'rat]
munições (f pl)	боепрыпасы (мн)	[bɔepri'pasi]

bombardeiro (m)	бамбардзіроўшчык (м)	[bambardzi'rowʃcik]
avião (m) de caça	знішчальнік (м)	[zʲni'ʃcalʲnik]
helicóptero (m)	верталёт (м)	[verta'lʲot]

canhão (m) antiaéreo	зенітка (ж)	[ze'nitka]
tanque (m)	танк (м)	['tank]
canhão (de um tanque)	пушка (ж)	['puʃka]

artilharia (f)	артылерыя (ж)	[arti'leriʲa]
canhão (m)	гармата (ж)	[ɦar'mata]
fazer a pontaria	навесці	[na'vesʲtsi]

projétil (m)	снарад (м)	[sna'rat]
granada (f) de morteiro	міна (ж)	['mina]
morteiro (m)	мінамёт (м)	[mina'mʲot]
estilhaço (m)	асколак (м)	[as'kɔlak]

submarino (m)	падводная лодка (ж)	[pad'vɔdnaʲa 'lɔtka]
torpedo (m)	тарпеда (ж)	[tar'peda]
míssil (m)	ракета (ж)	[ra'keta]

carregar (uma arma)	зараджаць	[zara'dʒatsʲ]
disparar, atirar (vi)	страляць	[stra'lʲatsʲ]
apontar para ...	цэліцца	['tsɛlitsa]
baioneta (f)	штык (м)	['ʃtik]
espada (f)	шпага (ж)	['ʃpaɦa]
sabre (m)	шабля (ж)	['ʃablʲa]

lança (f)	дзіда (ж)	['dzida]
arco (m)	лук (м)	['luk]
flecha (f)	страла (ж)	[stra'la]
mosquete (m)	мушкет (м)	[muʃ'ket]
besta (f)	арбалет (м)	[arba'let]

187. Povos da antiguidade

primitivo (adj)	першабытны	[perʃa'bitni]
pré-histórico (adj)	дагістарычны	[dahista'ritʃni]
antigo (adj)	старажытны	[stara'ʒitni]
Idade (f) da Pedra	Каменны век (м)	[ka'menni 'vek]
Idade (f) do Bronze	Бронзавы век (м)	[bronzavi 'vek]
Era (f) do Gelo	ледавіковы перыяд (м)	[ledavi'kovi pe'riʲat]
tribo (f)	племя (н)	['plemʲa]
canibal (m)	людаед (м)	[lʉda'et]
caçador (m)	паляўнічы (м)	[palʲaw'nitʃi]
caçar (vi)	паляваць	[palʲa'vatsʲ]
mamute (m)	мамант (м)	['mamant]
caverna (f)	пячора (ж)	[pʲa'tʃora]
fogo (m)	агонь (м)	[a'honʲ]
fogueira (f)	вогнішча (н)	['vohniʃca]
pintura (f) rupestre	наскальны малюнак (м)	[na'skalʲni ma'lʉnak]
ferramenta (f)	прылада (ж) працы	[pri'lada 'pratsi]
lança (f)	дзіда (ж)	['dzida]
machado (m) de pedra	каменная сякера (ж)	[ka'mennaʲa sʲa'kera]
guerrear (vt)	ваяваць	[vaʲa'vatsʲ]
domesticar (vt)	прыручаць	[priru'tʃatsʲ]
ídolo (m)	ідал (м)	['idal]
adorar, venerar (vt)	пакланяцца	[pakla'nʲatsa]
superstição (f)	забабоны (мн)	[zaba'boni]
ritual (m)	абрад, рытуал (м)	[ab'rat], [ritu'al]
evolução (f)	эвалюцыя (ж)	[ɛva'lʉtsiʲa]
desenvolvimento (m)	развіццё (н)	[razʲvi'tsʲo]
extinção (f)	знікненне (н)	[zʲnik'nenne]
adaptar-se (vr)	прыстасоўвацца	[prista'sowvatsa]
arqueologia (f)	археалогія (ж)	[arhea'lohiʲa]
arqueólogo (m)	археолаг (м)	[arhe'olah]
arqueológico (adj)	археалагічны	[arheala'hitʃni]
escavação (sítio)	раскопкі (ж мн)	[ras'kopki]
escavações (f pl)	раскопкі (ж мн)	[ras'kopki]
achado (m)	знаходка (ж)	[zna'hotka]
fragmento (m)	фрагмент (м)	[frah'ment]

188. Idade média

povo (m)	народ (м)	[na'rɔt]
povos (m pl)	народы (м мн)	[na'rɔdi]
tribo (f)	племя (н)	['plemʲa]
tribos (f pl)	плямёны (н мн)	[plʲa'mʲoni]
bárbaros (pl)	варвары (м мн)	['varvari]
galeses (pl)	галы (м мн)	['ɦali]
godos (pl)	готы (м мн)	['ɦɔti]
eslavos (pl)	славяне (м мн)	[sla'vʲane]
viquingues (pl)	вікінгі (м мн)	['vikinɦi]
romanos (pl)	рымляне (м мн)	['rimlʲane]
romano (adj)	рымскі	['rimski]
bizantinos (pl)	візантыйцы (м мн)	[vizan'tijtsi]
Bizâncio	Візантыя (ж)	[vizan'tiʲa]
bizantino (adj)	візантыйскі	[vizan'tijski]
imperador (m)	імператар (м)	[impe'ratar]
líder (m)	правадыр (м)	[prava'dir]
poderoso (adj)	магутны	[ma'ɦutni]
rei (m)	кароль (м)	[ka'rɔlʲ]
governante (m)	кіраўнік (м)	[kiraw'nik]
cavaleiro (m)	рыцар (м)	['ritsar]
senhor feudal (m)	феадал (м)	[fea'dal]
feudal (adj)	феадальны	[fea'dalʲni]
vassalo (m)	васал (м)	[va'sal]
duque (m)	герцаг (м)	['ɦertsaɦ]
conde (m)	граф (м)	['ɦraf]
barão (m)	барон (м)	[ba'rɔn]
bispo (m)	епіскап (м)	[e'piskap]
armadura (f)	даспехі (м мн)	[das'pehi]
escudo (m)	шчыт (м)	['ʃɕit]
espada (f)	меч (м)	['meʧ]
viseira (f)	забрала (н)	[za'brala]
cota (f) de malha	кальчуга (ж)	[kalʲ'ʧuɦa]
cruzada (f)	крыжовы паход (м)	[kri'ʒovi pa'hɔt]
cruzado (m)	крыжак (м)	[kri'ʒak]
território (m)	тэрыторыя (ж)	[tɛri'torʲia]
atacar (vt)	нападаць	[napa'datsʲ]
conquistar (vt)	заваяваць	[zavaʲa'vatsʲ]
ocupar, invadir (vt)	захапіць	[zaha'pitsʲ]
assédio, sítio (m)	аблога (ж)	[ab'lɔɦa]
sitiado (adj)	абложаны	[ab'lɔʒani]
assediar, sitiar (vt)	абложваць	[ab'lɔʒvatsʲ]
inquisição (f)	інквізіцыя (ж)	[inkvi'zitsʲia]
inquisidor (m)	інквізітар (м)	[inkvi'zitar]

tortura (f)   катаванне (н)   [kata'vanne]
cruel (adj)   жорсткі   ['ʒɔrstki]
herege (m)   ерэтык (м)   [erɛ'tik]
heresia (f)   ерась (ж)   ['erasʲ]

navegação (f) marítima   мараплаўства (н)   [mara'plawstva]
pirata (m)   пірат (м)   [pi'rat]
pirataria (f)   пірацтва (н)   [pi'ratstva]
abordagem (f)   абардаж (м)   [abar'daʃ]
presa (f), butim (m)   здабыча (ж)   [zda'bitʃa]
tesouros (m pl)   скарбы (м мн)   ['skarbi]

descobrimento (m)   адкрыццё (н)   [atkri'tsʲo]
descobrir (novas terras)   адкрыць   [atk'ritsʲ]
expedição (f)   экспедыцыя (ж)   [ɛkspe'ditsʲʲa]

mosqueteiro (m)   мушкецёр (м)   [muʃke'tsʲor]
cardeal (m)   кардынал (м)   [kardi'nal]
heráldica (f)   геральдыка (ж)   [ɦe'ralʲdika]
heráldico (adj)   геральдычны   [ɦeralʲ'ditʃni]

189. Líder. Chefe. Autoridades

rei (m)   кароль (м)   [ka'rɔlʲ]
rainha (f)   каралева (ж)   [kara'leva]
real (adj)   каралеўскі   [kara'lewski]
reino (m)   каралеўства (н)   [kara'lewstva]

príncipe (m)   прынц (м)   ['prints]
princesa (f)   прынцэса (ж)   [prin'tsɛsa]

presidente (m)   прэзідэнт (м)   [prɛzi'dɛnt]
vice-presidente (m)   віцэ-прэзідэнт (м)   ['vitsɛ prɛzi'dɛnt]
senador (m)   сенатар (м)   [se'natar]

monarca (m)   манарх (м)   [ma'narh]
governante (m)   кіраўнік (м)   [kiraw'nik]
ditador (m)   дыктатар (м)   [dik'tatar]
tirano (m)   тыран (м)   [ti'ran]
magnata (m)   магнат (м)   [maɦ'nat]

diretor (m)   дырэктар (м)   [di'rɛktar]
chefe (m)   шэф (м)   ['ʃɛf]
gerente (m)   загадчык (м)   [za'ɦatʃik]
patrão (m)   бос (м)   ['bɔs]
dono (m)   гаспадар (м)   [ɦaspa'dar]

líder (m)   правадыр, лідэр (м)   [prava'dir], ['lidɛr]
chefe (m)   галава (ж)   [ɦala'va]
autoridades (f pl)   улады (ж мн)   [u'ladi]
superiores (m pl)   начальства (н)   [na'tʃalʲstva]

governador (m)   губернатар (м)   [ɦuber'natar]
cônsul (m)   консул (м)   ['kɔnsul]

diplomata (m)	дыпламат (м)	[dipla'mat]
Presidente (m) da Câmara	мэр (м)	['mɛr]
xerife (m)	шэрыф (м)	[ʃɛ'rif]

imperador (m)	імператар (м)	[impe'ratar]
czar (m)	цар (м)	['tsar]
faraó (m)	фараон (м)	[fara'ɔn]
cã, khan (m)	хан (м)	['han]

190. Estrada. Caminho. Direções

estrada (f)	дарога (ж)	[da'rɔha]
via (f)	шлях (м)	['ʃlʲah]

rodovia (f)	шаша (ж)	[ʃa'ʃa]
autoestrada (f)	аўтамагістраль (ж)	[awtamahi'stralʲ]
estrada (f) nacional	нацыянальная дарога (ж)	[natsʲiʲa'nalʲnaʲla da'rɔha]

estrada (f) principal	галоўная дарога (ж)	[ha'lɔwnaʲla da'rɔha]
estrada (f) de terra	прасёлкавая дарога (ж)	[pra'sʲolkavaʲla da'rɔha]

trilha (f)	сцежка (ж)	['stseʃka]
pequena trilha (f)	сцяжынка (ж)	[stsʲa'ʒɨnka]

Onde?	Дзе?	['dze]
Para onde?	Куды?	[ku'dɨ]
De onde?	Адкуль?	[at'kulʲ]

direção (f)	кірунак (м)	[ki'runak]
indicar (~ o caminho)	паказаць	[paka'zatsʲ]

para a esquerda	налева	[na'leva]
para a direita	направа	[na'prava]
em frente	наўпрост	[naw'prɔst]
para trás	назад	[na'zat]

curva (f)	паварот (м)	[pava'rɔt]
virar (~ para a direita)	паварочваць	[pava'rɔtʃvatsʲ]
dar retorno	разварочвацца	[razva'rɔtʃvatsa]

estar visível	віднецца	[vid'netsa]
aparecer (vi)	паказацца	[paka'zatsa]

paragem (pausa)	спыненне (н)	[spɨ'nenne]
descansar (vi)	адпачыць	[atpa'tʃɨtsʲ]
descanso, repouso (m)	адпачынак (м)	[atpa'tʃɨnak]

perder-se (vr)	заблудзіць	[zablu'dzitsʲ]
conduzir a … (caminho)	весці да …	['vesʲtsi da …]
chegar a …	выйсці да …	['vɨjsʲtsi da …]
trecho (m)	адрэзак (м)	[at'rɛzak]

asfalto (m)	асфальт (м)	[as'falʲt]
meio-fio (m)	бардзюр (м)	[bar'dzʉr]

valeta (f)	канава (ж)	[ka'nava]
tampa (f) de esgoto	люк (м)	['lʉk]
acostamento (m)	узбочына (ж)	[uz'bɔtʃina]
buraco (m)	яма (ж)	['ʲama]

| ir (a pé) | ісці | [is'tsi] |
| ultrapassar (vt) | абагнаць | [abaɦ'natsʲ] |

| passo (m) | крок (м) | ['krɔk] |
| a pé | пешшу | ['peʃu] |

bloquear (vt)	перагарадзіць	[peraɦara'dzitsʲ]
cancela (f)	шлагбаум (м)	[ʃlaɦ'baum]
beco (m) sem saída	тупік (м)	[tu'pik]

191. Violação da lei. Criminosos. Parte 1

bandido (m)	бандыт (м)	[ban'dit]
crime (m)	злачынства (н)	[zla'tʃinstva]
criminoso (m)	злачынец (м)	[zla'tʃinets]

ladrão (m)	злодзей (м)	['zlɔdzej]
roubar (vt)	красці	['krasʲtsi]
furto, roubo (m)	крадзеж (м)	[kra'dzeʃ]

raptar, sequestrar (vt)	выкрасці	['vikrasʲtsi]
sequestro (m)	выкраданне (н)	[vikra'danne]
sequestrador (m)	выкрадальнік (м)	[vikra'dalʲnik]

| resgate (m) | выкуп (м) | ['vikup] |
| pedir resgate | патрабаваць выкуп | [patraba'vatsʲ 'vikup] |

roubar (vt)	рабаваць	[raba'vatsʲ]
assalto, roubo (m)	абрабаванне (н)	[abraba'vanne]
assaltante (m)	рабаўнік (м)	[rabaw'nik]

extorquir (vt)	вымагаць	[vima'ɦatsʲ]
extorsionário (m)	вымагальнік (м)	[vima'ɦalʲnik]
extorsão (f)	вымагальніцтва (н)	[vima'ɦalʲnitstva]

matar, assassinar (vt)	забіць	[za'bitsʲ]
homicídio (m)	забойства (н)	[za'bojstva]
homicida, assassino (m)	забойца (м)	[za'bojtsa]

tiro (m)	стрэл (м)	['strɛl]
dar um tiro	стрэліць	['strɛlitsʲ]
matar a tiro	застрэліць	[za'strɛlitsʲ]
disparar, atirar (vi)	страляць	[stra'lʲatsʲ]
tiroteio (m)	стральба (ж)	[stralʲ'ba]

incidente (m)	здарэнне (н)	[zda'rɛnne]
briga (~ de rua)	бойка (ж)	['bojka]
Socorro!	Дапамажыце! Ратуйце!	[dapama'ʒitse!], [ra'tujtse!]
vítima (f)	ахвяра (ж)	[aɦ'vʲara]

danificar (vt)	пашкодзіць	[paʃˈkodzitsʲ]
dano (m)	шкода (ж)	[ˈʃkoda]
cadáver (m)	труп (м)	[ˈtrup]
grave (adj)	цяжкі	[ˈtsʲaʃki]

atacar (vt)	нападаць	[napaˈdatsʲ]
bater (espancar)	біць	[ˈbitsʲ]
espancar (vt)	збіць	[ˈzʲbitsʲ]
tirar, roubar (dinheiro)	адабраць	[adaˈbratsʲ]
esfaquear (vt)	зарэзаць	[zaˈrɛzatsʲ]
mutilar (vt)	знявечыць	[znʲaˈvetʃitsʲ]
ferir (vt)	раніць	[ˈranitsʲ]

chantagem (f)	шантаж (м)	[ʃanˈtaʃ]
chantagear (vt)	шантажыраваць	[ʃantaˈʒiravatsʲ]
chantagista (m)	шантажыст (м)	[ʃantaˈʒist]

extorsão (f)	рэкет (м)	[ˈrɛket]
extorsionário (m)	рэкецір (м)	[rɛkeˈtsir]
gângster (m)	гангстэр (м)	[ˈhanɦstɛr]
máfia (f)	мафія (ж)	[ˈmafiʲa]

punguista (m)	кішэнны зладзюжка (м)	[kiˈʃɛnnʲ zlaˈdzɐʃka]
assaltante, ladrão (m)	узломшчык (м)	[uzˈlomʃɕik]
contrabando (m)	кантрабанда (ж)	[kantraˈbanda]
contrabandista (m)	кантрабандыст (м)	[kantrabanˈdist]

falsificação (f)	падробка (ж)	[padˈropka]
falsificar (vt)	падрабляць	[padrabˈlʲatsʲ]
falsificado (adj)	фальшывы	[falʲˈʃivɨ]

192. Violação da lei. Criminosos. Parte 2

estupro (m)	згвалтаванне (н)	[zɦvaltaˈvanne]
estuprar (vt)	згвалтаваць	[zɦvaltaˈvatsʲ]
estuprador (m)	гвалтаўнік (м)	[ɦvaltawˈnik]
maníaco (m)	маньяк (м)	[maˈnʲak]

prostituta (f)	прастытутка (ж)	[prastiˈtutka]
prostituição (f)	прастытуцыя (ж)	[prastiˈtutsʲʲa]
cafetão (m)	сутэнёр (м)	[sutɕˈnʲor]

drogado (m)	наркаман (м)	[narkaˈman]
traficante (m)	наркагандляр (м)	[narkaɦandˈlʲar]

explodir (vt)	узарваць	[uzarˈvatsʲ]
explosão (f)	выбух (м)	[ˈvɨbuh]
incendiar (vt)	падпаліць	[patpaˈlitsʲ]
incendiário (m)	падпальшчык (м)	[patˈpalʲʃɕik]

terrorismo (m)	тэрарызм (м)	[tɛraˈrizm]
terrorista (m)	тэрарыст (м)	[tɛraˈrist]
refém (m)	заложнік (м)	[zaˈloʒnik]
enganar (vt)	падмануць	[padmaˈnutsʲ]

| engano (m) | падман (м) | [pad'man] |
| vigarista (m) | махляр (м) | [mah'lʲar] |

subornar (vt)	падкупіць	[patku'pitsʲ]
suborno (atividade)	подкуп (м)	['potkup]
suborno (dinheiro)	хабар (м)	['habar]

veneno (m)	яд (м)	[ʲat]
envenenar (vt)	атруціць	[atru'tsitsʲ]
envenenar-se (vr)	атруціцца	[atru'tsitsa]

| suicídio (m) | самазабойства (н) | [samaza'bojstva] |
| suicida (m) | самазабойца (м) | [samaza'bojtsa] |

ameaçar (vt)	пагражаць	[paɦra'ʒatsʲ]
ameaça (f)	пагроза (ж)	[pa'ɦroza]
atentar contra a vida de …	замахвацца	[za'mahvatsa]
atentado (m)	замах (м)	[za'mah]

| roubar (um carro) | скрасці | ['skrasʲtsi] |
| sequestrar (um avião) | выкрасці | ['vɨkrasʲtsi] |

| vingança (f) | помста (ж) | ['pomsta] |
| vingar (vt) | помсціць | ['pomsʲtsitsʲ] |

torturar (vt)	катаваць	[kata'vatsʲ]
tortura (f)	катаванне (н)	[kata'vanne]
atormentar (vt)	мучыць	['mutʃitsʲ]

pirata (m)	пірат (м)	[pi'rat]
desordeiro (m)	хуліган (м)	[huli'ɦan]
armado (adj)	узброены	[uzb'roeni]
violência (f)	гвалт (м)	['ɦvalt]
ilegal (adj)	нелегальны	[nele'ɦalni]

| espionagem (f) | шпіянаж (м) | [ʃpiʲa'naʃ] |
| espionar (vi) | шпіёніць | ['ʃpiʲonitsʲ] |

193. Polícia. Lei. Parte 1

| justiça (sistema de ~) | правасуддзе (н) | [prava'sudze] |
| tribunal (m) | суд (м) | ['sut] |

juiz (m)	суддзя (м)	[su'dzʲa]
jurados (m pl)	прысяжныя (м мн)	[pri'sʲaʒniʲa]
tribunal (m) do júri	суд (м) прысяжных	['sut pri'sʲaʒnih]
julgar (vt)	судзіць	[su'dzitsʲ]

advogado (m)	адвакат (м)	[adva'kat]
réu (m)	падсудны (м)	[pa'tsudni]
banco (m) dos réus	лава (ж) падсудных	['lava pa'tsudnih]

| acusação (f) | абвінавачванне (н) | [abvina'vatʃvanne] |
| acusado (m) | абвінавачваны (м) | [abvina'vatʃvani] |

sentença (f)	прысуд (м)	[pri'sut]
sentenciar (vt)	прысудзіць	[prisu'dzitsʲ]
culpado (m)	віноўнік (м)	[wi'nɔwnik]
punir (vt)	пакараць	[paka'ratsʲ]
punição (f)	пакаранне (н)	[paka'ranne]
multa (f)	штраф (м)	['ʃtraf]
prisão (f) perpétua	пажыццёвае зняволенне (н)	[paʒi'tsʲovae znʲa'vɔlenne]
pena (f) de morte	смяротная кара (ж)	[smʲa'rɔtnaʲa 'kara]
cadeira (f) elétrica	электрычнае крэсла (н)	[ɛlekt'ritʃnae 'krɛsla]
forca (f)	шыбеніца (ж)	['ʃibenitsa]
executar (vt)	караць смерцю	[ka'ratsʲ 'smertsʉ]
execução (f)	смяротная кара (ж)	[smʲa'rɔtnaʲa 'kara]
prisão (f)	турма (ж)	[tur'ma]
cela (f) de prisão	камера (ж)	['kamera]
escolta (f)	канвой (м)	[kan'vɔj]
guarda (m) prisional	наглядчык (м)	[na'ɦlʲatʃik]
preso, prisioneiro (m)	зняволены (м)	[znʲa'vɔlenɨ]
algemas (f pl)	наручнікі (м мн)	[na'rutʃniki]
algemar (vt)	надзець наручнікі	[na'dzetsʲ na'rutʃniki]
fuga, evasão (f)	уцёкі (мн)	[u'tsʲoki]
fugir (vi)	уцячы	[utsʲa'tʃi]
desaparecer (vi)	прапасці	[pra'pasʲtsi]
soltar, libertar (vt)	вызваліць	['vizvalitsʲ]
anistia (f)	амністыя (ж)	[am'nistiʲa]
polícia (instituição)	паліцыя (ж)	[pa'litsɨʲa]
polícia (m)	паліцэйскі (м)	[pali'tsɛjski]
delegacia (f) de polícia	паліцэйскі ўчастак (м)	[pali'tsɛjski w'tʃastak]
cassetete (m)	гумовая дубінка (ж)	[ɦu'mɔvaʲa du'binka]
megafone (m)	рупар (м)	['rupar]
carro (m) de patrulha	патрульная машына (ж)	[pat'rulʲnaʲa ma'ʃina]
sirene (f)	сірэна (ж)	[si'rɛna]
ligar a sirene	уключыць сірэну	[uklʉ'tʃitsʲ si'rɛnu]
toque (m) da sirene	выццё (н) (сірэны)	[vi'tsʲo si'rɛnɨ]
cena (f) do crime	месца (н) здарэння	['mesʲtsa zda'rɛnnʲa]
testemunha (f)	сведка (м)	['svetka]
liberdade (f)	воля (ж)	['vɔlʲa]
cúmplice (m)	супольнік (м)	[su'pɔlʲnik]
escapar (vi)	схавацца	[sha'vatsa]
traço (não deixar ~s)	след (м)	['slet]

194. Polícia. Lei. Parte 2

procura (f)	вышук (м)	['viʃuk]
procurar (vt)	шукаць	[ʃu'katsʲ]

suspeita (f)	падазрэнне (н)	[pada'zrɛnne]
suspeito (adj)	падазроны	[pada'zrɔni]
parar (veículo, etc.)	спыніць	[spi'nitsʲ]
deter (fazer parar)	затрымаць	[zatri'matsʲ]
caso (~ criminal)	справа (ж)	['sprava]
investigação (f)	следства (н)	['sletstva]
detetive (m)	сышчык (м)	['siʃɕik]
investigador (m)	следчы (м)	['sletʃi]
versão (f)	версія (ж)	['versiʲa]
motivo (m)	матыў (м)	[ma'tiw]
interrogatório (m)	допыт (м)	['dɔpit]
interrogar (vt)	дапытваць	[da'pitvatsʲ]
questionar (vt)	апытваць	[a'pitvatsʲ]
verificação (f)	праверка (ж)	[pra'verka]
batida (f) policial	аблава (ж)	[ab'lava]
busca (f)	вобыск (м)	['vɔbisk]
perseguição (f)	пагоня (ж)	[pa'hɔnʲa]
perseguir (vt)	пераследаваць	[peras'ledavatsʲ]
seguir, rastrear (vt)	сачыць	[sa'tʃitsʲ]
prisão (f)	арышт (м)	['ariʃt]
prender (vt)	арыштаваць	[ariʃta'vatsʲ]
pegar, capturar (vt)	злавіць	[zla'vitsʲ]
captura (f)	злаўленне (н)	[zlaw'lenne]
documento (m)	дакумент (м)	[daku'ment]
prova (f)	доказ (м)	['dɔkas]
provar (vt)	даказваць	[da'kazvatsʲ]
pegada (f)	след (м)	['slet]
impressões (f pl) digitais	адбіткі (м мн) пальцаў	[ad'bitki 'palʲtsaw]
prova (f)	даказка (ж)	[da'kaska]
álibi (m)	алібі (н)	['alibi]
inocente (adj)	невінаваты	[nevina'vati]
injustiça (f)	несправядлівасць (ж)	[nespravʲad'livastsʲ]
injusto (adj)	несправядлівы	[nespravʲad'livi]
criminal (adj)	крымінальны	[krimi'nalʲni]
confiscar (vt)	канфіскаваць	[kanfiska'vatsʲ]
droga (f)	наркотык (м)	[nar'kɔtik]
arma (f)	зброя (ж)	['zbrɔʲa]
desarmar (vt)	абяззброіць	[abʲaz'zbrɔitsʲ]
ordenar (vt)	загадваць	[za'hadvatsʲ]
desaparecer (vi)	знікнуць	['zʲniknutsʲ]
lei (f)	закон (м)	[za'kɔn]
legal (adj)	законны	[za'kɔnni]
ilegal (adj)	незаконны	[neza'kɔnni]
responsabilidade (f)	адказнасць (ж)	[at'kaznastsʲ]
responsável (adj)	адказны	[at'kazni]

NATUREZA

A Terra. Parte 1

195. Espaço sideral

espaço, cosmo (m)	космас (м)	['kɔsmas]
espacial, cósmico (adj)	касмічны	[kas'mitʃnɨ]
espaço (m) cósmico	касмічная прастора (ж)	[kas'mitʃnaʲa pras'tɔra]
mundo (m)	свет (м)	['svet]
universo (m)	сусвет (м)	[sus'vet]
galáxia (f)	галактыка (ж)	[ɦa'laktɨka]
estrela (f)	зорка (ж)	['zɔrka]
constelação (f)	сузор'е (н)	[su'zɔrʲe]
planeta (m)	планета (ж)	[pla'neta]
satélite (m)	спадарожнік (м)	[spada'rɔʒnik]
meteorito (m)	метэарыт (м)	[metɛa'rɨt]
cometa (m)	камета (ж)	[ka'meta]
asteroide (m)	астэроід (м)	[astɛ'rɔit]
órbita (f)	арбіта (ж)	[ar'bita]
girar (vi)	круціцца	[kru'tsitsa]
atmosfera (f)	атмасфера (ж)	[atma'sfera]
Sol (m)	Сонца (н)	['sɔntsa]
Sistema (m) Solar	Сонечная сістэма (ж)	['sɔnetʃnaʲa sis'tɛma]
eclipse (m) solar	сонечнае зацьменне (н)	['sɔnetʃnae zatsʲ'menne]
Terra (f)	Зямля (ж)	[zʲam'lʲa]
Lua (f)	Месяц (м)	['mesʲats]
Marte (m)	Марс (м)	['mars]
Vênus (f)	Венера (ж)	[ve'nera]
Júpiter (m)	Юпітэр (м)	[ʉ'pitɛr]
Saturno (m)	Сатурн (м)	[sa'turn]
Mercúrio (m)	Меркурый (м)	[mer'kurɨj]
Urano (m)	Уран (м)	[u'ran]
Netuno (m)	Нептун (м)	[nep'tun]
Plutão (m)	Плутон (м)	[plu'tɔn]
Via Láctea (f)	Млечны Шлях (м)	['mletʃni ʃlʲah]
Ursa Maior (f)	Вялікая Мядзведзіца (ж)	[vʲa'likaʲa mʲadzʲ'vedzitsa]
Estrela Polar (f)	Палярная зорка (ж)	[pa'lʲarnaʲa 'zɔrka]
marciano (m)	марсіянін (м)	[marsi'ʲanin]
extraterrestre (m)	іншапланецянін (м)	[inʃaplane'tsʲanin]

alienígena (m)	прышэлец (м)	[pri'ʃɛleʦ]
disco (m) voador	лятаючая талерка (ж)	[lʲa'tauʧaʲa ta'lerka]
espaçonave (f)	касмічны карабель (м)	[kas'miʧnɨ kara'belʲ]
estação (f) orbital	арбітальная станцыя (ж)	[arbi'talʲnaʲa 'stanʦɨʲa]
lançamento (m)	старт (м)	['start]
motor (m)	рухавік (м)	[ruha'vik]
bocal (m)	сапло (н)	[sap'lɔ]
combustível (m)	паліва (н)	['paliva]
cabine (f)	кабіна (ж)	[ka'bina]
antena (f)	антэна (ж)	[an'tɛna]
vigia (f)	ілюмінатар (м)	[ilʉmi'natar]
bateria (f) solar	сонечная батарэя (ж)	['sɔneʧnaʲa bata'rɛʲa]
traje (m) espacial	скафандр (м)	[ska'fandr]
imponderabilidade (f)	бязважкасць (ж)	[bʲaz'vaʃkasʦʲ]
oxigênio (m)	кіслярод (м)	[kisla'rɔt]
acoplagem (f)	стыкоўка (ж)	[stɨ'kɔwka]
fazer uma acoplagem	выконваць стыкоўку	[vɨ'kɔnvaʦ stɨ'kɔwku]
observatório (m)	абсерваторыя (ж)	[apserva'tɔrɨʲa]
telescópio (m)	тэлескоп (м)	[tɛle'skɔp]
observar (vt)	назіраць	[nazi'raʦʲ]
explorar (vt)	даследаваць	[da'sledavaʦʲ]

196. A Terra

Terra (f)	Зямля (ж)	[zʲam'lʲa]
globo terrestre (Terra)	зямны шар (м)	[zʲam'nɨ 'ʃar]
planeta (m)	планета (ж)	[pla'neta]
atmosfera (f)	атмасфера (ж)	[atma'sfera]
geografia (f)	геаграфія (ж)	[hea'ɦrafiʲa]
natureza (f)	прырода (ж)	[pri'rɔda]
globo (mapa esférico)	глобус (м)	['ɦlɔbus]
mapa (m)	карта (ж)	['karta]
atlas (m)	атлас (м)	[at'las]
Europa (f)	Еўропа	[ew'rɔpa]
Ásia (f)	Азія	['aziʲa]
África (f)	Афрыка	['afrika]
Austrália (f)	Аўстралія	[aw'straliʲa]
América (f)	Амерыка	[a'merika]
América (f) do Norte	Паўночная Амерыка	[paw'nɔʧnaʲa a'merika]
América (f) do Sul	Паўднёвая Амерыка	[paw'dnʲovaʲa a'merika]
Antártida (f)	Антарктыда	[antark'tida]
Ártico (m)	Арктыка	['arktika]

197. Pontos cardeais

norte (m)	поўнач (ж)	['pɔwnatʃ]
para norte	на поўнач	[na 'pɔwnatʃ]
no norte	на поўначы	[na 'pɔwnatʃi]
do norte (adj)	паўночны	[paw'nɔtʃni]
sul (m)	поўдзень (м)	['pɔwdzenʲ]
para sul	на поўдзень	[na 'pɔwdzenʲ]
no sul	на поўдні	[na 'pɔwdni]
do sul (adj)	паўднёвы	[paw'dnʲovi]
oeste, ocidente (m)	захад (м)	['zahat]
para oeste	на захад	[na 'zahat]
no oeste	на захадзе	[na 'zahadze]
ocidental (adj)	заходні	[za'hɔdni]
leste, oriente (m)	усход (м)	[w'shɔt]
para leste	на ўсход	[na w'shɔt]
no leste	на ўсходзе	[na w'shɔdze]
oriental (adj)	усходні	[us'hɔdni]

198. Mar. Oceano

mar (m)	мора (н)	['mɔra]
oceano (m)	акіян (м)	[akiʲʲan]
golfo (m)	заліў (м)	[za'liw]
estreito (m)	праліў (м)	[pra'liw]
terra (f) firme	зямля, суша (ж)	[zʲam'lʲa], ['suʃa]
continente (m)	мацярык (м)	[matsʲa'rik]
ilha (f)	востраў (м)	['vɔstraw]
península (f)	паўвостраў (м)	[paw'vɔstraw]
arquipélago (m)	архіпелаг (м)	[arhipe'lah]
baía (f)	бухта (ж)	['buhta]
porto (m)	гавань (ж)	['havanʲ]
lagoa (f)	лагуна (ж)	[la'huna]
cabo (m)	мыс (м)	['mis]
atol (m)	атол (м)	[a'tɔl]
recife (m)	рыф (м)	['rif]
coral (m)	карал (м)	[ka'ral]
recife (m) de coral	каралавы рыф (м)	[ka'ralavi 'rif]
profundo (adj)	глыбокі	[hli'bɔki]
profundidade (f)	глыбіня (ж)	[hlibi'nʲa]
abismo (m)	бездань (ж)	['bezdanʲ]
fossa (f) oceânica	упадзіна (ж)	[u'padzina]
corrente (f)	плынь (ж)	['plinʲ]
banhar (vt)	абмываць	[abmi'vatsʲ]
litoral (m)	бераг (м)	['berah]

costa (f)	узбярэжжа (н)	[uzbʲaˈrɛʐa]
maré (f) alta	прыліў (м)	[priˈliw]
refluxo (m)	адліў (м)	[adˈliw]
restinga (f)	водмель (ж)	[ˈvɔdmelʲ]
fundo (m)	дно (н)	[ˈdnɔ]
onda (f)	хваля (ж)	[ˈhvalʲa]
crista (f) da onda	грэбень (м) хвалі	[ɦrɛbenʲ ˈhvali]
espuma (f)	пена (ж)	[ˈpena]
tempestade (f)	бура (ж)	[ˈbura]
furacão (m)	ураган (м)	[uraˈɦan]
tsunami (m)	цунамі (н)	[ʦuˈnami]
calmaria (f)	штыль (м)	[ˈʃtilʲ]
calmo (adj)	спакойны	[spaˈkɔjni]
polo (m)	полюс (м)	[ˈpolʉs]
polar (adj)	палярны	[paˈlʲarni]
latitude (f)	шырата (ж)	[ʃiraˈta]
longitude (f)	даўгата (ж)	[dawɦaˈta]
paralela (f)	паралель (ж)	[paraˈlelʲ]
equador (m)	экватар (м)	[ɛkˈvatar]
céu (m)	неба (н)	[ˈneba]
horizonte (m)	гарызонт (м)	[ɦariˈzɔnt]
ar (m)	паветра (н)	[paˈvetra]
farol (m)	маяк (м)	[maˈʲak]
mergulhar (vi)	нырацьь	[niˈraʦʲ]
afundar-se (vr)	затануць	[zataˈnuʦʲ]
tesouros (m pl)	скарбы (м мн)	[ˈskarbi]

199. Nomes de Mares e Oceanos

Oceano (m) Atlântico	Атлантычны акіян (м)	[atlanˈtiʧni akiˈʲan]
Oceano (m) Índico	Індыйскі акіян (м)	[inˈdijski akiˈʲan]
Oceano (m) Pacífico	Ціхі акіян (м)	[ˈʦihi akiˈʲan]
Oceano (m) Ártico	Паўночны Ледавіты акіян (м)	[pawˈnɔʧni ledaˈwiti akiˈʲan]
Mar (m) Negro	Чорнае мора (н)	[ˈʧɔrnae ˈmɔra]
Mar (m) Vermelho	Чырвонае мора (н)	[ʧirˈvɔnae ˈmɔra]
Mar (m) Amarelo	Жоўтае мора (н)	[ˈʐɔwtae ˈmɔra]
Mar (m) Branco	Белае мора (н)	[ˈbelae ˈmɔra]
Mar (m) Cáspio	Каспійскае мора (н)	[kasˈpijskae ˈmɔra]
Mar (m) Morto	Мёртвае мора (н)	[ˈmʲortvae ˈmɔra]
Mar (m) Mediterrâneo	Міжземнае мора (н)	[miʒˈzemnae ˈmɔra]
Mar (m) Egeu	Эгейскае мора (н)	[ɛˈhejskae ˈmɔra]
Mar (m) Adriático	Адрыятычнае мора (н)	[adriˈaˈtiʧnae ˈmɔra]
Mar (m) Arábico	Аравійскае мора (н)	[araˈvijskae ˈmɔra]
Mar (m) do Japão	Японскае мора (н)	[ˈʲaˈpɔnskae ˈmɔra]

| Mar (m) de Bering | Берынгава мора (н) | ['berinħava 'mɔra] |
| Mar (m) da China Meridional | Паўднёва-Кітайскае мора (н) | [paw'dnʲova ki'tajskae 'mɔra] |

Mar (m) de Coral	Каралавае мора (н)	[ka'ralavae 'mɔra]
Mar (m) de Tasman	Тасманава мора (н)	[tas'manava 'mɔra]
Mar (m) do Caribe	Карыбскае мора (н)	[ka'ripskae 'mɔra]

| Mar (m) de Barents | Баранцава мора (н) | ['barantsava 'mɔra] |
| Mar (m) de Kara | Карскае мора (н) | ['karskae 'mɔra] |

Mar (m) do Norte	Паўночнае мора (н)	[paw'notʃnae 'mɔra]
Mar (m) Báltico	Балтыйскае мора (н)	[bal'tijskae 'mɔra]
Mar (m) da Noruega	Нарвежскае мора (н)	[nar'veʃskae 'mɔra]

200. Montanhas

montanha (f)	гара (ж)	[ħa'ra]
cordilheira (f)	горны ланцуг (м)	['ħɔrni lan'tsuħ]
serra (f)	горны хрыбет (м)	['ħɔrni hri'bet]

cume (m)	вяршыня (ж)	[vʲar'ʃinʲa]
pico (m)	пік (м)	['pik]
pé (m)	падножжа (н)	[pad'nɔʐa]
declive (m)	схіл (м)	['shil]

vulcão (m)	вулкан (м)	[vul'kan]
vulcão (m) ativo	дзеючы вулкан (м)	['dzeutʃi vul'kan]
vulcão (m) extinto	патухлы вулкан (м)	[pa'tuhli vul'kan]

erupção (f)	вывяржэнне (н)	[vivʲar'ʒɛnne]
cratera (f)	кратэр (м)	['kratɛr]
magma (m)	магма (ж)	['maħma]
lava (f)	лава (ж)	['lava]
fundido (lava ~a)	распалены	[ras'paleni]

cânion, desfiladeiro (m)	каньён (м)	[ka'njɔn]
garganta (f)	цясніна (ж)	[tsʲas'nina]
fenda (f)	цясніна (ж)	[tsʲas'nina]
precipício (m)	прорва (ж), абрыў (м)	['prɔrva], [ab'riw]

passo, colo (m)	перавал (м)	[pera'val]
planalto (m)	плато (н)	[pla'tɔ]
falésia (f)	скала (ж)	[ska'la]
colina (f)	узгорак (м)	[uz'ħɔrak]

geleira (f)	ледавік (м)	[leda'vik]
cachoeira (f)	вадаспад (м)	[vada'spat]
gêiser (m)	гейзер (м)	['ħejzer]
lago (m)	возера (н)	['vɔzera]

planície (f)	раўніна (ж)	[raw'nina]
paisagem (f)	краявід (м)	[kraʲa'vit]
eco (m)	рэха (н)	['rɛha]

alpinista (m)	альпініст (м)	[alʲpiˈnist]
escalador (m)	скалалаз (м)	[skalaˈlas]
conquistar (vt)	авалодваць	[avaˈlɔdvatsʲ]
subida, escalada (f)	узыходжанне (н)	[uziˈhɔdʒanne]

201. Nomes de montanhas

Alpes (m pl)	Альпы (мн)	[ˈalʲpi]
Monte Branco (m)	Манблан (м)	[manˈblan]
Pirineus (m pl)	Пірэнеі (мн)	[pirɛˈnei]
Cárpatos (m pl)	Карпаты (мн)	[karˈpati]
Urais (m pl)	Уральскія горы (мн)	[uˈralʲskiʲa ˈhɔri]
Cáucaso (m)	Каўказ (м)	[kawˈkas]
Elbrus (m)	Эльбрус (м)	[ɛlʲˈbrus]
Altai (m)	Алтай (м)	[alˈtaj]
Tian Shan (m)	Цянь-Шань (м)	[tsʲanjˈʃanʲ]
Pamir (m)	Памір (м)	[paˈmir]
Himalaia (m)	Гімалаі (мн)	[himaˈlai]
monte Everest (m)	Эверэст (м)	[eveˈrɛst]
Cordilheira (f) dos Andes	Анды (мн)	[ˈandi]
Kilimanjaro (m)	Кіліманджара (н)	[kilimanˈdʒara]

202. Rios

rio (m)	рака (ж)	[raˈka]
fonte, nascente (f)	крыніца (ж)	[kriˈnitsa]
leito (m) de rio	рэчышча (н)	[ˈrɛtʃiʃca]
bacia (f)	басейн (м)	[baˈsejn]
desaguar no ...	упадаць у ...	[upaˈdatsʲ u ...]
afluente (m)	прыток (м)	[priˈtɔk]
margem (do rio)	бераг (м)	[ˈberah]
corrente (f)	плынь (ж)	[ˈplinʲ]
rio abaixo	уніз па цячэнню	[uˈnis pa tsʲaˈtʃɛnnʉ]
rio acima	уверх па цячэнню	[uˈvɛrh pa tsʲaˈtʃɛnnʉ]
inundação (f)	паводка (ж)	[paˈvɔtka]
cheia (f)	разводдзе (н)	[razˈvɔdze]
transbordar (vi)	разлівацца	[razˈliˈvatsa]
inundar (vt)	затапляць	[zataˈplʲatsʲ]
banco (m) de areia	мель (ж)	[ˈmelʲ]
corredeira (f)	парог (м)	[paˈrɔh]
barragem (f)	плаціна (ж)	[plaˈtsina]
canal (m)	канал (м)	[kaˈnal]
reservatório (m) de água	вадасховішча (н)	[vadasˈhɔviʃca]
eclusa (f)	шлюз (м)	[ˈʃlʉs]

corpo (m) de água	вадаём (м)	[vada'ᶦom]
pântano (m)	балота (н)	[ba'lɔta]
lamaçal (m)	багна (ж)	['baɦna]
redemoinho (m)	вір (м)	['vir]

riacho (m)	ручай (м)	[ru'ʧaj]
potável (adj)	пітны	[pit'ni]
doce (água)	прэсны	['prɛsni]

gelo (m)	лёд (м)	['ᶦɔt]
congelar-se (vr)	замерзнуць	[za'merznuʦᶦ]

203. Nomes de rios

rio Sena (m)	Сена (ж)	['sena]
rio Loire (m)	Луара (ж)	[lu'ara]

rio Tâmisa (m)	Тэмза (ж)	['tɛmza]
rio Reno (m)	Рэйн (м)	['rɛjn]
rio Danúbio (m)	Дунай (м)	[du'naj]

rio Volga (m)	Волга (ж)	['vɔlɦa]
rio Don (m)	Дон (м)	['dɔn]
rio Lena (m)	Лена (ж)	['lena]

rio Amarelo (m)	Хуанхэ (н)	[huan'hɛ]
rio Yangtzé (m)	Янцзы (н)	[ᶦan'dzi]
rio Mekong (m)	Меконг (м)	[me'kɔnɦ]
rio Ganges (m)	Ганг (м)	['ɦanɦ]

rio Nilo (m)	Ніл (м)	['nil]
rio Congo (m)	Конга (н)	['kɔnɦa]
rio Cubango (m)	Акаванга (ж)	[aka'vanɦa]
rio Zambeze (m)	Замбезі (ж)	[zam'bezi]
rio Limpopo (m)	Лімпапо (ж)	[limpa'pɔ]
rio Mississippi (m)	Micicini (ж)	[misi'sipi]

204. Floresta

floresta (f), bosque (m)	лес (м)	['les]
florestal (adj)	лясны	[ᶦas'ni]

mata (f) fechada	гушчар (м)	[hu'ʃɕar]
arvoredo (m)	гай (м)	['ɦaj]
clareira (f)	паляна (ж)	[pa'lᶦana]

matagal (m)	зараснікі (м мн)	['zarasniki]
mato (m), caatinga (f)	хмызняк (м)	[hmiz'nᶦak]

pequena trilha (f)	сцяжынка (ж)	[sʦᶦa'ʒinka]
ravina (f)	яр (м)	[ᶦar]
árvore (f)	дрэва (н)	['drɛva]

folha (f)	ліст (м)	['list]
folhagem (f)	лістота (ж)	[lis'tɔta]
queda (f) das folhas	лістапад (м)	[lista'pat]
cair (vi)	ападаць	[apa'datsʲ]
topo (m)	верхавіна (ж)	[verha'vina]
ramo (m)	галіна (ж)	[ɦali'na]
galho (m)	сук (м)	['suk]
botão (m)	пупышка (ж)	[pu'piʃka]
agulha (f)	шыпулька (ж)	[ʃiˈpulʲka]
pinha (f)	шышка (ж)	['ʃiʃka]
buraco (m) de árvore	дупло (н)	[dup'lɔ]
ninho (m)	гняздо (н)	[ɦnʲaz'dɔ]
toca (f)	нара (ж)	[na'ra]
tronco (m)	ствол (м)	['stvɔl]
raiz (f)	корань (м)	['kɔranʲ]
casca (f) de árvore	кара (ж)	[ka'ra]
musgo (m)	мох (м)	['mɔh]
arrancar pela raiz	карчаваць	[kartʃa'vatsʲ]
cortar (vt)	сячы	[sʲa'tʃi]
desflorestar (vt)	высякаць	[visʲa'katsʲ]
toco, cepo (m)	пень (м)	['penʲ]
fogueira (f)	вогнішча (н)	['vɔɦniʃca]
incêndio (m) florestal	пажар (м)	[pa'ʒar]
apagar (vt)	тушыць	[tu'ʃitsʲ]
guarda-parque (m)	ляснік (м)	[lʲas'nik]
proteção (f)	ахова (ж)	[a'hɔva]
proteger (a natureza)	ахоўваць	[a'hɔwvatsʲ]
caçador (m) furtivo	браканьер (м)	[braka'njer]
armadilha (f)	пастка (ж)	['pastka]
colher (cogumelos, bagas)	збіраць	[zʲbi'ratsʲ]
perder-se (vr)	заблудзіць	[zablu'dzitsʲ]

205. Recursos naturais

recursos (m pl) naturais	прыродныя рэсурсы (м мн)	[pri'rɔdnʲʲa rɛ'sursi]
minerais (m pl)	карысныя выкапні (м мн)	[ka'risnʲʲa 'vɨkapni]
depósitos (m pl)	паклады (м мн)	[pa'kladi]
jazida (f)	радовішча (н)	[ra'dɔviʃca]
extrair (vt)	здабываць	[zdabɨ'vatsʲ]
extração (f)	здабыча (ж)	[zda'bitʃa]
minério (m)	руда (ж)	[ru'da]
mina (f)	руднік (м)	[rud'nik]
poço (m) de mina	шахта (ж)	['ʃahta]
mineiro (m)	шахцёр (м)	[ʃah'tsʲor]
gás (m)	газ (м)	['ɦas]

gasoduto (m)	газаправод (м)	[ɦazapra'vɔt]
petróleo (m)	нафта (ж)	['nafta]
oleoduto (m)	нафтаправод (м)	[naftapra'vɔt]
poço (m) de petróleo	нафтавая вышка (ж)	['naftavaʲa 'viʃka]
torre (f) petrolífera	буравая вышка (ж)	[bura'vaʲa 'viʃka]
petroleiro (m)	танкер (м)	['tanker]
areia (f)	пясок (м)	[pʲa'sɔk]
calcário (m)	вапняк (м)	[vap'nʲak]
cascalho (m)	жвір (м)	['ʒvir]
turfa (f)	торф (м)	['tɔrf]
argila (f)	гліна (ж)	['ɦlina]
carvão (m)	вугаль (м)	['vuɦalʲ]
ferro (m)	жалеза (н)	[ʒa'leza]
ouro (m)	золата (н)	['zɔlata]
prata (f)	срэбра (н)	['srɛbra]
níquel (m)	нікель (м)	['nikelʲ]
cobre (m)	медзь (ж)	['metsʲ]
zinco (m)	цынк (м)	['tsink]
manganês (m)	марганец (м)	['marɦanets]
mercúrio (m)	ртуць (ж)	['rtutsʲ]
chumbo (m)	свінец (м)	[svi'nets]
mineral (m)	мінерал (м)	[mine'ral]
cristal (m)	крышталь (м)	[kriʃ'talʲ]
mármore (m)	мармур (м)	['marmur]
urânio (m)	уран (м)	[u'ran]

A Terra. Parte 2

206. Tempo

tempo (m)	надвор'е (н)	[na'dvɔrʲe]
previsão (f) do tempo	прагноз (м) надвор'я	[prah'nɔs nad'vɔrʲja]
temperatura (f)	тэмпература (ж)	[tɛmpera'tura]
termômetro (m)	тэрмометр (м)	[tɛr'mɔmetr]
barômetro (m)	барометр (м)	[ba'rɔmetr]
úmido (adj)	вільготны	[vilʲ'hɔtnɨ]
umidade (f)	вільготнасць (ж)	[vilʲ'hɔtnastsʲ]
calor (m)	гарачыня (ж)	[haratʃɨ'nʲa]
tórrido (adj)	гарачы	[ha'ratʃɨ]
está muito calor	горача	['hɔratʃa]
está calor	цёпла	['tsʲopla]
quente (morno)	цёплы	['tsʲoplɨ]
está frio	холадна	['hɔladna]
frio (adj)	халодны	[ha'lɔdnɨ]
sol (m)	сонца (н)	['sɔntsa]
brilhar (vi)	свяціць	[svʲa'tsitsʲ]
de sol, ensolarado	сонечны	['sɔnetʃnɨ]
nascer (vi)	узысці	[uzis'tsi]
pôr-se (vr)	сесці	['sesʲtsi]
nuvem (f)	воблака (н)	['vɔblaka]
nublado (adj)	воблачны	['vɔblatʃnɨ]
nuvem (f) preta	хмара (ж)	['hmara]
escuro, cinzento (adj)	пахмурны	[pah'murnɨ]
chuva (f)	дождж (м)	['dɔʃʤ]
está a chover	ідзе дождж	[i'dze 'dɔʃʤ]
chuvoso (adj)	дажджлівы	[daʒʤ'livɨ]
chuviscar (vi)	імжыць	[im'ʒɨtsʲ]
chuva (f) torrencial	праліўны дождж (м)	[praliw'nɨ 'dɔʃʤ]
aguaceiro (m)	лівень (м)	['livenʲ]
forte (chuva, etc.)	моцны	['mɔtsnɨ]
poça (f)	лужына (ж)	['luʒɨna]
molhar-se (vr)	мокнуць	['mɔknutsʲ]
nevoeiro (m)	туман (м)	[tu'man]
de nevoeiro	туманны	[tu'mannɨ]
neve (f)	снег (м)	['sneɦ]
está nevando	ідзе снег	[i'dze 'sneɦ]

207. Tempo extremo. Catástrofes naturais

trovoada (f)	навальніца (ж)	[navalʲ'nitsa]
relâmpago (m)	маланка (ж)	[ma'lanka]
relampejar (vi)	бліскаць	['bliskatsʲ]
trovão (m)	гром (м)	['hrɔm]
trovejar (vi)	грымець	[hri'metsʲ]
está trovejando	грыміць гром	[hri'mitsʲ 'hrɔm]
granizo (m)	град (м)	['hrat]
está caindo granizo	ідзе град	[i'dze 'hrat]
inundar (vt)	затапіць	[zata'pitsʲ]
inundação (f)	паводка (ж)	[pa'vɔtka]
terremoto (m)	землятрус (м)	[zemlʲa'trus]
abalo, tremor (m)	штуршок (м)	[ʃtur'ʃɔk]
epicentro (m)	эпіцэнтр (м)	[ɛpi'tsɛntr]
erupção (f)	вывяржэнне (н)	[vivʲar'ʒɛnne]
lava (f)	лава (ж)	['lava]
tornado (m)	смерч (м)	['smertʃ]
tornado (m)	тарнада (м)	[tar'nada]
tufão (m)	тайфун (м)	[taj'fun]
furacão (m)	ураган (м)	[ura'han]
tempestade (f)	бура (ж)	['bura]
tsunami (m)	цунамі (н)	[tsu'nami]
ciclone (m)	цыклон (м)	[tsik'lɔn]
mau tempo (m)	непагадзь (ж)	['nepahatsʲ]
incêndio (m)	пажар (м)	[pa'ʒar]
catástrofe (f)	катастрофа (ж)	[kata'strɔfa]
meteorito (m)	метэарыт (м)	[metɛa'rit]
avalanche (f)	лавіна (ж)	[la'vina]
deslizamento (m) de neve	абвал (м)	[ab'val]
nevasca (f)	мяцеліца (ж)	[mʲa'tselitsa]
tempestade (f) de neve	завіруха (ж)	[zavi'ruha]

208. Ruídos. Sons

silêncio (m)	цішыня (ж)	[tsiʃi'nʲa]
som (m)	гук (м)	['huk]
ruído, barulho (m)	шум (м)	['ʃum]
fazer barulho	шумець	[ʃu'metsʲ]
ruidoso, barulhento (adj)	шумны	['ʃumni]
alto	гучна	['hutʃna]
alto (ex. voz ~a)	гучны	['hutʃni]
constante (ruído, etc.)	заўсёдны	[zaw'sʲodni]

grito (m)	крык (м)	['krik]
gritar (vi)	крычаць	[kri'tʃatsʲ]
sussurro (m)	шэпт (м)	['ʃɛpt]
sussurrar (vi, vt)	шаптаць	[ʃap'tatsʲ]

latido (m)	брэх (м)	['brɛɦ]
latir (vi)	брахаць	[bra'ɦatsʲ]

gemido (m)	стогн (м)	['stɔɦn]
gemer (vi)	стагнаць	[staɦ'natsʲ]
tosse (f)	кашаль (м)	['kaʃalʲ]
tossir (vi)	кашляць	['kaʃlʲatsʲ]

assobio (m)	свіст (м)	['svist]
assobiar (vi)	свістаць	[svis'tatsʲ]
batida (f)	стук (м)	['stuk]
bater (à porta)	стукаць	['stukatsʲ]

estalar (vi)	трашчаць	[tra'ʃɕatsʲ]
estalido (m)	трэск (м)	['trɛsk]

sirene (f)	сірэна (ж)	[si'rɛna]
apito (m)	гудок (м)	[ɦu'dɔk]
apitar (vi)	гудзець	[ɦu'dzetsʲ]
buzina (f)	сігнал (м)	[siɦ'nal]
buzinar (vi)	сігналіць	[siɦ'nalitsʲ]

209. Inverno

inverno (m)	зіма (ж)	[zi'ma]
de inverno	зімовы	[zi'mɔvɨ]
no inverno	узімку	[u'zimku]

neve (f)	снег (м)	['sneɦ]
está nevando	ідзе снег	[i'dze 'sneɦ]
queda (f) de neve	снегапад (м)	[sneɦa'pat]
amontoado (m) de neve	сумёт (м)	[su'mʲot]

floco (m) de neve	сняжынка (ж)	[snʲa'ʒɨnka]
bola (f) de neve	сняжок (м)	[snʲa'ʒɔk]
boneco (m) de neve	снегавік (м)	[sneɦa'vik]
sincelo (m)	лядзяш (м)	[lʲa'dzʲaʃ]

dezembro (m)	снежань (м)	['sneʒanʲ]
janeiro (m)	студзень (м)	['studzenʲ]
fevereiro (m)	люты (м)	['lʉti]

gelo (m)	мароз (м)	[ma'rɔs]
gelado (tempo ~)	марозны	[ma'rɔznɨ]

abaixo de zero	ніжэй за нуль	[ni'ʒɛj za 'nulʲ]
primeira geada (f)	замаразкі (м мн)	['zamaraski]
geada (f) branca	шэрань (ж)	['ʃɛranʲ]
frio (m)	холад (м)	['ɦɔlat]

está frio	холадна	['hɔladna]
casaco (m) de pele	футра (н)	['futra]
mitenes (f pl)	рукавіцы (ж мн)	[ruka'vitsi]

adoecer (vi)	захварэць	[zahva'rɛtsʲ]
resfriado (m)	прастуда (ж)	[pra'studa]
ficar resfriado	прастудзіцца	[prastu'dzitsa]

gelo (m)	лёд (м)	['lʲot]
gelo (m) na estrada	галалёдзіца (ж)	[ɦala'lʲodzitsa]
congelar-se (vr)	замерзнуць	[za'merznutsʲ]
bloco (m) de gelo	крыга (ж)	['kriɦa]

esqui (m)	лыжы (ж мн)	['liʒi]
esquiador (m)	лыжнік (м)	['liʒnik]
esquiar (vi)	катацца на лыжах	[ka'tatsa na 'liʒah]
patinar (vi)	катацца на каньках	[ka'tatsa na kanj'kah]

Fauna

210. Mamíferos. Predadores

predador (m)	драпежнік (м)	[dra'pɛʒnik]
tigre (m)	тыгр (м)	['tiɦr]
leão (m)	леў (м)	['lew]
lobo (m)	воўк (м)	['vɔwk]
raposa (f)	ліса (ж)	['lisa]
jaguar (m)	ягуар (м)	[ʲaɦu'ar]
leopardo (m)	леапард (м)	[lea'part]
chita (f)	гепард (м)	[ɦe'part]
pantera (f)	пантэра (ж)	[pan'tɛra]
puma (m)	пума (ж)	['puma]
leopardo-das-neves (m)	снежны барс (м)	['sneʒnɨ 'bars]
lince (m)	рысь (ж)	['risʲ]
coiote (m)	каёт (м)	[ka'ʲot]
chacal (m)	шакал (м)	[ʃa'kal]
hiena (f)	гіена (ж)	[ɦi'ena]

211. Animais selvagens

animal (m)	жывёліна (ж)	[ʒɨ'vʲolina]
besta (f)	звер (м)	['zʲver]
esquilo (m)	вавёрка (ж)	[va'vʲorka]
ouriço (m)	вожык (м)	['vɔʒɨk]
lebre (f)	заяц (м)	['zaʲats]
coelho (m)	трус (м)	['trus]
texugo (m)	барсук (м)	[bar'suk]
guaxinim (m)	янот (м)	[ʲa'nɔt]
hamster (m)	хамяк (м)	[ha'mʲak]
marmota (f)	сурок (м)	[su'rɔk]
toupeira (f)	крот (м)	['krɔt]
rato (m)	мыш (ж)	['miʃ]
ratazana (f)	пацук (м)	[pa'tsuk]
morcego (m)	кажан (м)	[ka'ʒan]
arminho (m)	гарнастай (м)	[ɦarna'staj]
zibelina (f)	собаль (м)	['sɔbalʲ]
marta (f)	куніца (ж)	[ku'nitsa]
doninha (f)	ласка (ж)	['laska]
visom (m)	норка (ж)	['nɔrka]

castor (m)	бабёр (м)	[ba'bʲor]
lontra (f)	выдра (ж)	['vidra]
cavalo (m)	конь (м)	['konʲ]
alce (m)	лось (м)	['losʲ]
veado (m)	алень (м)	[a'lenʲ]
camelo (m)	вярблюд (м)	[vʲar'blut]
bisão (m)	бізон (м)	[bi'zon]
auroque (m)	зубр (м)	['zubr]
búfalo (m)	буйвал (м)	['bujval]
zebra (f)	зебра (ж)	['zebra]
antílope (m)	антылопа (ж)	[anti'lopa]
corça (f)	казуля (ж)	[ka'zulʲa]
gamo (m)	лань (ж)	['lanʲ]
camurça (f)	сарна (ж)	['sarna]
javali (m)	дзік (м)	['dzik]
baleia (f)	кіт (м)	['kit]
foca (f)	цюлень (м)	[tsʉ'lenʲ]
morsa (f)	морж (м)	['morʃ]
urso-marinho (m)	коцік (м)	['kotsik]
golfinho (m)	дэльфін (м)	[dɛlʲ'fin]
urso (m)	мядзведзь (м)	[mʲadz'vedzʲ]
urso (m) polar	белы мядзведзь (м)	['beli mʲadz'vedzʲ]
panda (m)	панда (ж)	['panda]
macaco (m)	малпа (ж)	['malpa]
chimpanzé (m)	шымпанзэ (м)	[ʃimpan'zɛ]
orangotango (m)	арангутанг (м)	[aranɦu'tanɦ]
gorila (m)	гарыла (ж)	[ɦa'rila]
macaco (m)	макака (ж)	[ma'kaka]
gibão (m)	гібон (м)	[ɦi'bon]
elefante (m)	слон (м)	['slon]
rinoceronte (m)	насарог (м)	[nasa'rɔɦ]
girafa (f)	жырафа (ж)	[ʒɨ'rafa]
hipopótamo (m)	бегемот (м)	[beɦe'mot]
canguru (m)	кенгуру (м)	[kenɦu'ru]
coala (m)	каала (ж)	[ka'ala]
mangusto (m)	мангуст (м)	[man'ɦust]
chinchila (f)	шыншыла (ж)	[ʃin'ʃila]
cangambá (f)	скунс (м)	['skuns]
porco-espinho (m)	дзікабраз (м)	[dzikab'ras]

212. Animais domésticos

gata (f)	кошка (ж)	['koʃka]
gato (m) macho	кот (м)	['kot]
cão (m)	сабака (м)	[sa'baka]

cavalo (m)	конь (м)	['kɔnʲ]
garanhão (m)	жарабец (м)	[ʒara'bets]
égua (f)	кабыла (ж)	[ka'bɨla]

vaca (f)	карова (ж)	[ka'rɔva]
touro (m)	бык (м)	['bɨk]
boi (m)	вол (м)	['vɔl]

ovelha (f)	авечка (ж)	[a'vetʃka]
carneiro (m)	баран (м)	[ba'ran]
cabra (f)	каза (ж)	[ka'za]
bode (m)	казёл (м)	[ka'zʲol]

| burro (m) | асёл (м) | [a'sʲol] |
| mula (f) | мул (м) | ['mul] |

porco (m)	свіння (ж)	[svi'nnʲa]
leitão (m)	парася (н)	[para'sʲa]
coelho (m)	трус (м)	['trus]

| galinha (f) | курыца (ж) | ['kurɨtsa] |
| galo (m) | певень (м) | ['pevenʲ] |

pata (f), pato (m)	качка (ж)	['katʃka]
pato (m)	качар (м)	['katʃar]
ganso (m)	гусь (ж)	['ɦusʲ]

| peru (m) | індык (м) | [in'dɨk] |
| perua (f) | індычка (ж) | [in'dɨtʃka] |

animais (m pl) domésticos	свойская жывёла (ж)	[svɔjskaʲa ʒɨ'vʲola]
domesticado (adj)	ручны	[rutʃʲnɨ]
domesticar (vt)	прыручаць	[priru'tʃatsʲ]
criar (vt)	выгадоўваць	[viɦa'dowvatsʲ]

fazenda (f)	ферма (ж)	['ferma]
aves (f pl) domésticas	свойская птушка (ж)	['svɔjskaʲa 'ptuʃka]
gado (m)	жывёла (ж)	[ʒɨ'vʲola]
rebanho (m), manada (f)	статак (м)	['statak]

estábulo (m)	стайня (ж)	['stajnʲa]
chiqueiro (m)	свінарнік (м)	[svi'narnik]
estábulo (m)	кароўнік (м)	[ka'rɔwnik]
coelheira (f)	трусятнік (м)	[tru'sʲatnik]
galinheiro (m)	куратнік (м)	[ku'ratnik]

213. Cães. Raças de cães

cão (m)	сабака (м)	[sa'baka]
cão pastor (m)	аўчарка (ж)	[aw'tʃarka]
pastor-alemão (m)	нямецкая аўчарка (ж)	[nʲa'metskaʲa aw'tʃarka]
poodle (m)	пудзель (м)	['pudzelʲ]
linguicinha (m)	такса (ж)	['taksa]
buldogue (m)	бульдог (м)	[bulʲ'dɔɦ]

boxer (m)	баксёр (м)	[bak'sʲor]
mastim (m)	мастыф (м)	[mas'tif]
rottweiler (m)	ратвейлер (м)	[rat'vejler]
dóberman (m)	даберман (м)	[daber'man]

basset (m)	басэт (м)	['basɛt]
pastor inglês (m)	бабтэйл (м)	[bap'tɛjl]
dálmata (m)	далмацінец (м)	[dalma'tsinets]
cocker spaniel (m)	кокер-спаніэль (м)	['kɔker spani'ɛlʲ]

| terra-nova (m) | ньюфаўндленд (м) | [njʉ'fawndlent] |
| são-bernardo (m) | сенбернар (м) | [senber'nar] |

husky (m) siberiano	хаскі (м)	['haski]
Chow-chow (m)	чау-чау (м)	[tʃau'tʃau]
spitz alemão (m)	шпіц (м)	['ʃpits]
pug (m)	мопс (м)	['mɔps]

214. Sons produzidos pelos animais

latido (m)	брэх (м)	['brɛh]
latir (vi)	брахаць	[bra'hatsʲ]
miar (vi)	мяўкаць	['mʲawkatsʲ]
ronronar (vi)	муркаць	['murkatsʲ]

mugir (vaca)	мыкаць	['mikatsʲ]
bramir (touro)	раўці	[raw'tsi]
rosnar (vi)	рыкаць	[ri'katsʲ]

uivo (m)	выццё (н)	[vi'tsʲo]
uivar (vi)	выць	['vitsʲ]
ganir (vi)	скуголіць	[sku'holitsʲ]

balir (vi)	бляяць	[blæ'ʲatsʲ]
grunhir (vi)	рохкаць	['rohkatsʲ]
guinchar (vi)	вішчаць	[vi'ʃcatsʲ]

coaxar (sapo)	квакаць	['kvakatsʲ]
zumbir (inseto)	гудзець	[ɦu'dzetsʲ]
ziziar (vi)	стракатаць	[straka'tatsʲ]

215. Animais jovens

cria (f), filhote (m)	дзіцяня (н)	[dzitsʲa'nʲa]
gatinho (m)	кацяня (н)	[katsʲa'nʲa]
ratinho (m)	мышаня (н)	[miʃa'nʲa]
cachorro (m)	шчаня (н)	[ʃca'nʲa]

filhote (m) de lebre	зайчаня (н)	[zajtʃa'nʲa]
coelhinho (m)	трусяня (н)	[trusʲa'nʲa]
lobinho (m)	ваўчаня (н)	[vawtʃa'nʲa]
filhote (m) de raposa	лісяня (н)	[lisʲa'nʲa]

filhote (m) de urso	медзведзяня (н)	[medzʲvedzʲa'nʲa]
filhote (m) de leão	ільвяня (н)	[ilʲvʲa'nʲa]
filhote (m) de tigre	тыграня (н)	[tiɦra'nʲa]
filhote (m) de elefante	сланяня (н)	[slanʲa'nʲa]
leitão (m)	парася (н)	[para'sʲa]
bezerro (m)	цяля (н)	[tsʲa'lʲa]
cabrito (m)	казляня (н)	[kazlʲa'nʲa]
cordeiro (m)	ягня (н)	[ʲaɦ'nʲa]
filhote (m) de veado	аленяня (н)	[alenʲa'nʲa]
cria (f) de camelo	верблюдзяня (н)	[verblʉdzʲa'nʲa]
filhote (m) de serpente	змеяня (н)	[zʲmeʲa'nʲa]
filhote (m) de rã	жабяня (н)	[ʒabʲa'nʲa]
cria (f) de ave	птушаня (н)	[ptuʃa'nʲa]
pinto (m)	кураня (н)	[kura'nʲa]
patinho (m)	качаня (н)	[katʃa'nʲa]

216. Pássaros

pássaro (m), ave (f)	птушка (ж)	['ptuʃka]
pombo (m)	голуб (м)	['ɦɔlup]
pardal (m)	верабей (м)	[vera'bej]
chapim-real (m)	сініца (ж)	[si'nitsa]
pega-rabuda (f)	сарока (ж)	[sa'rɔka]
corvo (m)	крумкач (м)	[krum'katʃ]
gralha-cinzenta (f)	варона (ж)	[va'rɔna]
gralha-de-nuca-cinzenta (f)	галка (ж)	['ɦalka]
gralha-calva (f)	грак (м)	['ɦrak]
pato (m)	качка (ж)	['katʃka]
ganso (m)	гусь (ж)	['ɦusʲ]
faisão (m)	фазан (м)	[fa'zan]
águia (f)	арол (м)	[a'rɔl]
açor (m)	ястраб (м)	['ʲastrap]
falcão (m)	сокал (м)	['sɔkal]
abutre (m)	грыф (м)	['ɦrif]
condor (m)	кондар (м)	['kɔndar]
cisne (m)	лебедзь (м)	['lebetsʲ]
grou (m)	журавель (м)	[ʒura'velʲ]
cegonha (f)	бусел (м)	['busel]
papagaio (m)	папугай (м)	[papu'ɦaj]
beija-flor (m)	калібры (м)	[ka'libri]
pavão (m)	паўлін (м)	[paw'lin]
avestruz (m)	страус (м)	['straus]
garça (f)	чапля (ж)	['tʃaplʲa]
flamingo (m)	фламінга (м)	[fla'minɦa]
pelicano (m)	пелікан (м)	[peli'kan]

rouxinol (m)	салавей (м)	[sala'vej]
andorinha (f)	ластаўка (ж)	['lastawka]

tordo-zornal (m)	дрозд (м)	['drɔst]
tordo-músico (m)	пеўчы дрозд (м)	['pewtʃɨ 'drɔst]
melro-preto (m)	чорны дрозд (м)	['tʃɔrnɨ 'drɔst]

andorinhão (m)	стрыж (м)	['striʃ]
cotovia (f)	жаваранак (м)	['ʒavaranak]
codorna (f)	перапёлка (ж)	[pera'pʲolka]

pica-pau (m)	дзяцел (м)	['dzʲatsel]
cuco (m)	зязюля (ж)	[zʲa'zʲulʲa]
coruja (f)	сава (ж)	[sa'va]
bufo-real (m)	пугач (м)	[pu'hatʃ]
tetraz-grande (m)	глушэц (м)	[hlu'ʃɛts]
tetraz-lira (m)	цецярук (м)	[tsetsʲa'ruk]
perdiz-cinzenta (f)	курапатка (ж)	[kura'patka]

estorninho (m)	шпак (м)	['ʃpak]
canário (m)	канарэйка (ж)	[kana'rɛjka]
galinha-do-mato (f)	рабчык (м)	['raptʃik]
tentilhão (m)	зяблік (м)	['zʲablik]
dom-fafe (m)	гіль (м)	['hilʲ]

gaivota (f)	чайка (ж)	['tʃajka]
albatroz (m)	альбатрос (м)	[alʲbat'rɔs]
pinguim (m)	пінгвін (м)	[pinh'vin]

217. Pássaros. Canto e sons

cantar (vi)	пець	['petsʲ]
gritar, chamar (vi)	крычаць	[kri'tʃatsʲ]
cantar (o galo)	кукарэкаць	[kuka'rɛkatsʲ]
cocorocó (m)	кукарэку	[kuka'rɛku]

cacarejar (vi)	кудахтаць	[ku'dahtatsʲ]
crocitar (vi)	каркаць	['karkatsʲ]
grasnar (vi)	кракаць	['krakatsʲ]
piar (vi)	пішчаць	[pi'ʃɕatsʲ]
chilrear, gorjear (vi)	цвыркаць	['tsvirkatsʲ]

218. Peixes. Animais marinhos

brema (f)	лешч (м)	['leʃɕ]
carpa (f)	карп (м)	['karp]
perca (f)	акунь (м)	[a'kunʲ]
siluro (m)	сом (м)	['sɔm]
lúcio (m)	шчупак (м)	[ʃɕu'pak]

salmão (m)	ласось (м)	[la'sɔsʲ]
esturjão (m)	асетр (м)	[a'setr]

arenque (m)	селядзец (м)	[selʲa'dzets]
salmão (m) do Atlântico	сёмга (ж)	['sʲomɦa]
cavala, sarda (f)	скумбрыя (ж)	['skumbriʲa]
solha (f), linguado (m)	камбала (ж)	['kambala]
lúcio perca (m)	судак (м)	[su'dak]
bacalhau (m)	траска (ж)	[tras'ka]
atum (m)	тунец (м)	[tu'nets]
truta (f)	стронга (ж)	['strɔnɦa]
enguia (f)	вугор (м)	[vu'ɦɔr]
raia (f) elétrica	электрычны скат (м)	[ɛlekt'ritʃnɨ 'skat]
moreia (f)	мурэна (ж)	[mu'rɛna]
piranha (f)	пірання (ж)	[pi'rannʲa]
tubarão (m)	акула (ж)	[a'kula]
golfinho (m)	дэльфін (м)	[dɛlʲ'fin]
baleia (f)	кіт (м)	['kit]
caranguejo (m)	краб (м)	['krap]
água-viva (f)	медуза (ж)	[me'duza]
polvo (m)	васьміног (м)	[vasʲmi'nɔɦ]
estrela-do-mar (f)	марская зорка (ж)	[mar'skaʲa 'zɔrka]
ouriço-do-mar (m)	марскі вожык (м)	[mar'ski 'vɔʒɨk]
cavalo-marinho (m)	марскі конік (м)	[mar'ski 'kɔnik]
ostra (f)	вустрыца (ж)	['vustritsa]
camarão (m)	крэветка (ж)	[krɛ'vetka]
lagosta (f)	амар (м)	[a'mar]
lagosta (f)	лангуст (м)	[lan'ɦust]

219. Anfíbios. Répteis

cobra (f)	змяя (ж)	[zmæ'ʲa]
venenoso (adj)	ядавіты	[ʲada'vitɨ]
víbora (f)	гадзюка (ж)	[ɦa'dzʉka]
naja (f)	кобра (ж)	['kɔbra]
píton (m)	пітон (м)	[pi'tɔn]
jiboia (f)	удаў (м)	[u'daw]
cobra-de-água (f)	вуж (м)	['vuʃ]
cascavel (f)	грымучая змяя (ж)	[ɦri'mutʃaʲa zmæ'ʲa]
anaconda (f)	анаконда (ж)	[ana'kɔnda]
lagarto (m)	яшчарка (ж)	[ʲaʃɕarka]
iguana (f)	ігуана (ж)	[iɦu'ana]
varano (m)	варан (м)	[va'ran]
salamandra (f)	саламандра (ж)	[sala'mandra]
camaleão (m)	хамелеон (м)	[hamele'ɔn]
escorpião (m)	скарпіён (м)	[skarpi'ʲɔn]
tartaruga (f)	чарапаха (ж)	[tʃara'paha]
rã (f)	жаба (ж)	['ʒaba]

| sapo (m) | рапуха (ж) | [ra'puha] |
| crocodilo (m) | кракадзіл (м) | [kraka'dzil] |

220. Insetos

inseto (m)	насякомае (н)	[nasʲa'kɔmae]
borboleta (f)	матылёк (м)	[matiʲlʲok]
formiga (f)	мурашка (ж)	[mu'raʃka]
mosca (f)	муха (ж)	['muha]
mosquito (m)	камар (м)	[ka'mar]
escaravelho (m)	жук (м)	['ʒuk]

vespa (f)	аса (ж)	[a'sa]
abelha (f)	пчала (ж)	[ptʃa'la]
mamangaba (f)	чмель (м)	['tʃmelʲ]
moscardo (m)	авадзень (м)	[ava'dzenʲ]

| aranha (f) | павук (м) | [pa'vuk] |
| teia (f) de aranha | павуціна (ж) | [pavu'tsina] |

libélula (f)	страказа (ж)	[straka'za]
gafanhoto (m)	конік (м)	['kɔnik]
traça (f)	матыль (м)	[ma'tilʲ]

barata (f)	таракан (м)	[tara'kan]
carrapato (m)	клешч (м)	['kleʃc]
pulga (f)	блыха (ж)	[blʲi'ha]
borrachudo (m)	мошка (ж)	['mɔʃka]

gafanhoto (m)	саранча (ж)	[saran'tʃa]
caracol (m)	слімак (м)	[sli'mak]
grilo (m)	цвыркун (м)	[tsvir'kun]
pirilampo, vaga-lume (m)	светлячок (м)	[svetlʲa'tʃɔk]
joaninha (f)	божая кароўка (ж)	[bɔʒaʲa ka'rɔwka]
besouro (m)	хрушч (м)	['hruʃc]

sanguessuga (f)	п'яўка (ж)	['pʲʲawka]
lagarta (f)	вусень (м)	['vusenʲ]
minhoca (f)	чарвяк (м)	[tʃar'vʲak]
larva (f)	чарвяк (м)	[tʃar'vʲak]

221. Animais. Partes do corpo

bico (m)	дзюба (ж)	['dzʉba]
asas (f pl)	крылы (н мн)	['krili]
pata (f)	лапа (ж)	['lapa]
plumagem (f)	апярэнне (н)	[apʲa'rɛnne]
pena, pluma (f)	пяро (н)	[pʲa'rɔ]
crista (f)	чубок (м)	[tʃu'bɔk]

| brânquias, guelras (f pl) | жабры (ж мн) | ['ʒabri] |
| ovas (f pl) | ікра (ж) | [ik'ra] |

larva (f)	лічынка (ж)	[li'tʃinka]
barbatana (f)	плаўнік (м)	[plaw'nik]
escama (f)	луска (ж)	[lus'ka]

presa (f)	ікол (м)	[i'kɔl]
pata (f)	лапа (ж)	['lapa]
focinho (m)	пыса (ж)	['pisa]
boca (f)	пашча (ж)	['paʃɕa]
cauda (f), rabo (m)	хвост (м)	['hvɔst]
bigodes (m pl)	вусы (м мн)	['vusi]

casco (m)	капыт (м)	[ka'pit]
corno (m)	рог (м)	['rɔɦ]

carapaça (f)	панцыр (м)	['pantsir]
concha (f)	ракавінка (ж)	['rakavinka]
casca (f) de ovo	шкарлупіна (ж)	[ʃkarlu'pina]

pelo (m)	шэрсць (ж)	['ʃɛrstsʲ]
pele (f), couro (m)	шкура (ж)	['ʃkura]

222. Ações dos animais

voar (vi)	лятаць	[lʲa'tatsʲ]
dar voltas	кружыць	[kru'ʒitsʲ]

voar (para longe)	паляцець	[palʲa'tsetsʲ]
bater as asas	махаць	[ma'hatsʲ]

bicar (vi)	дзяўбці	[dzʲawp'tsi]
incubar (vt)	выседжваць яйкі	[vi'sedʒvatsʲ ʲ'ajki]

sair do ovo	вылуплівацца	[vi'luplivatsa]
fazer o ninho	віць	['vitsʲ]

rastejar (vi)	поўзаць	['pɔwzatsʲ]
picar (vt)	джаліць	['dʒalitsʲ]
morder (cachorro, etc.)	кусаць	[ku'satsʲ]

cheirar (vt)	нюхаць	['nʉhatsʲ]
latir (vi)	брахаць	[bra'hatsʲ]
silvar (vi)	сыкаць	['sikatsʲ]

assustar (vt)	палохаць	[pa'lɔhatsʲ]
atacar (vt)	нападаць	[napa'datsʲ]

roer (vt)	грызці	['ɦrisʲtsi]
arranhar (vt)	драпаць	['drapatsʲ]
esconder-se (vr)	хавацца	[ha'vatsa]

brincar (vi)	гуляць	[ɦu'lʲatsʲ]
caçar (vi)	паляваць	[palʲa'vatsʲ]
hibernar (vi)	быць у спячцы	['bitsʲ u 'spʲatsi]
extinguir-se (vr)	вымерці	['vimertsi]

223. Animais. Habitats

hábitat (m)	асяроддзе (н) пражыванння	[asʲaˈrɔdze praʒʲˈvannʲa]
migração (f)	міграцыя (ж)	[miɦˈratsʲʲa]
montanha (f)	гара (ж)	[ɦaˈra]
recife (m)	рыф (м)	[ˈrif]
falésia (f)	скала (ж)	[skaˈla]
floresta (f)	лес (м)	[ˈles]
selva (f)	джунглі (мн)	[ˈdʒunɦli]
savana (f)	саванна (ж)	[saˈvanna]
tundra (f)	тундра (ж)	[ˈtundra]
estepe (f)	стэп (м)	[ˈstɛp]
deserto (m)	пустыня (ж)	[pusˈtinʲa]
oásis (m)	аазіс (м)	[aˈazis]
mar (m)	мора (н)	[ˈmɔra]
lago (m)	возера (н)	[ˈvɔzera]
oceano (m)	акіян (м)	[akiˈʲan]
pântano (m)	балота (н)	[baˈlɔta]
de água doce	прэснаводны	[prɛsnaˈvɔdnʲ]
lagoa (f)	сажалка (ж)	[ˈsaʒalka]
rio (m)	рака (ж)	[raˈka]
toca (f) do urso	бярлог (м)	[bʲarˈlɔɦ]
ninho (m)	гняздо (н)	[ɦnʲazˈdɔ]
buraco (m) de árvore	дупло (н)	[dupˈlɔ]
toca (f)	нара (ж)	[naˈra]
formigueiro (m)	мурашнік (м)	[muˈraʃnik]

224. Cuidados com os animais

jardim (m) zoológico	заапарк (м)	[zaaˈpark]
reserva (f) natural	запаведнік (м)	[zapaˈvednik]
viveiro (m)	гадавальнік (м)	[ɦadaˈvalʲnik]
jaula (f) de ar livre	вальера (ж)	[vaˈlʲera]
jaula, gaiola (f)	клетка (ж)	[ˈkletka]
casinha (f) de cachorro	будка (ж)	[ˈbutka]
pombal (m)	галубятня (ж)	[ɦaluˈbʲatnʲa]
aquário (m)	акварыум (м)	[akˈvarium]
delfinário (m)	дэльфінарый (м)	[dɛlʲfiˈnarij]
criar (vt)	разгадоўваць	[razɦaˈdɔwvatsʲ]
cria (f)	патомства (н)	[paˈtɔmstva]
domesticar (vt)	прыручаць	[priruˈtʃatsʲ]
adestrar (vt)	дрэсіраваць	[drɛsiraˈvatsʲ]
ração (f)	корм (м)	[ˈkɔrm]
alimentar (vt)	карміць	[karˈmitsʲ]

loja (f) de animais	заакрама (ж)	[zaak'rama]
focinheira (m)	наморднік (м)	[na'mɔrdnik]
coleira (f)	ашыйнік (м)	[a'ʃijnik]
nome (do animal)	мянушка (ж)	[mʲa'nuʃka]
pedigree (m)	радаслоўная (ж)	[rada'slɔwnaʲa]

225. Animais. Diversos

alcateia (f)	зграя (ж)	[zɦ'raʲa]
bando (pássaros)	чарада (ж)	[tʃara'da]
cardume (peixes)	чарада (ж)	[tʃara'da]
manada (cavalos)	табун (м)	[ta'bun]
macho (m)	самец (м)	[sa'mets]
fêmea (f)	самка (ж)	['samka]
faminto (adj)	галодны	[ɦa'lɔdni]
selvagem (adj)	дзікі	['dziki]
perigoso (adj)	небяспечны	[nebʲas'petʃni]

226. Cavalos

cavalo (m)	конь (м)	['kɔnʲ]
raça (f)	парода (ж)	[pa'rɔda]
potro (m)	жарабя (н)	[ʒara'bʲa]
égua (f)	кабыла (ж)	[ka'bɨla]
mustangue (m)	мустанг (м)	[mus'tanɦ]
pônei (m)	поні (м)	['pɔni]
cavalo (m) de tiro	цяжкавоз (м)	[tsʲaʃka'vɔs]
crina (f)	грыва (ж)	['ɦriva]
rabo (m)	хвост (м)	['hvɔst]
casco (m)	капыт (м)	[ka'pɨt]
ferradura (f)	падкова (ж)	[pat'kɔva]
ferrar (vt)	падкаваць	[patka'vatsʲ]
ferreiro (m)	каваль (м)	[ka'valʲ]
sela (f)	сядло (н)	[sʲad'lɔ]
estribo (m)	стрэмя (н)	['strɛmʲa]
brida (f)	аброць (ж)	[ab'rɔtsʲ]
rédeas (f pl)	лейцы (мн)	['lejtsɨ]
chicote (m)	нагайка (ж)	[na'ɦajka]
cavaleiro (m)	коннік (м)	['kɔnnik]
colocar sela	асядлаць	[asʲad'latsʲ]
montar no cavalo	сесці ў сядло	['sesʲtsi w sʲad'lɔ]
galope (m)	галоп (м)	[ɦa'lɔp]
galopar (vi)	скакаць галопам	[ska'katsʲ ɦa'lɔpam]

trote (m)	рысь (ж)	['risʲ]
a trote	рыссю	['rissʉ]
ir a trote	скакаць рыссю	[ska'katsʲ 'rissʉ]

| cavalo (m) de corrida | скакавы конь (м) | [skaka'vɨ 'kɔnʲ] |
| corridas (f pl) | скачкі (ж мн) | ['skatʃki] |

estábulo (m)	стайня (ж)	['stajnʲa]
alimentar (vt)	карміць	[kar'mitsʲ]
feno (m)	сена (н)	['sena]
dar água	паіць	[pa'itsʲ]
limpar (vt)	чысціць	['tʃisʲtsitsʲ]

carroça (f)	воз (м), павозка (ж)	['voz], [pa'vozka]
pastar (vi)	пасвіцца	['pasvitsa]
relinchar (vi)	іржаць	[ir'ʒatsʲ]
dar um coice	брыкнуць	[brik'nutsʲ]

Flora

227. Árvores

árvore (f)	дрэва (н)	['drɛva]
decídua (adj)	ліставое	[lista'vɔe]
conífera (adj)	хвойнае	['hvɔjnae]
perene (adj)	вечназялёнае	[vetʃnazʲa'lʲonae]
macieira (f)	яблыня (ж)	['ʲablinʲa]
pereira (f)	груша (ж)	['hruʃa]
cerejeira (f)	чарэшня (ж)	[ʧa'rɛʃnʲa]
ginjeira (f)	вішня (ж)	['viʃnʲa]
ameixeira (f)	сліва (ж)	['sliva]
bétula (f)	бяроза (ж)	[bʲa'rɔza]
carvalho (m)	дуб (м)	['dup]
tília (f)	ліпа (ж)	['lipa]
choupo-tremedor (m)	асіна (ж)	[a'sina]
bordo (m)	клён (м)	['klʲon]
espruce (m)	елка (ж)	['elka]
pinheiro (m)	сасна (ж)	[sas'na]
alerce, lariço (m)	лістоўніца (ж)	[lis'townitsa]
abeto (m)	піхта (ж)	['pihta]
cedro (m)	кедр (м)	['kedr]
choupo, álamo (m)	таполя (ж)	[ta'pɔlʲa]
tramazeira (f)	рабіна (ж)	[ra'bina]
salgueiro (m)	вярба (ж)	[vʲar'ba]
amieiro (m)	вольха (ж)	['vɔlʲha]
faia (f)	бук (м)	['buk]
ulmeiro, olmo (m)	вяз (м)	['vʲas]
freixo (m)	ясень (м)	['ʲasenʲ]
castanheiro (m)	каштан (м)	[kaʃ'tan]
magnólia (f)	магнолія (ж)	[mah'nɔliʲa]
palmeira (f)	пальма (ж)	['palʲma]
cipreste (m)	кіпарыс (м)	[kipa'ris]
mangue (m)	мангравае дрэва (н)	['manhravae 'drɛva]
embondeiro, baobá (m)	баабаб (м)	[baa'bap]
eucalipto (m)	эўкаліпт (м)	[ɛwka'lipt]
sequoia (f)	секвоя (ж)	[sek'vɔʲa]

228. Arbustos

arbusto (m)	куст (м)	['kust]
arbusto (m), moita (f)	хмызняк (м)	[hmiz'nʲak]

| videira (f) | вінаград (м) | [vina'ɦrat] |
| vinhedo (m) | вінаграднік (м) | [vina'ɦradnik] |

framboeseira (f)	маліны (ж мн)	[ma'lini]
groselheira-negra (f)	чорная парэчка (ж)	['tʃornaʲa pa'rɛtʃka]
groselheira-vermelha (f)	чырвоная парэчка (ж)	[tʃir'vɔnaʲa pa'rɛtʃka]
groselheira (f) espinhosa	агрэст (м)	[aɦ'rɛst]

acácia (f)	акацыя (ж)	[a'katsiʲa]
bérberis (f)	барбарыс (м)	[barba'ris]
jasmim (m)	язмін (м)	[ʲaz'min]

junípero (m)	ядловец (м)	[ʲad'lɔvets]
roseira (f)	ружавы куст (м)	['ruʒavi kust]
roseira (f) brava	шыпшына (ж)	[ʃip'ʃina]

229. Cogumelos

cogumelo (m)	грыб (м)	['ɦrip]
cogumelo (m) comestível	ядомы грыб (м)	[ʲa'dɔmi 'ɦrip]
cogumelo (m) venenoso	атрутны грыб (м)	[a'trutni 'ɦrip]
chapéu (m)	шапачка (ж)	['ʃapatʃka]
pé, caule (m)	ножка (ж)	['nɔʃka]

boleto, porcino (m)	баравік (м)	[bara'vik]
boleto (m) alaranjado	падасінавік (м)	[pada'sinavik]
boleto (m) de bétula	падбярозавік (м)	[padbʲa'rɔzavik]
cantarelo (m)	лісічка (ж)	[li'sitʃka]
rússula (f)	сыраежка (ж)	[sira'eʃka]

morchella (f)	смаржок (м)	[smar'ʒɔk]
agário-das-moscas (m)	мухамор (м)	[muha'mɔr]
cicuta (f) verde	паганка (ж)	[pa'ɦanka]

230. Frutos. Bagas

fruta (f)	фрукт, плод (м)	['frukt], [plot]
frutas (f pl)	садавіна (ж)	[sada'vina]
maçã (f)	яблык (м)	['ʲablik]
pera (f)	груша (ж)	['ɦruʃa]
ameixa (f)	сліва (ж)	['sliva]

morango (m)	клубніцы (ж мн)	[klub'nitsi]
ginja (f)	вішня (ж)	['viʃnʲa]
cereja (f)	чарэшня (ж)	[tʃa'rɛʃnʲa]
uva (f)	вінаград (м)	[vina'ɦrat]

framboesa (f)	маліны (ж мн)	[ma'lini]
groselha (f) negra	чорныя парэчкі (ж мн)	['tʃorniʲa pa'rɛtʃki]
groselha (f) vermelha	чырвоныя парэчкі (ж мн)	[tʃir'vɔniʲa pa'rɛtʃki]
groselha (f) espinhosa	агрэст (м)	[aɦ'rɛst]
oxicoco (m)	журавіны (ж мн)	[ʒura'vini]

laranja (f)	апельсін (м)	[apelʲ'sin]
tangerina (f)	мандарын (м)	[manda'rin]
abacaxi (m)	ананас (м)	[ana'nas]
banana (f)	банан (м)	[ba'nan]
tâmara (f)	фінік (м)	['finik]

limão (m)	лімон (м)	[li'mɔn]
damasco (m)	абрыкос (м)	[abri'kɔs]
pêssego (m)	персік (м)	['persik]
quiuí (m)	ківі (м)	['kivi]
toranja (f)	грэйпфрут (м)	[ɦrɛjp'frut]

baga (f)	ягада (ж)	['ʲaɦada]
bagas (f pl)	ягады (ж мн)	['ʲaɦadi]
arando (m) vermelho	брусніцы (ж мн)	[brus'nitsi]
morango-silvestre (m)	суніцы (ж мн)	[su'nitsi]
mirtilo (m)	чарніцы (ж мн)	[tʃar'nitsi]

231. Flores. Plantas

| flor (f) | кветка (ж) | ['kvetka] |
| buquê (m) de flores | букет (м) | [bu'ket] |

rosa (f)	ружа (ж)	['ruʒa]
tulipa (f)	цюльпан (м)	[tsʉlʲ'pan]
cravo (m)	гваздзік (м)	[ɦvazʲ'dzik]
gladíolo (m)	гладыёлус (м)	[ɦladiʲolus]

centáurea (f)	валошка (ж)	[va'lɔʃka]
campainha (f)	званочак (м)	[zva'nɔtʃak]
dente-de-leão (m)	дзьмухавец (м)	[tsʲmuha'vets]
camomila (f)	рамонак (м)	[ra'mɔnak]

aloé (m)	альяс (м)	[a'lʲas]
cacto (m)	кактус (м)	['kaktus]
fícus (m)	фікус (м)	['fikus]

lírio (m)	лілея (ж)	[li'leʲa]
gerânio (m)	герань (ж)	[ɦe'ranʲ]
jacinto (m)	гіяцынт (м)	[ɦiʲa'tsint]

mimosa (f)	мімоза (ж)	[mi'mɔza]
narciso (m)	нарцыс (м)	[nar'tsis]
capuchinha (f)	настурка (ж)	[na'sturka]

orquídea (f)	архідэя (ж)	[arhi'dɛʲa]
peônia (f)	півоня (ж)	[pi'vɔnʲa]
violeta (f)	фіялка (ж)	[fi'ʲalka]

amor-perfeito (m)	браткі (мн)	['bratki]
não-me-esqueças (m)	незабудка (ж)	[neza'butka]
margarida (f)	маргарытка (ж)	[marɦa'ritka]
papoula (f)	мак (м)	['mak]
cânhamo (m)	каноплі (мн)	[ka'nɔpli]

hortelã, menta (f)	мята (ж)	['mʲata]
lírio-do-vale (m)	ландыш (м)	['landɨʃ]
campânula-branca (f)	падснежнік (м)	[pat'sneʒnik]

urtiga (f)	крапіва (ж)	[krapi'va]
azedinha (f)	шчаўе (н)	['ʃɕawe]
nenúfar (m)	гарлачык (м)	[har'latʃik]
samambaia (f)	папараць (ж)	['paparatsʲ]
líquen (m)	лішайнік (м)	[li'ʃajnik]

estufa (f)	аранжарэя (ж)	[aranʒa'rɛʲa]
gramado (m)	газон (м)	[ha'zɔn]
canteiro (m) de flores	клумба (ж)	['klumba]

planta (f)	расліна (ж)	[ras'lina]
grama (f)	трава (ж)	[tra'va]
folha (f) de grama	травінка (ж)	[tra'vinka]

folha (f)	ліст (м)	['list]
pétala (f)	пялёстак (м)	[pʲa'lʲostak]
talo (m)	сцябло (н)	[stsʲab'lɔ]
tubérculo (m)	клубень (м)	['klubenʲ]

| broto, rebento (m) | расток (м) | [ras'tɔk] |
| espinho (m) | калючка (ж) | [ka'lʉtʃka] |

florescer (vi)	цвісці	[tsʲⁱvis'tsi]
murchar (vi)	вянуць	['vʲanutsʲ]
cheiro (m)	пах (м)	['pah]
cortar (flores)	зразаць	[zra'zatsʲ]
colher (uma flor)	сарваць	[sar'vatsʲ]

232. Cereais, grãos

grão (m)	зерне (н)	['zerne]
cereais (plantas)	зерневыя расліны (ж мн)	[zernevʲʲa ra'slini]
espiga (f)	колас (м)	['kɔlas]

trigo (m)	пшаніца (ж)	[pʃa'nitsa]
centeio (m)	жыта (н)	['ʒita]
aveia (f)	авёс (м)	[a'vʲos]

| painço (m) | проса (н) | ['prɔsa] |
| cevada (f) | ячмень (м) | [ʲatʃ'menʲ] |

milho (m)	кукуруза (ж)	[kuku'ruza]
arroz (m)	рыс (м)	['ris]
trigo-sarraceno (m)	грэчка (ж)	['hrɛtʃka]

ervilha (f)	гарох (м)	[ha'rɔh]
feijão (m) roxo	фасоля (ж)	[fa'sɔlʲa]
soja (f)	соя (ж)	['sɔʲa]
lentilha (f)	сачавіца (ж)	[satʃa'vitsa]
feijão (m)	боб (м)	['bɔp]

233. Vegetais. Verduras

vegetais (m pl)	гароднiна (ж)	[ɦa'rɔdnina]
verdura (f)	зелянiна (ж)	[zelʲa'nina]
tomate (m)	памiдор (м)	[pami'dɔr]
pepino (m)	агурок (м)	[aɦu'rɔk]
cenoura (f)	морква (ж)	['mɔrkva]
batata (f)	бульба (ж)	['bulʲba]
cebola (f)	цыбуля (ж)	[tsɨ'bulʲa]
alho (m)	часнок (м)	[tʃas'nɔk]
couve (f)	капуста (ж)	[ka'pusta]
couve-flor (f)	квяцiстая капуста (ж)	[kvʲa'tsistaʲa ka'pusta]
couve-de-bruxelas (f)	брусельская капуста (ж)	[bru'selʲskaʲa ka'pusta]
brócolis (m pl)	капуста (ж) браколi	[ka'pusta bra'kɔli]
beterraba (f)	бурак (м)	[bu'rak]
berinjela (f)	баклажан (м)	[bakla'ʒan]
abobrinha (f)	кабачок (м)	[kaba'tʃɔk]
abóbora (f)	гарбуз (м)	[ɦar'bus]
nabo (m)	рэпа (ж)	['rɛpa]
salsa (f)	пятрушка (ж)	[pʲat'ruʃka]
endro, aneto (m)	кроп (м)	['krɔp]
alface (f)	салата (ж)	[sa'lata]
aipo (m)	сельдэрэй (м)	[selʲdɛ'rɛj]
aspargo (m)	спаржа (ж)	['sparʒa]
espinafre (m)	шпiнат (м)	[ʃpi'nat]
ervilha (f)	гарох (м)	[ɦa'rɔh]
feijão (~ soja, etc.)	боб (м)	['bɔp]
milho (m)	кукуруза (ж)	[kuku'ruza]
feijão (m) roxo	фасоля (ж)	[fa'sɔlʲa]
pimentão (m)	перац (м)	['perats]
rabanete (m)	радыска (ж)	[ra'diska]
alcachofra (f)	артышок (м)	[arti'ʃɔk]

GEOGRAFIA REGIONAL

Países. Nacionalidades

234. Europa Ocidental

Europa (f)	Еўропа	[ew'rɔpa]
União (f) Europeia	Еўрапейскі саюз	[ewra'pejski sa'ʉs]
europeu (m)	еўрапеец (м)	[ewra'peets]
europeu (adj)	еўрапейскі	[ewra'pejski]
Áustria (f)	Аўстрыя	['awstriʲa]
austríaco (m)	аўстрыец (м)	[aw'striets]
austríaca (f)	аўстрыйка (ж)	[aw'strijka]
austríaco (adj)	аўстрыйскі	[aw'strijski]
Grã-Bretanha (f)	Вялікабрытанія	[vʲalikabri'taniʲa]
Inglaterra (f)	Англія	['anɦliʲa]
inglês (m)	англічанін (м)	[anɦli'ʧanin]
inglesa (f)	англічанка (ж)	[anɦli'ʧanɦka]
inglês (adj)	англійскі	[anɦ'lijski]
Bélgica (f)	Бельгія	['belʲɦiʲa]
belga (m)	бельгіец (м)	[belʲ'ɦiets]
belga (f)	бельгійка (ж)	[belʲ'ɦijka]
belga (adj)	бельгійскі	[belʲ'ɦijski]
Alemanha (f)	Германія	[ɦer'maniʲa]
alemão (m)	немец (м)	['nemets]
alemã (f)	немка (ж)	['nemka]
alemão (adj)	нямецкі	[nʲa'metski]
Países Baixos (m pl)	Нідэрланды	[nidɛr'landi]
Holanda (f)	Галандыя	[ɦa'landiʲa]
holandês (m)	галандзец (м)	[ɦa'landzets]
holandesa (f)	галандка (ж)	[ɦa'lantka]
holandês (adj)	галандскі	[ɦa'lantski]
Grécia (f)	Грэцыя	['ɦrɛtsiʲa]
grego (m)	грэк (м)	['ɦrɛk]
grega (f)	грачанка (ж)	[ɦra'ʧanka]
grego (adj)	грэчаскі	['ɦrɛʧaski]
Dinamarca (f)	Данія	['daniʲa]
dinamarquês (m)	датчанін (м)	[da'ʧanin]
dinamarquesa (f)	датчанка (ж)	[da'ʧanka]
dinamarquês (adj)	дацкі	['datski]
Irlanda (f)	Ірландыя	[ir'landiʲa]
irlandês (m)	ірландзец (м)	[ir'landzets]

Português	Bielorrusso	Transcrição
irlandesa (f)	ірландка (ж)	[ir'lantka]
irlandês (adj)	ірландскі	[ir'lantski]
Islândia (f)	Ісландыя	[is'landiⁱa]
islandês (m)	ісландзец (м)	[is'landzets]
islandesa (f)	ісландка (ж)	[is'lantka]
islandês (adj)	ісландскі	[is'lantski]
Espanha (f)	Іспанія	[is'paniⁱa]
espanhol (m)	іспанец (м)	[is'panets]
espanhola (f)	іспанка (ж)	[is'panka]
espanhol (adj)	іспанскі	[is'panski]
Itália (f)	Італія	[i'taliⁱa]
italiano (m)	італьянец (м)	[ita'lʲanets]
italiana (f)	італьянка (ж)	[ita'lʲanka]
italiano (adj)	італьянскі	[ita'lʲanski]
Chipre (m)	Кіпр	['kipr]
cipriota (m)	кіпрыёт (м)	[kipriⁱot]
cipriota (f)	кіпрыётка (ж)	[kipriⁱotka]
cipriota (adj)	кіпрскі	['kiprski]
Malta (f)	Мальта	['malʲta]
maltês (m)	мальтыец (м)	[malʲ'tiets]
maltesa (f)	мальтыйка (ж)	[malʲ'tijka]
maltês (adj)	мальтыйскі	[malʲ'tijski]
Noruega (f)	Нарвегія	[nar'vehiⁱa]
norueguês (m)	нарвежац (м)	[nar'veʒats]
norueguesa (f)	нарвежка (ж)	[nar'veʃka]
norueguês (adj)	нарвежскі	[nar'veʃski]
Portugal (m)	Партугалія	[partu'haliⁱa]
português (m)	партугалец (м)	[partu'halets]
portuguesa (f)	партугалка (ж)	[partu'halka]
português (adj)	партугальскі	[partu'halʲski]
Finlândia (f)	Фінляндыя	[fin'lʲandiⁱa]
finlandês (m)	фін (м)	['fin]
finlandesa (f)	фінка (ж)	['finka]
finlandês (adj)	фінскі	['finski]
França (f)	Францыя	['frantsiⁱa]
francês (m)	француз (м)	[fran'tsus]
francesa (f)	францужанка (ж)	[fran'tsuʒanka]
francês (adj)	французскі	[fran'tsuski]
Suécia (f)	Швецыя	['ʃvetsiⁱa]
sueco (m)	швед (м)	['ʃvet]
sueca (f)	шведка (ж)	['ʃvetka]
sueco (adj)	шведскі	['ʃvetski]
Suíça (f)	Швейцарыя	[ʃvej'tsariⁱa]
suíço (m)	швейцарац (м)	[ʃvej'tsarats]
suíça (f)	швейцарка (ж)	[ʃvej'tsarka]

suíço (adj)	швейцарскі	[ʃvej'tsarski]
Escócia (f)	Шатландыя	[ʃat'landʲa]
escocês (m)	шатландзец (м)	[ʃat'landzets]
escocesa (f)	шатландка (ж)	[ʃat'lantka]
escocês (adj)	шатландскі	[ʃat'lantski]
Vaticano (m)	Ватыкан	[vati'kan]
Liechtenstein (m)	Ліхтэнштэйн	[lihtɛn'ʃtɛjn]
Luxemburgo (m)	Люксембург	[lʉksem'burɦ]
Mônaco (m)	Манака	[ma'naka]

235. Europa Central e de Leste

Albânia (f)	Албанія	[al'baniʲa]
albanês (m)	албанец (м)	[al'banets]
albanesa (f)	албанка (ж)	[al'banka]
albanês (adj)	албанскі	[al'banski]
Bulgária (f)	Балгарыя	[bal'ɦariʲa]
búlgaro (m)	балгарын (м)	[bal'ɦarin]
búlgara (f)	балгарка (ж)	[bal'ɦarka]
búlgaro (adj)	балгарскі	[bal'ɦarski]
Hungria (f)	Венгрыя	['venɦriʲa]
húngaro (m)	венгерац (м)	[ven'ɦerats]
húngara (f)	венгерка (ж)	[ven'ɦerka]
húngaro (adj)	венгерскі	[ven'ɦerski]
Letônia (f)	Латвія	['latviʲa]
letão (m)	латыш (м)	[la'tiʃ]
letã (f)	латышка (ж)	[la'tiʃka]
letão (adj)	латышскі	[la'tiʃski]
Lituânia (f)	Літва	[lit'va]
lituano (m)	літовец (м)	[li'tɔvets]
lituana (f)	літоўка (ж)	[li'tɔwka]
lituano (adj)	літоўскі	[li'tɔwski]
Polônia (f)	Польшча	['pɔlʲʃça]
polonês (m)	паляк (м)	[pa'lʲak]
polonesa (f)	полька (ж)	['pɔlʲka]
polonês (adj)	польскі	['pɔlʲski]
Romênia (f)	Румынія	[ru'miniʲa]
romeno (m)	румын (м)	[ru'min]
romena (f)	румынка (ж)	[ru'minka]
romeno (adj)	румынскі	[ru'minski]
Sérvia (f)	Сербія	['serbiʲa]
sérvio (m)	серб (м)	['serp]
sérvia (f)	сербка (ж)	['serpka]
sérvio (adj)	сербскі	['serpski]
Eslováquia (f)	Славакія	[sla'vakiʲa]
eslovaco (m)	славак (м)	[sla'vak]

| eslovaca (f) | славачка (ж) | [sla'vatʃka] |
| eslovaco (adj) | славацкі | [sla'vatski] |

Croácia (f)	Харватыя	[har'vatiʲa]
croata (m)	харват (м)	[har'vat]
croata (f)	харватка (ж)	[har'vatka]
croata (adj)	харвацкі	[har'vatski]

República (f) Checa	Чэхія	['tʃɛhiʲa]
checo (m)	чэх (м)	['tʃɛh]
checa (f)	чэшка (ж)	['tʃɛʃka]
checo (adj)	чэшскі	['tʃɛʃski]

Estônia (f)	Эстонія	[ɛs'toniʲa]
estônio (m)	эстонец (м)	[ɛs'tonets]
estônia (f)	эстонка (ж)	[ɛs'tonka]
estônio (adj)	эстонскі	[ɛs'tonski]

Bósnia e Herzegovina (f)	Боснія і Герцагавіна	['bosniʲa i herts̲aha'vina]
Macedônia (f)	Македонія	[make'doniʲa]
Eslovênia (f)	Славенія	[sla'veniʲa]
Montenegro (m)	Чарнагорыя	[tʃarna'horiʲa]

236. Países da ex-URSS

Azerbaijão (m)	Азербайджан	[azerbaj'dʒan]
azeri (m)	азербайджанец (м)	[azerbaj'dʒanets]
azeri (f)	азербайджанка (ж)	[azerbaj'dʒanka]
azeri, azerbaijano (adj)	азербайджанскі	[azerbaj'dʒanski]

Armênia (f)	Арменія	[ar'meniʲa]
armênio (m)	армянін (м)	[armʲa'nin]
armênia (f)	армянка (ж)	[ar'mʲanka]
armênio (adj)	армянскі	[ar'mʲanski]

Belarus	Беларусь	[bela'rusʲ]
bielorrusso (m)	беларус (м)	[bela'rus]
bielorrussa (f)	беларуска (ж)	[bela'ruska]
bielorrusso (adj)	беларускі	[bela'ruski]

Geórgia (f)	Грузія	['hruziʲa]
georgiano (m)	грузін (м)	[hru'zin]
georgiana (f)	грузінка (ж)	[hru'zinka]
georgiano (adj)	грузінскі	[hru'zinski]

Cazaquistão (m)	Казахстан	[kazah'stan]
cazaque (m)	казах (м)	[ka'zah]
cazaque (f)	казашка (ж)	[ka'zaʃka]
cazaque (adj)	казахскі	[ka'zahski]

Quirguistão (m)	Кыргызстан	[kirhi'stan]
quirguiz (m)	кіргіз (м)	[kir'his]
quirguiz (f)	кіргізка (ж)	[kir'hiska]
quirguiz (adj)	кіргізскі	[kir'hiski]

Moldávia (f)	Малдова	[mal'dɔva]
moldavo (m)	малдаванін (м)	[malda'vanin]
moldava (f)	малдаванка (ж)	[malda'vanka]
moldavo (adj)	малдаўскі	[mal'dawski]

Rússia (f)	Расія	[ra'siʲa]
russo (m)	рускі (м)	['ruski]
russa (f)	руская (ж)	['ruskaʲa]
russo (adj)	рускі	['ruski]

Tajiquistão (m)	Таджыкістан	[tadʒiki'stan]
tajique (m)	таджык (м)	[ta'dʒik]
tajique (f)	таджычка (ж)	[ta'dʒiʧka]
tajique (adj)	таджыкскі	[ta'dʒikski]

Turquemenistão (m)	Туркменістан	[turkmeni'stan]
turcomeno (m)	туркмен (м)	[turk'men]
turcomena (f)	туркменка (ж)	[turk'menka]
turcomeno (adj)	туркменскі	[turk'menski]

Uzbequistão (f)	Узбекістан	[uzʲbeki'stan]
uzbeque (m)	узбек (м)	[uz'bek]
uzbeque (f)	узбечка (ж)	[uz'beʧka]
uzbeque (adj)	узбекскі	[uz'bekski]

Ucrânia (f)	Украіна	[ukra'ina]
ucraniano (m)	украінец (м)	[ukra'inets]
ucraniana (f)	украінка (ж)	[ukra'inka]
ucraniano (adj)	украінскі	[ukra'inski]

237. Asia

| Ásia (f) | Азія | ['aziʲa] |
| asiático (adj) | азіяцкі | [azi'ʲatski] |

Vietnã (m)	В'етнам	[vʲet'nam]
vietnamita (m)	в'етнамец (м)	[vʲet'namets]
vietnamita (f)	в'етнамка (ж)	[vʲet'namka]
vietnamita (adj)	в'етнамскі	[vʲet'namski]

Índia (f)	Індыя	['indiʲa]
indiano (m)	індус (м)	[in'dus]
indiana (f)	індуска (ж)	[in'duska]
indiano (adj)	індыйскі	[in'dijski]

Israel (m)	Ізраіль	[iz'railʲ]
israelense (m)	ізраільцянін (м)	[izrailʲ'tsʲanin]
israelita (f)	ізраільцянка (ж)	[izrailʲ'tsʲanka]
israelense (adj)	ізраільскі	[iz'railʲski]

judeu (m)	яўрэй (м)	[ʲaw'rɛj]
judia (f)	яўрэйка (ж)	[ʲaw'rɛjka]
judeu (adj)	яўрэйскі	[ʲaw'rɛjski]
China (f)	Кітай	[ki'taj]

chinês (m)	кітаец (м)	[ki'taets]
chinesa (f)	кітаянка (ж)	[kita'ʲanka]
chinês (adj)	кітайскі	[ki'tajski]

coreano (m)	карэц (м)	[ka'rɛets]
coreana (f)	караянка (ж)	[kara'ʲanka]
coreano (adj)	карэйскі	[ka'rɛjski]

Líbano (m)	Ліван	[li'van]
libanês (m)	ліванец (м)	[li'vanets]
libanesa (f)	ліванка (ж)	[li'vanka]
libanês (adj)	ліванскі	[li'vanski]

Mongólia (f)	Манголія	[man'ɦoliʲa]
mongol (m)	мангол (м)	[man'ɦɔl]
mongol (f)	манголка (ж)	[man'ɦolka]
mongol (adj)	мангольскі	[man'ɦolʲski]

Malásia (f)	Малайзія	[ma'lajziʲa]
malaio (m)	малаец (м)	[ma'laets]
malaia (f)	малайка (ж)	[ma'lajka]
malaio (adj)	малайскі	[ma'lajski]

Paquistão (m)	Пакістан	[paki'stan]
paquistanês (m)	пакістанец (м)	[paki'stanets]
paquistanesa (f)	пакістанка (ж)	[paki'stanka]
paquistanês (adj)	пакістанскі	[paki'stanski]

Arábia (f) Saudita	Саудаўская Аравія	[sa'udawskaʲa a'rawiʲa]
árabe (m)	араб (м)	[a'rap]
árabe (f)	арабка (ж)	[a'rapka]
árabe (adj)	арабскі	[a'rapski]

Tailândia (f)	Тайланд	[taj'lant]
tailandês (m)	таец (м)	['taets]
tailandesa (f)	тайка (ж)	['tajka]
tailandês (adj)	тайскі	['tajski]

Taiwan (m)	Тайвань	[taj'vanʲ]
taiwanês (m)	тайванец (м)	[taj'vanets]
taiwanesa (f)	тайванька (ж)	[taj'vanʲka]
taiwanês (adj)	тайваньскі	[taj'vanʲski]

Turquia (f)	Турцыя	['turtsiʲa]
turco (m)	турак (м)	['turak]
turca (f)	турчанка (ж)	[tur'tʃanka]
turco (adj)	турэцкі	[tu'rɛtski]

Japão (m)	Японія	[ʲa'poniʲa]
japonês (m)	японец (м)	[ʲa'ponets]
japonesa (f)	японка (ж)	[ʲa'ponka]
japonês (adj)	японскі	[ʲa'ponski]

Afeganistão (m)	Афганістан	[afɦani'stan]
Bangladesh (m)	Бангладэш	[banɦla'dɛʃ]
Indonésia (f)	Інданезія	[inda'neziʲa]

Jordânia (f)	Іарданія	[iar'daniʲa]
Iraque (m)	Ірак	[i'rak]
Irã (m)	Іран	[i'ran]
Camboja (f)	Камбоджа	[kam'bɔdʒa]
Kuwait (m)	Кувейт	[ku'vejt]
Laos (m)	Лаос	[la'ɔs]
Birmânia (f)	М'янма	['mʲanma]
Nepal (m)	Непал	[ne'pal]
Emirados Árabes Unidos	Аб'яднаныя Арабскія Эміраты	[abʲad'naniʲa a'rapskiʲa ɛmi'rati]
Síria (f)	Сірыя	['siriʲa]
Palestina (f)	Палесцінская аўтаномія	[pales'tsinskaʲa awta'nɔmiʲa]
Coreia (f) do Sul	Паўднёвая Карэя	[paw'dnʲovaʲa ka'rɛʲa]
Coreia (f) do Norte	Паўночная Карэя	[paw'nɔtʃnaʲa ka'rɛʲa]

238. América do Norte

Estados Unidos da América	Злучаныя Штаты Амерыкі	[zlutʃaniʲa ʃ'tatɨ a'meriki]
americano (m)	амерыканец (м)	[ameri'kanets]
americana (f)	амерыканка (ж)	[ameri'kanka]
americano (adj)	амерыканскі	[ameri'kanski]
Canadá (m)	Канада	[ka'nada]
canadense (m)	канадзец (м)	[ka'nadzets]
canadense (f)	канадка (ж)	[ka'natka]
canadense (adj)	канадскі	[ka'natski]
México (m)	Мексіка	['meksika]
mexicano (m)	мексіканец (м)	[meksi'kanets]
mexicana (f)	мексіканка (ж)	[meksi'kanka]
mexicano (adj)	мексіканскі	[meksi'kanski]

239. América Central do Sul

Argentina (f)	Аргенціна	[arɦen'tsina]
argentino (m)	аргенцінец (м)	[arɦen'tsinets]
argentina (f)	аргенцінка (ж)	[arɦen'tsinka]
argentino (adj)	аргенцінскі	[arɦen'tsinski]
Brasil (m)	Бразілія	[bra'ziliʲa]
brasileiro (m)	бразілец (м)	[bra'zilets]
brasileira (f)	бразільянка (ж)	[brazi'lʲanka]
brasileiro (adj)	бразільскі	[bra'zilʲski]
Colômbia (f)	Калумбія	[ka'lumbiʲa]
colombiano (m)	калумбіец (м)	[kalum'biets]
colombiana (f)	калумбійка (ж)	[kalum'bijka]
colombiano (adj)	калумбійскі	[kalum'bijski]
Cuba (f)	Куба	['kuba]

cubano (m)	кубінец (м)	[ku'binets]
cubana (f)	кубінка (ж)	[ku'binka]
cubano (adj)	кубінскі	[ku'binski]

Chile (m)	Чылі	['tʃili]
chileno (m)	чыліец (м)	[tʃi'liets]
chilena (f)	чылійка (ж)	[tʃi'lijka]
chileno (adj)	чылійскі	[tʃi'lijski]

Bolívia (f)	Балівія	[ba'liviʲa]
Venezuela (f)	Венесуэла	[venesu'ɛla]
Paraguai (m)	Парагвай	[paraɦ'vaj]
Peru (m)	Перу	[pe'ru]
Suriname (m)	Сурынам	[suri'nam]
Uruguai (m)	Уругвай	[uruɦ'vaj]
Equador (m)	Эквадор	[ɛkva'dɔr]

Bahamas (f pl)	Багамскія астравы	[ba'ɦamskiʲa astra'vi]
Haiti (m)	Гаіці	[ɦa'itsi]
República Dominicana	Дамініканская Рэспубліка	[damini'kanskaʲa rɛs'publika]
Panamá (m)	Панама	[pa'nama]
Jamaica (f)	Ямайка	[ʲa'majka]

240. Africa

Egito (m)	Егіпет	[e'ɦipet]
egípcio (m)	егіпцянін (м)	[eɦip'tsʲanin]
egípcia (f)	егіпцянка (ж)	[eɦip'tsʲanka]
egípcio (adj)	егіпецкі	[e'ɦipetski]

Marrocos	Марока	[ma'rɔka]
marroquino (m)	мараканец (м)	[mara'kanets]
marroquina (f)	мараканка (ж)	[mara'kanka]
marroquino (adj)	мараканскі	[mara'kanski]

Tunísia (f)	Туніс	[tu'nis]
tunisiano (m)	тунісец (м)	[tu'nisets]
tunisiana (f)	туніска (ж)	[tu'niska]
tunisiano (adj)	туніскі	[tu'niski]

Gana (f)	Гана	['ɦana]
Zanzibar (m)	Занзібар	[zanzi'bar]
Quênia (f)	Кенія	['keniʲa]
Líbia (f)	Лівія	['liviʲa]
Madagascar (m)	Мадагаскар	[madaɦas'kar]

Namíbia (f)	Намібія	[na'mibiʲa]
Senegal (m)	Сенегал	[sene'ɦal]
Tanzânia (f)	Танзанія	[tan'zaniʲa]
África (f) do Sul	Паўднёва-Афрыканская Рэспубліка	[paw'dnʲova afri'kanskaʲa rɛs'publika]
africano (m)	афрыканец (м)	[afri'kanets]
africana (f)	афрыканка (ж)	[afri'kanka]
africano (adj)	афрыканскі	[afri'kanski]

241. Austrália. Oceania

Austrália (f)	Аўстралія	[aw'straliᶦa]
australiano (m)	аўстраліец (м)	[awstra'liets]
australiana (f)	аўстралійка (ж)	[awstra'lijka]
australiano (adj)	аўстралійскі	[awstra'lijski]
Nova Zelândia (f)	Новая Зеландыя	['novaᶦa ze'landiᶦa]
neozelandês (m)	новазеландзец (м)	[nɔvaze'landzets]
neozelandesa (f)	новазеландка (ж)	[nɔvaze'lantka]
neozelandês (adj)	новазеландскі	[nɔvaze'lantski]
Tasmânia (f)	Тасманія	[tas'maniᶦa]
Polinésia (f) Francesa	Французская Палінезія	[fran'tsuskaᶦa pali'neziᶦa]

242. Cidades

Amesterdã, Amsterdã	Амстэрдам	[amstɛr'dam]
Ancara	Анкара	[anka'ra]
Atenas	Афіны	[a'fini]
Bagdade	Багдад	[baɦ'dat]
Bancoque	Бангкок	[banɦ'kɔk]
Barcelona	Барселона	[barse'lɔna]
Beirute	Бейрут	[bej'rut]
Berlim	Берлін	[ber'lin]
Bonn	Бон	['bɔn]
Bordéus	Бардо	[bar'dɔ]
Bratislava	Браціслава	[bratsi'slava]
Bruxelas	Брусель	[bru'selᶦ]
Bucareste	Бухарэст	[buha'rɛst]
Budapeste	Будапешт	[buda'peʃt]
Cairo	Каір	[ka'ir]
Calcutá	Калькута	[kalᶦ'kuta]
Chicago	Чыкага	[tʃɨ'kaɦa]
Cidade do México	Мехіка	['mehika]
Copenhague	Капенгаген	[kape'nɦaɦen]
Dar es Salaam	Дар-эс-Салам	[darɛssa'lam]
Deli	Дэлі	['dɛli]
Dubai	Дубай	[du'baj]
Dublim	Дублін	['dublin]
Düsseldorf	Дзюсельдорф	[dzuselᶦ'dɔrf]
Estocolmo	Стакгольм	[stak'ɦɔlᶦm]
Florença	Фларэнцыя	[fla'rɛntsiᶦa]
Frankfurt	Франкфурт	['frankfurt]
Genebra	Жэнева	[ʒɛ'neva]
Haia	Гаага	[ɦa'aɦa]
Hamburgo	Гамбург	['ɦamburɦ]
Hanói	Ханой	[ha'nɔj]

Havana	Гавана	[ha'vana]
Helsinque	Хельсінкі	['hel'sinki]
Hiroshima	Хірасіма	[hira'sima]
Hong Kong	Ганконг	[ha'nkɔnɦ]
Istambul	Стамбул	[stam'bul]

Jerusalém	Іерусалім	[ierusa'lim]
Kiev, Quieve	Кіеў	['kiew]
Kuala Lumpur	Куала-Лумпур	[ku'ala lum'pur]
Lion	Ліён	[li'ion]
Lisboa	Лісабон	[lisa'bɔn]

Londres	Лондан	['lɔndan]
Los Angeles	Лос-Анжэлес	[lɔ'sanʒɛles]
Madrid	Мадрыд	[mad'rit]
Marselha	Марсэль	[mar'sɛlʲ]
Miami	Маямі	[ma'ʲami]

Montreal	Манрэаль	[manrɛ'alʲ]
Moscou	Масква	[mask'va]
Mumbai	Бамбей	[bam'bej]
Munique	Мюнхен	['muнhen]
Nairóbi	Найробі	[naj'rɔbi]
Nápoles	Неапаль	[ne'apalʲ]

Nice	Ніца	['nitsa]
Nova York	Нью-Йорк	[njʉ'ʲork]
Oslo	Осла	['ɔsla]
Ottawa	Атава	[a'tava]
Paris	Парыж	[pa'riʃ]

Pequim	Пекін	[pe'kin]
Praga	Прага	['praɦa]
Rio de Janeiro	Рыо-дэ-Жанейра	['riɔ dɛ ʒa'nejra]
Roma	Рым	['rim]
São Petersburgo	Санкт-Пецярбург	['sankt petsʲar'burɦ]
Seul	Сеул	[se'ul]

Singapura	Сінгапур	[sinɦa'pur]
Sydney	Сіднэй	[sid'nɛj]
Taipé	Тайбэй	[taj'bɛj]
Tóquio	Токіо	['tɔkiɔ]
Toronto	Таронта	[ta'rɔnta]

Varsóvia	Варшава	[var'ʃava]
Veneza	Венецыя	[ve'netsʲia]
Viena	Вена	['vena]
Washington	Вашынгтон	[vaʃinɦ'tɔn]
Xangai	Шанхай	[ʃan'haj]

243. Política. Governo. Parte 1

| política (f) | палітыка (ж) | [pa'litika] |
| político (adj) | палітычны | [pali'titʃni] |

político (m)	палітык (м)	[pa'litɨk]
estado (m)	дзяржава (ж)	[dzʲar'ʒava]
cidadão (m)	грамадзянін (м)	[ɦramadzʲa'nin]
cidadania (f)	грамадзянства (н)	[ɦrama'dzʲanstva]

| brasão (m) de armas | герб (м) нацыянальны | ['ɦerp natsʲɨa'nalʲnɨ] |
| hino (m) nacional | дзяржаўны гімн (м) | [dzʲar'ʒawnɨ 'ɦimn] |

governo (m)	урад (м)	[u'rat]
Chefe (m) de Estado	кіраўнік (м) краіны	[kiraw'nik kra'inɨ]
parlamento (m)	парламент (м)	[par'lament]
partido (m)	партыя (ж)	['partɨʲa]

| capitalismo (m) | капіталізм (м) | [kapita'lizm] |
| capitalista (adj) | капіталістычны | [kapitalis'titʃnɨ] |

| socialismo (m) | сацыялізм (м) | [satsʲɨa'lizm] |
| socialista (adj) | сацыялістычны | [satsʲɨalis'titʃnɨ] |

comunismo (m)	камунізм (м)	[kamu'nizm]
comunista (adj)	камуністычны	[kamunis'titʃnɨ]
comunista (m)	камуніст (м)	[kamu'nist]

democracia (f)	дэмакратыя (ж)	[dɛma'kratɨʲa]
democrata (m)	дэмакрат (м)	[dɛma'krat]
democrático (adj)	дэмакратычны	[dɛmakra'titʃnɨ]
Partido (m) Democrático	дэмакратычная партыя (ж)	[dɛmakra'titʃnaʲa 'partɨʲa]

| liberal (m) | ліберал (м) | [libe'ral] |
| liberal (adj) | ліберальны | [libe'ralʲnɨ] |

| conservador (m) | кансерватар (м) | [kanser'vatar] |
| conservador (adj) | кансерватыўны | [kanserva'tiwnɨ] |

república (f)	рэспубліка (ж)	[rɛs'publika]
republicano (m)	рэспубліканец (м)	[rɛspubli'kanets]
Partido (m) Republicano	рэспубліканская партыя (ж)	[rɛspubli'kanskaʲa 'partɨʲa]

eleições (f pl)	выбары (мн)	['vɨbarɨ]
eleger (vt)	выбіраць	[vɨbi'ratsʲ]
eleitor (m)	выбаршчык (м)	['vɨbarʃɕik]
campanha (f) eleitoral	выбарчая кампанія (ж)	['vɨbartʃaʲa kam'paniʲa]

votação (f)	галасаванне (н)	[ɦalasa'vanne]
votar (vi)	галасаваць	[ɦalasa'vatsʲ]
sufrágio (m)	права (н) голасу	['prava 'ɦɔlasu]

candidato (m)	кандыдат (м)	[kandɨ'dat]
candidatar-se (vi)	балаціравацца	[bala'tsiravatsa]
campanha (f)	кампанія (ж)	[kam'paniʲa]

da oposição	апазіцыйны	[apazi'tsɨjnɨ]
oposição (f)	апазіцыя (ж)	[apa'zitsɨʲa]
visita (f)	візіт (м)	[vi'zit]
visita (f) oficial	афіцыйны візіт (м)	[afi'tsɨjnɨ vi'zit]

internacional (adj)	міжнародны	[miʒna'rɔdni]
negociações (f pl)	перамовы (мн)	[pera'mɔvi]
negociar (vi)	весці перамовы	['vesʲtsi pera'mɔvi]

244. Política. Governo. Parte 2

sociedade (f)	грамадства (н)	[ɦra'matstva]
constituição (f)	канстытуцыя (ж)	[kansti'tutsʲa]
poder (ir para o ~)	улада (ж)	[u'lada]
corrupção (f)	карупцыя (ж)	[ka'ruptsʲa]

| lei (f) | закон (м) | [za'kɔn] |
| legal (adj) | законны | [za'kɔnni] |

| justeza (f) | справядлівасць (ж) | [spravʲad'livastsʲ] |
| justo (adj) | справядлівы | [spravʲad'livi] |

comitê (m)	камітэт (м)	[kami'tɛt]
projeto-lei (m)	законапраект (м)	[zakɔnapra'ekt]
orçamento (m)	бюджэт (м)	[bʉ'dʒɛt]
política (f)	палітыка (ж)	[pa'litika]
reforma (f)	рэформа (ж)	[rɛ'fɔrma]
radical (adj)	радыкальны	[radi'kalʲni]

força (f)	моц (ж)	['mɔts]
poderoso (adj)	магутны	[ma'ɦutni]
partidário (m)	прыхільнік (м)	[pri'hilʲnik]
influência (f)	уплыў (м)	[up'lïw]

regime (m)	рэжым (м)	[rɛ'ʒim]
conflito (m)	канфлікт (м)	[kan'flikt]
conspiração (f)	змова (ж)	['zmɔva]
provocação (f)	правакацыя (ж)	[prava'katsʲa]

derrubar (vt)	зрынуць	['zrinutsʲ]
derrube (m), queda (f)	звяржэнне (н)	[zvʲar'ʒɛnne]
revolução (f)	рэвалюцыя (ж)	[rɛva'lʉtsʲa]

| golpe (m) de Estado | пераварот (м) | [perava'rɔt] |
| golpe (m) militar | ваенны пераварот (м) | [va'enni perava'rɔt] |

crise (f)	крызіс (м)	['krizis]
recessão (f) econômica	эканамічны спад (м)	[ɛkana'mitʃni 'spat]
manifestante (m)	дэманстрант (м)	[dɛman'strant]
manifestação (f)	дэманстрацыя (ж)	[dɛman'stratsʲa]
lei (f) marcial	ваеннае становішча (н)	[va'ennae sta'nɔviʃa]
base (f) militar	ваенная база (ж)	[va'ennaʲa 'baza]

| estabilidade (f) | стабільнасць (ж) | [sta'bilʲnastsʲ] |
| estável (adj) | стабільны | [sta'bilʲni] |

exploração (f)	эксплуатацыя (ж)	[ɛksplua'tatsʲa]
explorar (vt)	эксплуатаваць	[ɛkspluata'vatsʲ]
racismo (m)	расізм (м)	[ra'sizm]

racista (m)	расіст (м)	[ra'sist]
fascismo (m)	фашызм (м)	[fa'ʃizm]
fascista (m)	фашыст (м)	[fa'ʃist]

245. Países. Diversos

estrangeiro (m)	замежнік (м)	[za'meʒnik]
estrangeiro (adj)	замежны	[za'meʒni]
no estrangeiro	за мяжой	[za mʲa'ʒɔj]

emigrante (m)	эмігрант (м)	[ɛmi'hrant]
emigração (f)	эміграцыя (ж)	[ɛmi'hratsʲa]
emigrar (vi)	эміграваць	[ɛmi'hriravatsʲ]

Ocidente (m)	Захад	['zahat]
Oriente (m)	Усход	[us'hɔt]
Extremo Oriente (m)	Далёкі Усход	[da'lʲoki w'shɔt]
civilização (f)	цывілізацыя (ж)	[tsivili'zatsʲa]
humanidade (f)	чалавецтва (н)	[tʃala'vetstva]
mundo (m)	свет (м)	['svet]
paz (f)	мір (м)	['mir]
mundial (adj)	сусветны	[sus'vetni]

pátria (f)	радзіма (ж)	[ra'dzima]
povo (população)	народ (м)	[na'rɔt]
população (f)	насельніцтва (н)	[na'selʲnitstva]
gente (f)	людзі (мн)	['lʲʉdzi]
nação (f)	нацыя (ж)	['natsʲa]
geração (f)	пакаленне (н)	[paka'lenne]
território (m)	тэрыторыя (ж)	[tɛri'torʲa]
região (f)	рэгіён (м)	[rɛhi'ʲon]
estado (m)	штат (м)	['ʃtat]

tradição (f)	традыцыя (ж)	[tra'ditsʲa]
costume (m)	звычай (м)	['zvitʃaj]
ecologia (f)	экалогія (ж)	[ɛka'lohiʲa]

índio (m)	індзеец (м)	[in'dzeets]
cigano (m)	цыган (м)	[tsi'han]
cigana (f)	цыганка (ж)	[tsi'hanka]
cigano (adj)	цыганскі	[tsi'hanski]

império (m)	імперыя (ж)	[im'perʲa]
colônia (f)	калонія (ж)	[ka'loniʲa]
escravidão (f)	рабства (н)	['rapstva]
invasão (f)	нашэсце (н)	[na'ʃɛsʲtse]
fome (f)	голад (м)	['hɔlat]

246. Grupos religiosos mais importantes. Confissões

| religião (f) | рэлігія (ж) | [rɛ'lihiʲa] |
| religioso (adj) | рэлігійны | [rɛ'lihijni] |

crença (f)	вера (ж)	['vera]
crer (vt)	верыць	['veritsʲ]
crente (m)	вернік (м)	['vernik]

ateísmo (m)	атэізм (м)	[atɛ'izm]
ateu (m)	атэіст (м)	[atɛ'ist]

cristianismo (m)	хрысціянства (н)	[hrisʲtsiʲʲanstva]
cristão (m)	хрысціянін (м)	[hrisʲtsiʲʲanin]
cristão (adj)	хрысціянскі	[hrisʲtsiʲʲanski]

catolicismo (m)	каталіцызм (м)	[katali'tsizm]
católico (m)	каталік (м)	[kata'lik]
católico (adj)	каталіцкі	[kata'litski]

protestantismo (m)	пратэстанцтва (н)	[pratɛs'tantstva]
Igreja (f) Protestante	пратэстанцкая царква (ж)	[pratɛs'tantskaʲa tsar'kva]
protestante (m)	пратэстант (м)	[pratɛs'tant]

ortodoxia (f)	праваслаўе (н)	[prava'slawe]
Igreja (f) Ortodoxa	праваслаўная царква (ж)	[prava'slawnaʲa tsark'va]
ortodoxo (m)	праваслаўны	[prava'slawnʲ]

presbiterianismo (m)	прэсвітэрыянства (н)	[prɛsvitɛriʲʲanstva]
Igreja (f) Presbiteriana	прэсвітэрыянская царква (ж)	[prɛsvitɛriʲʲanskaʲa tsark'va]
presbiteriano (m)	прэсвітэрыянін (м)	[prɛsvitɛriʲʲanin]

luteranismo (m)	лютэранская царква (ж)	[lʉtɛ'ranskaʲa tsark'va]
luterano (m)	лютэранін (м)	[lʉtɛ'ranin]
Igreja (f) Batista	баптызм (м)	[bap'tizm]
batista (m)	баптыст (м)	[bap'tist]

Igreja (f) Anglicana	англіканская царква (ж)	[anɦli'kanskaʲa tsark'va]
anglicano (m)	англіканец (м)	[anɦli'kanets]

mormonismo (m)	мармонства (н)	[mar'mɔnstva]
mórmon (m)	мармон (м)	[mar'mɔn]

Judaísmo (m)	іудаізм (м)	[iuda'izm]
judeu (m)	іудзей (м)	[iu'dzej]

budismo (m)	будызм (м)	[bu'dizm]
budista (m)	будыст (м)	[bu'dist]

hinduísmo (m)	індуізм (м)	[indu'izm]
hindu (m)	індуіст (м)	[indu'ist]

Islã (m)	іслам (м)	[is'lam]
muçulmano (m)	мусульманін (м)	[musulʲ'manin]
muçulmano (adj)	мусульманскі	[musulʲ'manski]

xiismo (m)	шыізм (м)	[ʃi'izm]
xiita (m)	шыіт (м)	[ʃi'it]
sunismo (m)	сунізм (м)	[su'nizm]
sunita (m)	суніт (м)	[su'nit]

247. Religiões. Padres

| padre (m) | святар (м) | [svʲa'tar] |
| Papa (m) | Папа (м) Рымскі | ['papa 'rimski] |

monge (m)	манах (м)	[ma'nah]
freira (f)	манашка (ж)	[ma'naʃka]
pastor (m)	пастар (м)	['pastar]

abade (m)	абат (м)	[a'bat]
vigário (m)	вікарый (м)	[vi'karij]
bispo (m)	епіскап (м)	[e'piskap]
cardeal (m)	кардынал (м)	[kardi'nal]

pregador (m)	прапаведнік (м)	[prapa'vednik]
sermão (m)	пропаведзь (ж)	['prɔpavetsʲ]
paroquianos (pl)	прыхаджане (м мн)	[priha'dʒane]

| crente (m) | вернік (м) | ['vernik] |
| ateu (m) | атэіст (м) | [atɛ'ist] |

248. Fé. Cristianismo. Islão

| Adão | Адам | [a'dam] |
| Eva | Ева | ['eva] |

Deus (m)	Бог (м)	['bɔɦ]
Senhor (m)	Господ (м)	['ɦɔspat]
Todo Poderoso (m)	Усёмагутны (м)	[usʲoma'ɦutnɨ]

pecado (m)	грэх (м)	['ɦrɛh]
pecar (vi)	грашыць	[ɦra'ʃɨtsʲ]
pecador (m)	грэшнік (м)	['ɦrɛʃnik]
pecadora (f)	грэшніца (ж)	['ɦrɛʃnitsa]

| inferno (m) | пекла (н) | ['pekla] |
| paraíso (m) | рай (м) | ['raj] |

| Jesus | Ісус | [i'sus] |
| Jesus Cristo | Ісус Хрыстос | [i'sus hris'tɔs] |

Espírito (m) Santo	Святы Дух (м)	[svʲa'tɨ 'duh]
Salvador (m)	Збаўца (м)	['zbawtsa]
Virgem Maria (f)	Багародзіца (ж)	[baɦa'rɔdzitsa]

Diabo (m)	Д'ябал (м)	['dʲabal]
diabólico (adj)	д'ябальскі	['dʲabalʲski]
Satanás (m)	Сатана (м)	[sata'na]
satânico (adj)	сатанінскі	[sata'ninski]

anjo (m)	анёл (м)	[a'nʲol]
anjo (m) da guarda	анёл-ахоўнік (м)	[a'nʲol a'hɔwnik]
angelical	анёльскі	[a'nʲolʲski]

apóstolo (m)	апостал (м)	[a'pɔstal]
arcanjo (m)	архангел (м)	[ar'hanɦel]
anticristo (m)	антыхрыст (м)	[an'tihrist]

Igreja (f)	Царква (ж)	[ʦark'va]
Bíblia (f)	Біблія (ж)	['bibliʲa]
bíblico (adj)	біблейскі	[bib'lejski]

Velho Testamento (m)	Стары Запавет (м)	[sta'ri zapa'vet]
Novo Testamento (m)	Новы Запавет (м)	['nɔvɨ zapa'vet]
Evangelho (m)	Евангелле (н)	[e'vanɦelle]
Sagradas Escrituras (f pl)	Святое Пісанне (н)	[svʲa'tɔe pi'sanne]
Céu (sete céus)	Царства (н) Нябеснае	['ʦarstva nʲa'besnae]

mandamento (m)	запаведзь (ж)	['zapavetsʲ]
profeta (m)	прарок (м)	[pra'rɔk]
profecia (f)	прароцтва (н)	[pra'rɔtstva]

Alá (m)	Алах (м)	[a'lah]
Maomé (m)	Магамет	[maɦa'met]
Alcorão (m)	Каран (м)	[ka'ran]

mesquita (f)	мячэць (ж)	[mʲa'ʧɛtsʲ]
mulá (m)	мула (м)	[mu'la]
oração (f)	малітва (ж)	[ma'litva]
rezar, orar (vi)	маліцца	[ma'litsa]

peregrinação (f)	паломніцтва (н)	[pa'lɔmnitstva]
peregrino (m)	паломнік (м)	[pa'lɔmnik]
Meca (f)	Мека	['meka]

igreja (f)	царква (ж)	[ʦark'va]
templo (m)	храм (м)	['hram]
catedral (f)	сабор (м)	[sa'bɔr]
gótico (adj)	гатычны	[ɦa'tɨʧni]
sinagoga (f)	сінагога (ж)	[sina'ɦɔɦa]
mesquita (f)	мячэць (ж)	[mʲa'ʧɛtsʲ]

capela (f)	капліца (ж)	[kap'litsa]
abadia (f)	абацтва (н)	[a'batstva]
convento (m)	манастыр (м)	[manas'tir]
monastério (m)	манастыр (м)	[manas'tir]

sino (m)	звон (м)	['zvɔn]
campanário (m)	званіца (ж)	[zva'nitsa]
repicar (vi)	званіць	[zva'nitsʲ]

cruz (f)	крыж (м)	['kriʃ]
cúpula (f)	купал (м)	['kupal]
ícone (m)	абраз (м)	[ab'ras]

alma (f)	душа (ж)	[du'ʃa]
destino (m)	лёс (м)	['lʲos]
mal (m)	зло (н)	['zlɔ]
bem (m)	дабро (н)	[da'brɔ]
vampiro (m)	вампір (м)	[vam'pir]

bruxa (f)	ведзьма (ж)	['vedzʲma]
demônio (m)	дэман (м)	['dɛman]
espírito (m)	дух (м)	['duh]
redenção (f)	адкупленне (н)	[atku'plenne]
redimir (vt)	адкупіць	[atku'pitsʲ]
missa (f)	служба (ж)	['sluʒba]
celebrar a missa	служыць	[slu'ʒitsʲ]
confissão (f)	споведзь (ж)	['spovetsʲ]
confessar-se (vr)	спавядацца	[spavʲa'datsa]
santo (m)	святы (м)	[svʲa'ti]
sagrado (adj)	свяшчэнны	[svʲa'ʃɕɛnni]
água (f) benta	святая вада (ж)	[svʲa'taʲa va'da]
ritual (m)	рытуал (м)	[ritu'al]
ritual (adj)	рытуальны	[ritu'alʲni]
sacrifício (m)	ахвярапрынашэнне (н)	[ahvʲaraprina'ʃɛnne]
superstição (f)	забабоны (мн)	[zaba'bɔni]
supersticioso (adj)	забабонны	[zaba'bɔnni]
vida (f) após a morte	замагільнае жыццё (н)	[zama'ɦilʲnae ʒi'tsʲo]
vida (f) eterna	вечнае жыццё (н)	['vetʃnae ʒi'tsʲo]

TEMAS DIVERSOS

249. Várias palavras úteis

ajuda (f)	дапамога (ж)	[dapa'mɔɦa]
barreira (f)	перашкода (ж)	[pera'ʃkɔda]
base (f)	база (ж)	['baza]
categoria (f)	катэгорыя (ж)	[katɛ'ɦɔriʲa]
causa (f)	прычына (ж)	[pri'tʃina]
coincidência (f)	супадзенне (н)	[supa'dzenne]
coisa (f)	рэч (ж)	['rɛtʃ]
começo, início (m)	пачатак (м)	[pa'tʃatak]
cômodo (ex. poltrona ~a)	зручны	['zrutʃni]
comparação (f)	параўнанне (н)	[paraw'nanne]
compensação (f)	кампенсацыя (ж)	[kampen'satsiʲa]
crescimento (m)	рост (м)	['rɔst]
desenvolvimento (m)	развіццё (н)	[raz'vi'tsʲo]
diferença (f)	адрозненне (н)	[ad'rɔzʲnenne]
efeito (m)	эфект (м)	[ɛ'fekt]
elemento (m)	элемент (м)	[ɛle'ment]
equilíbrio (m)	баланс (м)	[ba'lans]
erro (m)	памылка (ж)	[pa'miɫka]
esforço (m)	намаганне (н)	[nama'ɦanne]
estilo (m)	стыль (м)	['stilʲ]
exemplo (m)	прыклад (м)	['priklat]
fato (m)	факт (м)	['fakt]
fim (m)	канец (м)	[ka'nets]
forma (f)	форма (ж)	['fɔrma]
frequente (adj)	часты	['tʃasti]
fundo (ex. ~ verde)	фон (м)	['fɔn]
gênero (tipo)	від (м)	['vit]
grau (m)	ступень (ж)	[stu'penʲ]
ideal (m)	ідэал (м)	[idɛ'al]
labirinto (m)	лабірынт (м)	[labi'rint]
modo (m)	спосаб (м)	['spɔsap]
momento (m)	момант (м)	['mɔmant]
objeto (m)	аб'ект (м)	[ab"ekt]
obstáculo (m)	перашкода (ж)	[pera'ʃkɔda]
original (m)	арыгінал (м)	[ariɦi'nal]
padrão (adj)	стандартны	[stan'dartni]
padrão (m)	стандарт (м)	[stan'dart]
paragem (pausa)	перапынак (м)	[pera'pinak]
parte (f)	частка (ж)	['tʃastka]

partícula (f)	часцінка (ж)	[ʧasʹʦinka]
pausa (f)	паўза (ж)	[ʹpawza]
posição (f)	пазіцыя (ж)	[paʹziʦiʲa]
princípio (m)	прынцып (м)	[ʹprinʦip]
problema (m)	праблема (ж)	[prabʹlema]
processo (m)	працэс (м)	[praʹʦɛs]
progresso (m)	прагрэс (м)	[praɦʹrɛs]
propriedade (qualidade)	уласцівасць (ж)	[ulasʹʦivasʦʲ]
reação (f)	рэакцыя (ж)	[rɛʹakʦiʲa]
risco (m)	рызыка (ж)	[ʹrizika]
ritmo (m)	тэмп (м)	[ʹtɛmp]
segredo (m)	таямніца (ж)	[taʹamʹniʦa]
série (f)	серыя (ж)	[ʹseriʲa]
sistema (m)	сістэма (ж)	[sisʹtɛma]
situação (f)	сітуацыя (ж)	[situʹatsiʲa]
solução (f)	рашэнне (н)	[raʹʃɛnne]
tabela (f)	табліца (ж)	[tabʹliʦa]
termo (ex. ~ técnico)	тэрмін (м)	[ʹtɛrmin]
tipo (m)	тып (м)	[ʹtip]
urgente (adj)	тэрміновы	[tɛrmiʹnɔvi]
urgentemente	тэрмінова	[tɛrmiʹnɔva]
utilidade (f)	карысць (ж)	[kaʹristsʲ]
variante (f)	варыянт (м)	[variʲant]
variedade (f)	выбар (м)	[ʹvibar]
verdade (f)	ісціна (ж)	[ʹisʹʦina]
vez (f)	чарга (ж)	[ʧarʹɦa]
zona (f)	зона (ж)	[ʹzɔna]

250. Modificadores. Adjetivos. Parte 1

aberto (adj)	адчынены	[aʹʧineni]
afetuoso (adj)	пяшчотны	[pʲaʹʃɔtni]
afiado (adj)	востры	[ʹvɔstri]
agradável (adj)	прыемны	[priʹemni]
agradecido (adj)	удзячны	[uʹdzʲatʃni]
alegre (adj)	вясёлы	[vʲaʹsʲoli]
alto (ex. voz ~a)	гучны	[ʹɦutʃni]
amargo (adj)	горкі	[ʹɦɔrki]
amplo (adj)	прасторны	[praʹstɔrni]
antigo (adj)	старажытны	[staraʹʒitni]
apertado (sapatos ~s)	цесны	[ʹʦesni]
apropriado (adj)	прыдатны	[priʹdatni]
arriscado (adj)	рызыкоўны	[riziʹkɔwni]
artificial (adj)	штучны	[ʹʃtuʧni]
azedo (adj)	кіслы	[ʹkislʲi]
baixo (voz ~a)	ціхі	[ʹʦihi]

225

| barato (adj) | танны | ['tanni] |
| belo (adj) | прыгожы | [pri'hɔʒi] |

bom (adj)	добры	['dɔbri]
bondoso (adj)	добры	['dɔbri]
bonito (adj)	прыгожы	[pri'hɔʒi]
bronzeado (adj)	загарэлы	[zaɦa'rɛli]
burro, estúpido (adj)	дурны	[dur'ni]

calmo (adj)	спакойны	[spa'kɔjni]
cansado (adj)	стомлены	['stɔmleni]
cansativo (adj)	стомны	['stɔmni]
carinhoso (adj)	клапатлівы	[klapat'livi]
caro (adj)	дарагі	[dara'ɦi]

cego (adj)	сляпы	[sʲlʲa'pi]
central (adj)	цэнтральны	[tsɛn'tralʲni]
cerrado (ex. nevoeiro ~)	густы	[ɦus'ti]
cheio (xícara ~a)	поўны	['pɔwni]

civil (adj)	грамадзянскі	[ɦrama'dzʲanski]
clandestino (adj)	падпольны	[pat'pɔlʲni]
claro (explicação ~a)	зразумелы	[zrazu'meli]
claro (pálido)	светлы	['svetli]

compatível (adj)	сумяшчальны	[sumʲa'ʃɕalʲni]
comum, normal (adj)	звычайны	[zvi'tʃajni]
congelado (adj)	замарожаны	[zama'rɔʒani]
conjunto (adj)	сумесны	[su'mesni]
considerável (adj)	значны	['znatʃni]

contente (adj)	задаволены	[zada'vɔleni]
contínuo (adj)	працяглы	[pra'tsʲaɦli]
contrário (ex. o efeito ~)	супрацьлеглы	[supratsʲ'leɦli]
correto (resposta ~a)	правільны	['pravilʲni]
cru (não cozinhado)	сыры	[si'ri]

curto (adj)	кароткі	[ka'rɔtki]
de curta duração	кароткачасовы	[karɔtkatʃa'sɔvi]
de sol, ensolarado	сонечны	['sɔnetʃni]
de trás	задні	['zadni]
denso (fumaça ~a)	густы	[ɦus'ti]

desanuviado (adj)	бязвоблачны	[bʲaz'vɔblatʃni]
descuidado (adj)	нядбайны	[nʲad'bajni]
diferente (adj)	розны	['rɔzni]
difícil (decisão)	цяжкі	['tsʲaʃki]
difícil, complexo (adj)	складаны	[skla'dani]

direito (lado ~)	правы	['pravi]
distante (adj)	далёкі	[da'lʲoki]
diverso (adj)	адрозны	[ad'rɔzni]
doce (açucarado)	салодкі	[sa'lɔtki]
doce (água)	прэсны	['prɛsni]
doente (adj)	хворы	['hvɔri]
duro (material ~)	цвёрды	['tsvʲordi]

| educado (adj) | ветлівы | ['vetlivi] |
| encantador (agradável) | мілы | ['mili] |

enigmático (adj)	загадкавы	[za'ɦatkavi]
enorme (adj)	вялізны	[vʲa'lizni]
escuro (quarto ~)	цёмны	['tsʲomni]
especial (adj)	спецыяльны	[spetsi'ʲalʲni]
esquerdo (lado ~)	левы	['levi]

estrangeiro (adj)	замежны	[za'meʒni]
estreito (adj)	вузкі	['vuski]
exato (montante ~)	дакладны	[da'kladni]
excelente (adj)	выдатны	[vi'datni]
excessivo (adj)	празмерны	[praz'merni]

externo (adj)	вонкавы	['vɔnkavi]
fácil (adj)	лёгкі	['lʲoɦki]
faminto (adj)	галодны	[ɦa'lɔdni]
fechado (adj)	зачынены	[za'tʃineni]
feliz (adj)	шчаслівы	[ʃɕas'livi]

fértil (terreno ~)	урадлівы	[urad'livi]
forte (pessoa ~)	моцны	['mɔtsni]
fraco (luz ~a)	цьмяны	[tsʲ'mʲani]
frágil (adj)	ломкі	['lɔmki]
fresco (pão ~)	свежы	['sveʒi]

fresco (tempo ~)	халаднаваты	[haladna'vati]
frio (adj)	халодны	[ha'lɔdni]
gordo (alimentos ~s)	тлусты	['tlusti]
gostoso, saboroso (adj)	смачны	['smatʃni]

grande (adj)	вялікі	[vʲa'liki]
gratuito, grátis (adj)	бясплатны	[bʲas'platni]
grosso (camada ~a)	тоўсты	['tɔwsti]
hostil (adj)	варожы	[va'rɔʒi]

251. Modificadores. Adjetivos. Parte 2

igual (adj)	аднолькавы	[ad'nɔlʲkavi]
imóvel (adj)	нерухомы	[neru'hɔmi]
importante (adj)	важны	['vaʒni]
impossível (adj)	немагчымы	[nemaɦ'tʃimi]
incompreensível (adj)	незразумелы	[nezrazu'meli]

indigente (muito pobre)	бедны	['bedni]
indispensável (adj)	неабходны	[neap'hɔdni]
inexperiente (adj)	нявопытны	[nʲa'vɔpitni]
infantil (adj)	дзіцячы	[dzi'tsʲatʃi]

ininterrupto (adj)	бесперапынны	[bespera'pinni]
insignificante (adj)	нязначны	[nʲa'znatʃni]
inteiro (completo)	цэлы	['tsɛli]
inteligente (adj)	разумны	[ra'zumni]

227

interno (adj)	унутраны	[u'nutrani]
jovem (adj)	малады	[mala'di]
largo (caminho ~)	шырокі	[ʃi'rɔki]
legal (adj)	законны	[za'kɔnni]
leve (adj)	лёгкі	['lʲoɦki]

limitado (adj)	абмежаваны	[abmeʒa'vani]
limpo (adj)	чысты	['tʃisti]
líquido (adj)	вадкі	['vatki]
liso (adj)	гладкі	['ɦlatki]
liso (superfície ~a)	роўны	['rɔwni]

livre (adj)	вольны	['vɔlʲni]
longo (ex. cabelo ~)	доўгі	['dɔwɦi]
maduro (ex. fruto ~)	спелы	['speli]
magro (adj)	худы	[hu'di]
mais próximo (adj)	найбліжэйшы	[najbli'ʒɛjʃi]

mais recente (adj)	мінулы	[mi'nuli]
mate (adj)	матавы	['matavi]
mau (adj)	дрэнны	['drɛnni]
meticuloso (adj)	акуратны	[aku'ratni]
míope (adj)	блізарукі	[bliza'ruki]

mole (adj)	мяккі	['mʲakki]
molhado (adj)	мокры	['mɔkri]
moreno (adj)	смуглы	['smuɦli]
morto (adj)	мёртвы	['mʲortvi]
muito magro (adj)	хударлявы	[hudar'lʲavi]

não difícil (adj)	няцяжкі	[nʲa'tsʲaʃki]
não é clara (adj)	незразумелы	[nezrazu'meli]
não muito grande (adj)	невялікі	[nevʲa'liki]
natal (país ~)	родны	['rɔdni]
necessário (adj)	патрэбны	[pa'trɛbni]

negativo (resposta ~a)	адмоўны	[ad'mɔwni]
nervoso (adj)	нервовы	[ner'vɔvi]
normal (adj)	нармальны	[nar'malʲni]
novo (adj)	новы	['nɔvi]
o mais importante (adj)	найважнейшы	[najva'ʒnejʃi]

obrigatório (adj)	абавязковы	[abavʲas'kɔvi]
original (incomum)	арыгінальны	[ariɦi'nalʲni]
passado (adj)	мінулы	[mi'nuli]
pequeno (adj)	маленькі, малы	[ma'lenʲki], [ma'li]
perigoso (adj)	небяспечны	[nebʲas'petʃni]

permanente (adj)	сталы	['stali]
perto (adj)	блізкі	['bliski]
pesado (adj)	цяжкі	['tsʲaʃki]
pessoal (adj)	асабісты	[asa'bisti]
plano (ex. ecrã ~ a)	плоскі	['plɔski]

| pobre (adj) | бедны | ['bedni] |
| pontual (adj) | пунктуальны | [punktu'alʲni] |

possível (adj)	магчымы	[maɦ'tʃimi]
pouco fundo (adj)	мелкі	['melki]
presente (ex. momento ~)	цяперашні	[tsʲa'peraʃni]
prévio (adj)	папярэдні	[papʲa'rɛdni]
primeiro (principal)	асноўны	[as'nɔwni]
principal (adj)	галоўны	[ɦa'lɔwni]
privado (adj)	прыватны	[pri'vatni]
provável (adj)	імаверны	[ima'verni]
próximo (adj)	блізкі	['bliski]
público (adj)	грамадскі	[ɦra'matski]
quente (cálido)	гарачы	[ɦa'ratʃi]
quente (morno)	цёплы	['tsʲopli]
rápido (adj)	хуткі	['hutki]
raro (adj)	рэдкі	['rɛtki]
remoto, longínquo (adj)	далёкі	[da'lʲoki]
reto (linha ~a)	прамы	[pra'mi]
salgado (adj)	салёны	[sa'lʲoni]
satisfeito (adj)	задаволены	[zada'vɔleni]
seco (roupa ~a)	сухі	[su'hi]
seguinte (adj)	наступны	[na'stupni]
seguro (não perigoso)	бяспечны	[bʲas'petʃni]
similar (adj)	падобны	[pa'dɔbni]
simples (fácil)	просты	['prɔsti]
soberbo, perfeito (adj)	надзвычайны	[nadzvi'tʃajni]
sólido (parede ~a)	трывалы	[tri'vali]
sombrio (adj)	цёмны	['tsʲomni]
sujo (adj)	брудны	['brudni]
superior (adj)	найвышэйшы	[najvi'ʃɛjʃi]
suplementar (adj)	дадатковы	[dadat'kɔvi]
tranquilo (adj)	ціхі	['tsihi]
transparente (adj)	празрысты	[praz'risti]
triste (pessoa)	сумны	['sumni]
triste (um ar ~)	сумны	['sumni]
último (adj)	апошні	[a'pɔʃni]
úmido (adj)	вільготны	[vilʲ'ɦɔtni]
único (adj)	унікальны	[uni'kalʲni]
usado (adj)	ужываны	[uʒi'vani]
vazio (meio ~)	пусты	[pus'ti]
velho (adj)	стары	[sta'ri]
vizinho (adj)	суседні	[su'sedni]

500 VERBOS PRINCIPAIS

252. Verbos A-B

abraçar (vt)	абдымаць	[abdi'matsʲ]
abrir (vt)	адчыняць	[atʃi'nʲatsʲ]
acalmar (vt)	супакойваць	[supa'kɔjvatsʲ]
acariciar (vt)	гладзіць	['hladzitsʲ]
acenar (com a mão)	махаць	[ma'hatsʲ]
acender (~ uma fogueira)	запаліць	[zapa'litsʲ]
achar (vt)	лічыць	[li'tʃitsʲ]
acompanhar (vt)	суправаджаць	[suprava'dʒatsʲ]
aconselhar (vt)	раіць	['raitsʲ]
acordar, despertar (vt)	будзіць	[bu'dzitsʲ]
acrescentar (vt)	дадаваць	[dada'vatsʲ]
acusar (vt)	абвінавачваць	[abvina'vatʃvatsʲ]
adestrar (vt)	дрэсіраваць	[drɛsira'vatsʲ]
adivinhar (vt)	адгадаць	[adɦa'datsʲ]
admirar (vt)	захапляцца	[zaha'plʲatsa]
adorar (~ fazer)	любіць	[lʉ'bitsʲ]
advertir (vt)	папярэджваць	[papʲa'rɛdʒvatsʲ]
afirmar (vt)	сцвярджаць	[sʲtsvʲar'dʒatsʲ]
afogar-se (vr)	тануць	[ta'nutsʲ]
afugentar (vt)	прагнаць	[praɦ'natsʲ]
agir (vi)	дзейнічаць	['dzejnitʃatsʲ]
agitar, sacudir (vt)	трэсці	['trɛsʲtsi]
agradecer (vt)	дзякаваць	['dzʲakavatsʲ]
ajudar (vt)	дапамагаць	[dapama'ɦatsʲ]
alcançar (objetivos)	дасягаць	[dasʲa'ɦatsʲ]
alimentar (dar comida)	карміць	[kar'mitsʲ]
almoçar (vi)	абедаць	[a'bedatsʲ]
alugar (~ o barco, etc.)	наймаць	[naj'matsʲ]
alugar (~ um apartamento)	наймаць	[naj'matsʲ]
amar (pessoa)	кахаць	[ka'hatsʲ]
amarrar (vt)	звязваць	['zvʲazvatsʲ]
ameaçar (vt)	пагражаць	[paɦra'ʒatsʲ]
amputar (vt)	ампутаваць	[amputa'vatsʲ]
anotar (escrever)	пазначыць	[pa'znatʃitsʲ]
anotar (escrever)	запісваць	[za'pisvatsʲ]
anular, cancelar (vt)	скасаваць	[skasa'vatsʲ]
apagar (com apagador, etc.)	сцерці	['sʲtsertsi]
apagar (um incêndio)	тушыць	[tu'ʃitsʲ]

apaixonar-se ...	закахацца	[zaka'hatsa]
aparecer (vi)	з'яўляцца	[z'jaw'lʲatsa]
aplaudir (vi)	апладзіраваць	[apla'dziravatsʲ]

apoiar (vt)	падтрымаць	[pattri'matsʲ]
apontar para ...	цэліцца	['tsɛlitsa]
apresentar	знаёміць	[zna'ʲomitsʲ]
(alguém a alguém)		
apresentar (Gostaria de ~)	прадстаўляць	[pratsstaw'lʲatsʲ]

apressar (vt)	прыспешваць	[pri'speʃvatsʲ]
apressar-se (vr)	спяшацца	[spʲa'ʃatsa]
aproximar-se (vr)	падыходзіць	[padi'hɔdzitsʲ]
aquecer (vt)	награваць	[nahra'vatsʲ]

arrancar (vt)	адарваць	[adar'vatsʲ]
arranhar (vt)	драпаць	['drapatsʲ]
arrepender-se (vr)	шкадаваць	[ʃkada'vatsʲ]
arriscar (vt)	рызыкаваць	[rizika'vatsʲ]

arrumar, limpar (vt)	прыбіраць	[pribi'ratsʲ]
aspirar a ...	імкнуцца	[im'knutsa]
assinar (vt)	падпісваць	[pat'pisvatsʲ]
assistir (vt)	асісціраваць	[asis'tsiravatsʲ]
atacar (vt)	атакаваць	[ataka'vatsʲ]

atar (vt)	прывязваць	[pri'vʲazvatsʲ]
atracar (vi)	прычальваць	[pri'tʃalʲvatsʲ]
aumentar (vi)	павялічвацца	[pavʲa'litʃvatsa]
aumentar (vt)	павялічваць	[pavʲa'litʃvatsʲ]

avançar (vi)	прасоўвацца	[pra'sɔwvatsa]
avistar (vt)	убачыць	[u'batʃitsʲ]
baixar (guindaste, etc.)	апускаць	[apus'katsʲ]
barbear-se (vr)	галіцца	[ha'litsa]
basear-se (vr)	грунтавацца на ...	[hrunta'vatsa na ...]

bastar (vi)	хапаць	[ha'patsʲ]
bater (à porta)	стукаць	['stukatsʲ]
bater (espancar)	біць	['bitsʲ]
bater-se (vr)	біцца	['bitsa]

beber, tomar (vt)	піць	['pitsʲ]
brilhar (vi)	свяціцца	[svʲa'tsitsa]
brincar, jogar (vi, vt)	гуляць	[hu'lʲatsʲ]
buscar (vt)	шукаць	[ʃu'katsʲ]

253. Verbos C-D

caçar (vi)	паляваць	[palʲa'vatsʲ]
calar-se (parar de falar)	замоўкнуць	[za'mɔwknutsʲ]
calcular (vt)	лічыць	[li'tʃitsʲ]
carregar (o caminhão, etc.)	грузіць	[hru'zitsʲ]
carregar (uma arma)	зараджаць	[zara'dʒatsʲ]

casar-se (vr)	ажаніцца	[aʒa'nitsa]
causar (vt)	спрычыніцца да ...	[spri'tʃinitsa da ...]
cavar (vt)	капаць	[ka'patsʲ]
ceder (não resistir)	саступаць	[sastu'patsʲ]
cegar, ofuscar (vt)	асляпляць	[asʲlʲap'lʲatsʲ]
censurar (vt)	папракаць	[papra'katsʲ]
chamar (~ por socorro)	клікаць	['klikatsʲ]
chamar (alguém para ...)	паклікаць	[pa'klikatsʲ]
chegar (a algum lugar)	дасягаць	[dasʲa'hatsʲ]
chegar (vi)	прыбываць	[pribi'vatsʲ]
cheirar (~ uma flor)	нюхаць	['nʉhatsʲ]
cheirar (tem o cheiro)	пахнуць	['pahnutsʲ]
chorar (vi)	плакаць	['plakatsʲ]
citar (vt)	цытаваць	[tsita'vatsʲ]
colher (flores)	рваць	['rvatsʲ]
colocar (vt)	класці	['klasʲtsi]
combater (vi, vt)	ваяваць	[vaʲa'vatsʲ]
começar (vt)	пачынаць	[patʃi'natsʲ]
comer (vt)	есці	['esʲtsi]
comparar (vt)	параўноўваць	[paraw'nɔwvatsʲ]
compensar (vt)	кампенсаваць	[kampensa'vatsʲ]
competir (vi)	канкурыраваць	[kanku'riravatsʲ]
complicar (vt)	ускладніць	[usklad'nitsʲ]
compor (~ música)	напісаць	[napi'satsʲ]
comportar-se (vr)	паводзіць сябе	[pa'vɔdzitsʲ sʲa'be]
comprar (vt)	купляць	[kup'lʲatsʲ]
comprometer (vt)	кампраметаваць	[kamprameta'vatsʲ]
concentrar-se (vr)	канцэнтравацца	[kantsɛntra'vatsa]
concordar (dizer "sim")	згаджацца	[zɦa'dʒatsa]
condecorar (dar medalha)	узнагародзіць	[uznaɦa'rɔdzitsʲ]
confessar-se (vr)	прызнавацца	[prizna'vatsa]
confiar (vt)	давяраць	[davʲa'ratsʲ]
confundir (equivocar-se)	блытаць	['blitatsʲ]
conhecer (vt)	ведаць	['vedatsʲ]
conhecer-se (vr)	знаёміцца	[zna'ʲomitsa]
consertar (vt)	прыводзіць у парадак	[pri'vɔdzitsʲ u pa'radak]
consultar ...	кансультавацца з ...	[kansulʲta'vatsa z ...]
contagiar-se com ...	заразіцца	[zara'zitsa]
contar (vt)	апавядаць	[apavʲa'datsʲ]
contar com ...	разлічваць на ...	[raz'litʃvatsʲ na ...]
continuar (vt)	працягваць	[pra'tsʲaɦvatsʲ]
contratar (vt)	наймаць	[naj'matsʲ]
controlar (vt)	кантраляваць	[kantralʲa'vatsʲ]
convencer (vt)	пераконваць	[pera'kɔnvatsʲ]
convidar (vt)	запрашаць	[zapra'ʃatsʲ]
cooperar (vi)	супрацоўнічаць	[supra'tsɔwnitʃatsʲ]

coordenar (vt)	каардынаваць	[kaardina'vatsʲ]
corar (vi)	чырванець	[tʃʲirva'netsʲ]
correr (vi)	бегчы	['beĥtʃi]
corrigir (~ um erro)	выпраўляць	[vipraw'lʲatsʲ]

cortar (com um machado)	адсячы	[atsʲa'tʃi]
cortar (com uma faca)	адразаць	[adra'zatsʲ]
cozinhar (vt)	гатаваць	[ĥata'vatsʲ]
crer (pensar)	верыць	['veritsʲ]

criar (vt)	стварыць	[stva'ritsʲ]
cultivar (~ plantas)	расціць	[ras'tsitsʲ]
cuspir (vi)	пляваць	[plʲa'vatsʲ]
custar (vt)	каштаваць	[kaʃta'vatsʲ]
dar (vt)	даваць	[da'vatsʲ]

dar banho, lavar (vt)	купаць	[ku'patsʲ]
datar (vi)	датавацца ...	[data'vatsa ...]
decidir (vt)	вырашаць	[vira'ʃatsʲ]
decorar (enfeitar)	упрыгожваць	[upri'ĥɔʒvatsʲ]

dedicar (vt)	прысвячаць	[prisvʲa'tʃatsʲ]
defender (vt)	абараняць	[abara'nʲatsʲ]
defender-se (vr)	абараняцца	[abara'nʲatsa]
deixar (~ a mulher)	кідаць	['kidatsʲ]

deixar (esquecer)	пакідаць	[paki'datsʲ]
deixar (permitir)	дазваляць	[dazva'lʲatsʲ]
deixar cair (vt)	упускаць	[upus'katsʲ]
denominar (vt)	называць	[nazi'vatsʲ]

denunciar (vt)	даносіць	[da'nɔsitsʲ]
depender de ...	залежаць ад ...	[za'leʒatsʲ at ...]
derramar (~ líquido)	разліць	[raz'litsʲ]
derramar-se (vr)	высыпацца	['visipatsa]

desaparecer (vi)	знікнуць	['zʲniknutsʲ]
desatar (vt)	адвязваць	[ad'vʲazvatsʲ]
desatracar (vi)	адчальваць	[a'tʃalʲvatsʲ]
descansar (um pouco)	адпачываць	[atpatʃi'vatsʲ]
descer (para baixo)	спускацца	[spu'skatsa]

descobrir (novas terras)	адкрываць	[atkri'vatsʲ]
descolar (avião)	узлятаць	[uzlʲa'tatsʲ]
desculpar (vt)	прабачаць	[praba'tʃatsʲ]
desculpar-se (vr)	прасіць прабачэння	[pra'sitsʲ praba'tʃɛnnʲa]

desejar (vt)	жадаць	[ʒa'datsʲ]
desempenhar (papel)	іграць	[iĥ'ratsʲ]
desligar (vt)	тушыць	[tu'ʃitsʲ]
desprezar (vt)	пагарджаць	[paĥar'dʒatsʲ]

destruir (documentos, etc.)	знішчаць	[zʲni'ʃɕatsʲ]
dever (vi)	мусіць	['musitsʲ]
devolver (vt)	адправіць назад	[at'pravitsʲ na'zat]
direcionar (vt)	накіроўваць	[naki'rɔwvatsʲ]

dirigir (~ um carro)	весці машыну	[vesʲtsi ma'ʃinu]
dirigir (~ uma empresa)	кіраваць	[kira'vatsʲ]
dirigir-se	звяртацца	[zvʲar'tatsa]
(a um auditório, etc.)		
discutir (notícias, etc.)	абмяркоўваць	[abmʲar'kowvatsʲ]

disparar, atirar (vi)	страляць	[stra'lʲatsʲ]
distribuir (folhetos, etc.)	распаўсюджваць	[raspaw'sʉdʒvatsʲ]
distribuir (vt)	раздаць	[raz'datsʲ]
divertir (vt)	забаўляць	[zabaw'lʲatsʲ]

divertir-se (vr)	весяліцца	[vesʲa'litsa]
dividir (mat.)	дзяліць	[dzʲa'litsʲ]
dizer (vt)	сказаць	[ska'zatsʲ]
dobrar (vt)	падвойваць	[pad'vojvatsʲ]
duvidar (vt)	сумнявацца	[sumnʲa'vatsa]

254. Verbos E-J

elaborar (uma lista)	складаць	[skla'datsʲ]
elevar-se acima de ...	узвышацца	[uzvɨ'ʃatsa]
eliminar (um obstáculo)	ліквідаваць	[likvida'vatsʲ]
embrulhar (com papel)	загортваць	[za'ɦortvatsʲ]

emergir (submarino)	усплываць	[uspli'vatsʲ]
emitir (~ cheiro)	распаўсюджваць	[raspaw'sʉdʒvatsʲ]
empreender (vt)	рабіць захады па ...	[ra'bitsʲ 'zahadɨ pa ...]
empurrar (vt)	штурхаць	[ʃtur'hatsʲ]

encabeçar (vt)	узначальваць	[uzna'tʃalʲvatsʲ]
encher (~ a garrafa, etc.)	напаўняць	[napaw'nʲatsʲ]
encontrar (achar)	знаходзіць	[zna'hodzitsʲ]
enganar (vt)	падманваць	[pad'manvatsʲ]

ensinar (vt)	навучаць	[navu'tʃatsʲ]
entediar-se (vr)	сумаваць	[suma'vatsʲ]
entender (vt)	разумець	[razu'metsʲ]
entrar (na sala, etc.)	увайсці	[uvajs'tsi]

enviar (uma carta)	адпраўляць	[atpraw'lʲatsʲ]
equipar (vt)	абсталёўваць	[apsta'lʲowvatsʲ]
errar (enganar-se)	памыляцца	[pamɨ'lʲatsa]
escolher (vt)	выбіраць	[vibi'ratsʲ]

esconder (vt)	хаваць	[ha'vatsʲ]
escrever (vt)	пісаць	[pi'satsʲ]
escutar (vt)	слухаць	['sluhatsʲ]
escutar atrás da porta	падслухоўваць	[patslu'howvatsʲ]
esmagar (um inseto, etc.)	раздушыць	[razdu'ʃitsʲ]

esperar (aguardar)	чакаць	[tʃa'katsʲ]
esperar (contar com)	чакаць	[tʃa'katsʲ]
esperar (ter esperança)	спадзявацца	[spadzʲa'vatsa]
espreitar (vi)	падглядаць	[padɦlʲa'datsʲ]

esquecer (vt)	забываць	[zabi'vatsʲ]
estar	ляжаць	[lʲa'ʒatsʲ]
estar convencido	пераконвацца	[pera'kɔnvatsa]
estar deitado	ляжаць	[lʲa'ʒatsʲ]
estar perplexo	дзівіцца	[dzi'vitsa]
estar preocupado	непакоіцца	[nepa'kɔitsa]
estar sentado	сядзець	[sʲa'dzetsʲ]
estremecer (vi)	уздрыгваць	[uz'driɦvatsʲ]
estudar (vt)	вывучаць	[vivu'tʃatsʲ]
evitar (~ o perigo)	пазбягаць	[pazbʲa'ɦatsʲ]
examinar (~ uma proposta)	разгледзець	[raz'ɦledzetsʲ]
exigir (vt)	патрабаваць	[patraba'vatsʲ]
existir (vi)	існаваць	[isna'vatsʲ]
explicar (vt)	тлумачыць	[tlu'matʃitsʲ]
expressar (vt)	выказаць	['vikazatsʲ]
expulsar (~ da escola, etc.)	выключаць	[viklʉ'tʃatsʲ]
facilitar (vt)	палегчыць	[pa'leɦtʃitsʲ]
falar com ...	гаварыць з ...	[ɦava'ritsʲ s ...]
faltar (a la escuela, etc.)	прапускаць	[prapus'katsʲ]
fascinar (vt)	зачароўваць	[zatʃa'rɔwvatsʲ]
fatigar (vt)	стамляць	[stam'lʲatsʲ]
fazer (vt)	рабіць	[ra'bitsʲ]
fazer lembrar	нагадваць пра ...	[na'ɦadvatsʲ pra ...]
fazer piadas	жартаваць	[ʒarta'vatsʲ]
fazer publicidade	рэкламаваць	[rɛklama'vatsʲ]
fazer uma tentativa	паспрабаваць	[paspraba'vatsʲ]
fechar (vt)	зачыняць	[zatʃi'nʲatsʲ]
felicitar (vt)	віншаваць	[vinʃa'vatsʲ]
ficar cansado	стамляцца	[stam'lʲatsa]
ficar em silêncio	маўчаць	[maw'tʃatsʲ]
ficar pensativo	задумацца	[za'dumatsa]
forçar (vt)	прымушаць	[primu'ʃatsʲ]
formar (vt)	утвараць	[utva'ratsʲ]
gabar-se (vr)	выхваляцца	[vihva'lʲatsa]
garantir (vt)	гарантаваць	[ɦaranta'vatsʲ]
gostar (apreciar)	падабацца	[pada'batsa]
gritar (vi)	крычаць	[kri'tʃatsʲ]
guardar (fotos, etc.)	захоўваць	[za'hɔwvatsʲ]
guardar (no armário, etc.)	хаваць	[ha'vatsʲ]
guerrear (vt)	ваяваць	[vaʲa'vatsʲ]
herdar (vt)	атрымліваць у спадчыну	[at'rimlivatsʲ u 'spatʃinu]
iluminar (vt)	асвятляць	[asvʲat'lʲatsʲ]
imaginar (vt)	уяўляць сабе	[uʲaw'lʲatsʲ sa'be]
imitar (vt)	імітаваць	[imita'vatsʲ]
implorar (vt)	маліць	[ma'litsʲ]
importar (vt)	імпартаваць	[imparta'vatsʲ]

indicar (~ o caminho)	паказаць	[paka'zatsʲ]
indignar-se (vr)	абурацца	[abu'ratsa]
infetar, contagiar (vt)	заражаць	[zara'ʒatsʲ]
influenciar (vt)	уплываць	[uplʲ'vatsʲ]
informar (~ a policia)	паведамляць	[pavedam'lʲatsʲ]

informar (vt)	інфармаваць	[infarma'vatsʲ]
informar-se (~ sobre)	даведвацца	[da'vedvatsa]
inscrever (na lista)	упісваць	[u'pisvatsʲ]
inserir (vt)	устаўляць	[ustaw'lʲatsʲ]

insinuar (vt)	намякаць	[namʲa'katsʲ]
insistir (vi)	настойваць	[na'stɔjvatsʲ]
inspirar (vt)	натхняць	[nath'nʲatsʲ]
instruir (ensinar)	інструктаваць	[instrukta'vatsʲ]

insultar (vt)	абражаць	[abra'ʒatsʲ]
interessar (vt)	цікавіць	[tsi'kavitsʲ]
interessar-se (vr)	цікавіцца ...	[tsi'kavitsa ...]
intervir (vi)	умешвацца	[u'meʃvatsa]
invejar (vt)	зайздросціць	[zaj'zdrosʲtsitsʲ]

inventar (vt)	вынаходзіць	[vina'hɔdzitsʲ]
ir (a pé)	ісці	[is'tsi]
ir (de carro, etc.)	ехаць	['ehatsʲ]
ir nadar	купацца	[ku'patsa]

ir para a cama	класціся спаць	[klasʲtsisʲa 'spatsʲ]
irritar (vt)	раздражняць	[razdraʒ'nʲatsʲ]
irritar-se (vr)	раздражняцца	[razdraʒ'nʲatsa]
isolar (vt)	ізаляваць	[izalʲa'vatsʲ]

jantar (vi)	вячэраць	[vʲa'tʃɛratsʲ]
jogar, atirar (vt)	кідаць	['kidatsʲ]
juntar, unir (vt)	аб'ядноўваць	[abʲad'nɔwvatsʲ]
juntar-se a ...	далучацца	[dalu'tʃatsa]

255. Verbos L-P

lançar (novo projeto, etc.)	запускаць	[zapus'katsʲ]
lavar (vt)	мыць	['mitsʲ]
lavar a roupa	мыць бялізну	['mitsʲ bʲa'liznu]
lavar-se (vr)	мыцца	['mitsa]

lembrar (vt)	памятаць	['pamʲatatsʲ]
ler (vt)	чытаць	[tʃi'tatsʲ]
levantar-se (vr)	уставаць	[usta'vatsʲ]
levar (ex. leva isso daqui)	выносіць	[vi'nɔsitsʲ]

libertar (cidade, etc.)	вызваляць	[vizva'lʲatsʲ]
ligar (~ o radio, etc.)	уключаць	[uklʲu'tʃatsʲ]
limitar (vt)	абмяжоўваць	[abmʲa'ʒɔwvatsʲ]
limpar (eliminar sujeira)	чысціць	['tʃisʲtsitsʲ]
limpar (tirar o calcário, etc.)	чысціць	['tʃisʲtsitsʲ]

lisonjear (vt)	ліслівіць	[lis'livitsʲ]
livrar-se de …	пазбаўляцца ад …	[pazbaw'lʲatsa at …]
lutar (combater)	змагацца	[zma'ɦatsa]
lutar (esporte)	бароцца	[ba'rotsa]
marcar (com lápis, etc.)	адзначыць	[adz'natʃitsʲ]
matar (vt)	забіваць	[zabi'vatsʲ]
memorizar (vt)	запомніць	[za'pomnitsʲ]
mencionar (vt)	згадваць	['zɦadvatsʲ]
mentir (vi)	хлусіць	[hlu'sitsʲ]
merecer (vt)	заслугоўваць	[zaslu'ɦowvatsʲ]
mergulhar (vi)	нырaць	[ni'ratsʲ]
misturar (vt)	змешваць	['zʲmeʃvatsʲ]
morar (vt)	жыць	['ʒitsʲ]
mostrar (vt)	паказваць	[pa'kazvatsʲ]
mover (vt)	перасоўваць	[pera'sowvatsʲ]
mudar (modificar)	змяніць	[zmʲa'nitsʲ]
multiplicar (mat.)	памнажаць	[pamna'ʒatsʲ]
nadar (vi)	плаваць	['plavatsʲ]
negar (vt)	адмаўляць	[admaw'lʲatsʲ]
negociar (vi)	весці перамовы	['vesʲtsi pera'movi]
nomear (função)	прызначаць	[prizna'tʃatsʲ]
obedecer (vt)	падпарадкоўвацца	[patparat'kowvatsa]
objetar (vt)	пярэчыць	[pʲa'rɛtʃitsʲ]
observar (vt)	назіраць	[nazi'ratsʲ]
ofender (vt)	крыўдзіць	['kriwdzitsʲ]
olhar (vt)	глядзець	[ɦlʲa'dzetsʲ]
omitir (vt)	прапускаць	[prapus'katsʲ]
ordenar (mil.)	загадваць	[za'ɦadvatsʲ]
organizar (evento, etc.)	зладжваць	['zladʒvatsʲ]
ousar (vt)	асмельвацца	[as'melʲvatsa]
ouvir (vt)	чуць	['tʃutsʲ]
pagar (vt)	плаціць	[pla'tsitsʲ]
parar (para descansar)	спыняцца	[spiˈnʲatsa]
parar, cessar (vt)	спыняць	[spiˈnʲatsʲ]
parecer-se (vr)	быць падобным	['bitsʲ pa'dobnim]
participar (vi)	удзельнічаць	[u'dzelʲnitʃatsʲ]
partir (~ para o estrangeiro)	ад'язджаць	[adʲ'aʒ'dʒatsʲ]
passar (vt)	праязджаць	[praʲaʒ'dʒatsʲ]
passar a ferro	прасаваць	[prasa'vatsʲ]
pecar (vi)	грашыць	[ɦra'ʃitsʲ]
pedir (comida)	заказваць	[za'kazvatsʲ]
pedir (um favor, etc.)	прасіць	[pra'sitsʲ]
pegar (tomar com a mão)	лавіць	[la'vitsʲ]
pegar (tomar)	браць	['bratsʲ]
pendurar (cortinas, etc.)	вешаць	['veʃatsʲ]
penetrar (vt)	пранікаць	[prani'katsʲ]

pensar (vi, vt)	думаць	['dumatsʲ]
pentear-se (vr)	прычэсвацца	[pri'tʃɛsvatsa]
perceber (ver)	заўважаць	[zawva'ʒatsʲ]
perder (o guarda-chuva, etc.)	губляць	[ɦub'lʲatsʲ]

perdoar (vt)	выбачаць	[viba'tʃatsʲ]
permitir (vt)	дазваляць	[dazva'lʲatsʲ]
pertencer a ...	належаць	[na'leʒatsʲ]
perturbar (vt)	турбаваць	[turba'vatsʲ]

pesar (ter o peso)	важыць	['vaʒitsʲ]
pescar (vt)	лавіць рыбу	[la'vitsʲ 'ribu]
planejar (vt)	планаваць	[plana'vatsʲ]
poder (~ fazer algo)	магчы	[maɦ'tʃi]

pôr (posicionar)	размяшчаць	[razmʲa'ʃɕatsʲ]
possuir (uma casa, etc.)	валодаць	[va'lɔdatsʲ]
predominar (vi, vt)	пераважаць	[perava'ʒatsʲ]
preferir (vt)	аддаваць перавагу	[adda'vatsʲ pera'vaɦu]

preocupar (vt)	непакоіць	[nepa'kɔitsʲ]
preocupar-se (vr)	хвалявацца	[hvalʲa'vatsa]
preparar (vt)	падрыхтаваць	[padrihta'vatsʲ]
preservar (ex. ~ a paz)	захоўваць	[za'hɔwvatsʲ]

prever (vt)	прадбачыць	[prad'batʃitsʲ]
privar (vt)	пазбаўляць	[pazbaw'lʲatsʲ]
proibir (vt)	забараняць	[zabara'nʲatsʲ]
projetar, criar (vt)	праектаваць	[praekta'vatsʲ]
prometer (vt)	абяцаць	[abʲa'tsatsʲ]

pronunciar (vt)	вымаўляць	[vimaw'lʲatsʲ]
propor (vt)	прапаноўваць	[prapa'nɔwvatsʲ]
proteger (a natureza)	ахоўваць	[a'hɔwvatsʲ]
protestar (vi)	пратэставаць	[pratɛsta'vatsʲ]

provar (~ a teoria, etc.)	даказваць	[da'kazvatsʲ]
provocar (vt)	правакаваць	[pravaka'vatsʲ]
punir, castigar (vt)	караць	[ka'ratsʲ]
puxar (vt)	цягнуць	[tsʲaɦ'nutsʲ]

256. Verbos Q-Z

quebrar (vt)	ламаць	[la'matsʲ]
queimar (vt)	паліць	[pa'litsʲ]
queixar-se (vr)	скардзіцца	['skardzitsa]
querer (desejar)	хацець	[ha'tsetsʲ]

rachar-se (vr)	трэскацца	['trɛskatsa]
ralhar, repreender (vt)	лаяць	['laʲatsʲ]
realizar (vt)	ажыццяўляць	[aʒitsʲaw'lʲatsʲ]
recomendar (vt)	рэкамендаваць	[rɛkamenda'vatsʲ]
reconhecer (identificar)	пазнаваць	[pazna'vatsʲ]
reconhecer (o erro)	прызнаваць	[prizna'vatsʲ]

recordar, lembrar (vt)	прыгадваць	[pri'hadvats^j]
recuperar-se (vr)	папраўляцца	[papraw'l^jatsa]
recusar (~ alguém)	адмаўляць	[admaw'l^jats^j]
reduzir (vt)	памяншаць	[pam^jan'ʃats^j]
refazer (vt)	перарабляць	[perarab'l^jats^j]
reforçar (vt)	умацоўваць	[uma'tsɔwvats^j]
refrear (vt)	стрымліваць	['strimlivats^j]
regar (plantas)	паліваць	[pali'vats^j]
remover (~ uma mancha)	выводзіць	[vi'vɔdzits^j]
reparar (vt)	папраўляць	[papraw'l^jats^j]
repetir (dizer outra vez)	паўтараць	[pawta'rats^j]
reportar (vt)	дакладваць	[da'kladvats^j]
reservar (~ um quarto)	браніраваць	[bra'niravats^j]
resolver (o conflito)	уладжваць	[u'ladʒvats^j]
resolver (um problema)	рашыць	[ra'ʃits^j]
respirar (vi)	дыхаць	['dihats^j]
responder (vt)	адказваць	[at'kazvats^j]
rezar, orar (vi)	маліцца	[ma'litsa]
rir (vi)	смяяцца	[smæ^j'atsa]
romper-se (corda, etc.)	разарвацца	[razar'vatsa]
roubar (vt)	красці	['kras^jtsi]
saber (vt)	ведаць	['vedats^j]
sair (~ de casa)	выйсці	['vijs^jtsi]
sair (ser publicado)	выйсці	['vijs^jtsi]
salvar (resgatar)	ратаваць	[rata'vats^j]
satisfazer (vt)	задавальняць	[zadaval^j'n^jats^j]
saudar (vt)	вітаць	[vi'tats^j]
secar (vt)	сушыць	[su'ʃits^j]
seguir (~ alguém)	накіроўвацца	[naki'rɔwvatsa]
selecionar (vt)	адабраць	[ada'brats^j]
semear (vt)	сеяць	['se^jats^j]
sentar-se (vr)	сесці	['ses^jtsi]
sentenciar (vt)	прысуджаць	[prisu'dʒats^j]
sentir (vt)	адчуваць	[atʃu'vats^j]
ser diferente	адрознівацца	[ad'rɔz^jnivatsa]
ser indispensável	патрабавацца	[patraba'vatsa]
ser necessário	патрабавацца	[patraba'vatsa]
ser preservado	захавацца	[zaha'vatsa]
ser, estar	быць	['bits^j]
servir (restaurant, etc.)	абслугоўваць	[apslu'hɔwvats^j]
servir (roupa, caber)	пасаваць	[pasa'vats^j]
significar (palavra, etc.)	значыць	['znatʃits^j]
significar (vt)	азначаць	[azna'tʃats^j]
simplificar (vt)	спрашчаць	[spra'ʃɕats^j]
sofrer (vt)	пакутаваць	[pa'kutavats^j]
sonhar (~ com)	марыць	['marits^j]

sonhar (ver sonhos)	сніць сны	[snitsʲ 'snɨ]
soprar (vi)	дзьмуць	['tsʲmutsʲ]
sorrir (vi)	усміхацца	[usmi'hatsa]
subestimar (vt)	недаацэньваць	[nedaa'tsɛnʲvatsʲ]
sublinhar (vt)	падкрэсліць	[pat'krɛslitsʲ]
sujar-se (vr)	запэцкацца	[za'pɛtskatsa]
superestimar (vt)	пераацэньваць	[peraa'tsɛnʲvatsʲ]
supor (vt)	дапускаць	[dapus'katsʲ]
suportar (as dores)	цярпець	[tsʲar'petsʲ]
surpreender (vt)	здзіўляць	[zʲdziw'lʲatsʲ]
surpreender-se (vr)	здзіўляцца	[zʲdziw'lʲatsa]
suspeitar (vt)	падазраваць	[padazra'vatsʲ]
suspirar (vi)	уздыхнуць	[uzdih'nutsʲ]
tentar (~ fazer)	спрабаваць	[spraba'vatsʲ]
ter (vt)	мець	['metsʲ]
ter medo	баяцца	[ba'ʲatsa]
terminar (vt)	заканчваць	[za'kantʃvatsʲ]
tirar (vt)	здымаць	[zdi'matsʲ]
tirar cópias	размножыць	[razm'nɔʒitsʲ]
tirar fotos, fotografar	фатаграфаваць	[fataɦrafa'vatsʲ]
tirar uma conclusão	рабіць выснову	[ra'bitsʲ vis'nɔvu]
tocar (com as mãos)	дакранацца	[dakra'natsa]
tomar café da manhã	снедаць	['snedatsʲ]
tomar emprestado	пазычаць	[pazɨ'tʃatsʲ]
tornar-se (ex. ~ conhecido)	рабіцца	[ra'bitsa]
trabalhar (vi)	працаваць	[pratsa'vatsʲ]
traduzir (vt)	перакладаць	[perakla'datsʲ]
transformar (vt)	трансфармаваць	[transfarma'vatsʲ]
tratar (a doença)	лячыць	[lʲa'tʃitsʲ]
trazer (vt)	прывозіць	[pri'vɔzitsʲ]
treinar (vt)	трэніраваць	[trɛnira'vatsʲ]
treinar-se (vr)	трэніравацца	[trɛnira'vatsa]
tremer (de frio)	дрыжаць	[dri'ʒatsʲ]
trocar (vt)	абмяньвацца	[ab'menʲvatsa]
trocar, mudar (vt)	мяняць	[mʲa'nʲatsʲ]
usar (uma palavra, etc.)	спажыць	[spa'ʒitsʲ]
utilizar (vt)	карыстацца	[karis'tatsa]
vacinar (vt)	рабіць прышчэпку	[ra'bitsʲ pri'ʃɕɛpku]
vender (vt)	прадаваць	[prada'vatsʲ]
verter (encher)	наліваць	[nali'vatsʲ]
vingar (vt)	помсціць	['pɔmsʲtsitsʲ]
virar (~ para a direita)	паварочваць	[pava'rɔtʃvatsʲ]
virar (pedra, etc.)	перавярнуць	[peravʲar'nutsʲ]
virar as costas	адварочвацца	[adva'rɔtʃvatsa]
viver (vi)	жыць	['ʒitsʲ]
voar (vi)	лятаць	[lʲa'tatsʲ]

voltar (vi)	вяртацца	[vʲar'tatsa]
votar (vi)	галасаваць	[ɦalasa'vatsʲ]
zangar (vt)	злаваць	[zla'vatsʲ]
zangar-se com ...	злавацца	[zla'vatsa]
zombar (vt)	кпіць	['kpitsʲ]